AF599156

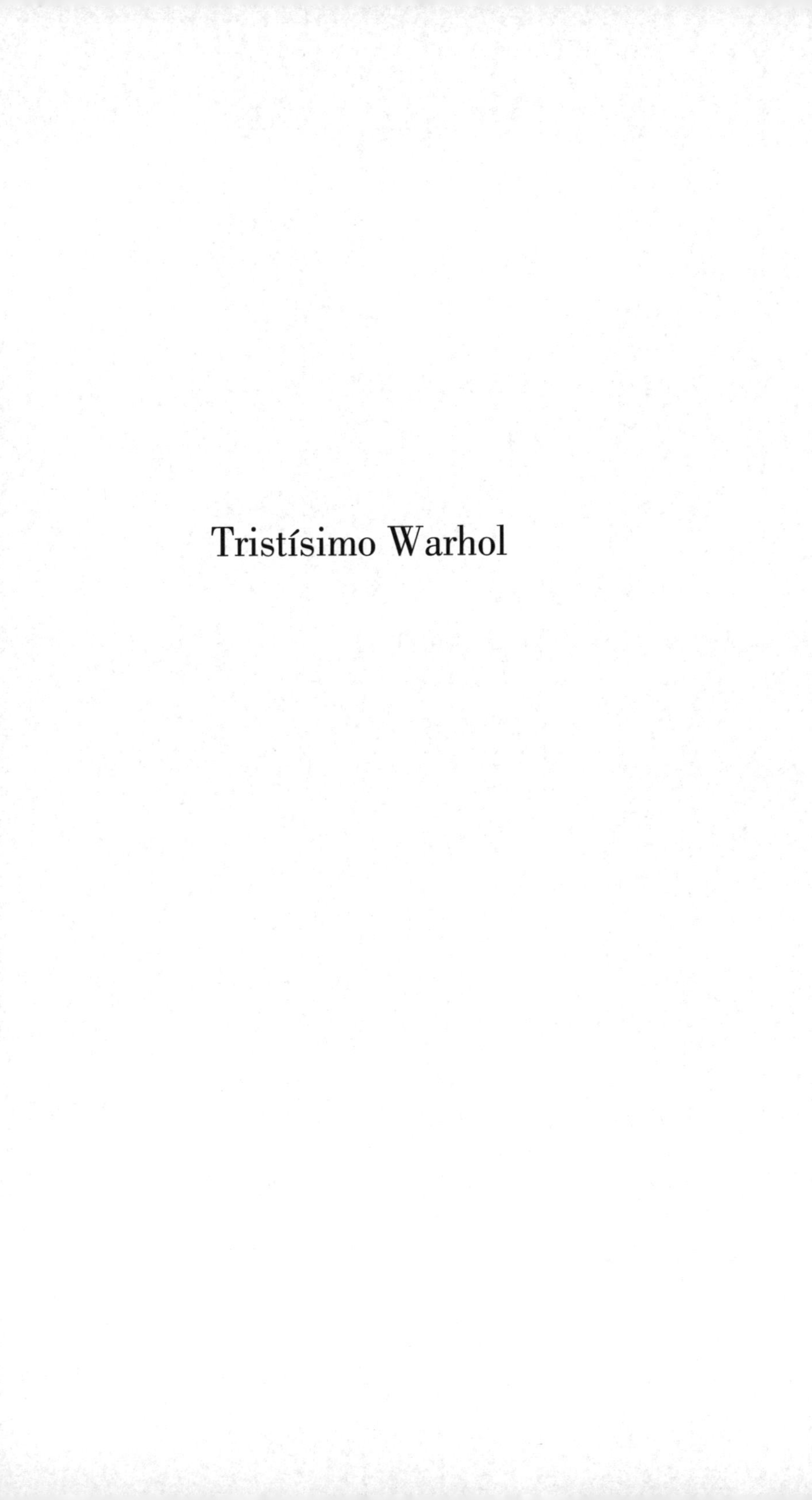

Tristísimo Warhol

Estrella de Diego

Tristísimo Warhol

Cadillacs, piscinas y otros síndromes modernos

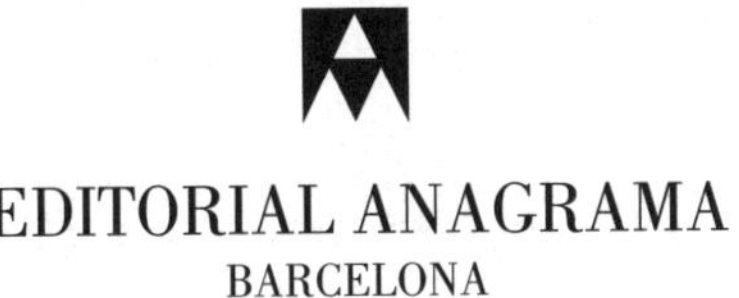

EDITORIAL ANAGRAMA
BARCELONA

Ilustración: «Andy Warhol, autorretrato con calavera», 1978,
© The Andy Warhol Foundation for the Visual Arts, Inc. / VEGAP, 2025

Primera edición: octubre 2025

Diseño de la colección: lookatcia

© Estrella de Diego, 1999, 2025

© EDITORIAL ANAGRAMA, S. A. U., 2025
Pau Claris, 172
08037 Barcelona

ISBN: 978-84-339-4785-7
Depósito legal: B. 10793-2025

Printed in Spain

Especialidades Gráficas Editoriales, S. A., calle de Roís de Corella, 12
08205 Sabadell

Abre la boca y se acabó tu halo.

ANDY WARHOL

A MODO DE PRESENTACIÓN

Hace ahora poco más de veinticinco años, publicaba en Madrid un libro sobre Warhol, en el cual hablaba sobre todo de un Warhol que parecía incluso alejado de la realidad de su historia. El Warhol de aquel libro mío, que la editorial Anagrama reedita ahora en un texto sin apenas cambios –solo los necesarios para agilizar la lectura–, era –y el título lo desvelaba– un ser melancólico que encajaba a la perfección en este mundo moderno, donde el exceso conduce sin remedio a la melancolía. O, dicho de otro modo, una persona infinitamente menos banal de lo que sus detractores –y la historia del arte canónica– se han ocupado de hacernos pensar frente a las latas de sopa Campbell, muy poco banales además, por cierto.

De hecho, a partir de un relato que empieza con la inexplicable muerte de Pollock en 1956, el texto imaginaba una reformulación histórica del arte, porque la muerte del gran pintor abstracto coincidía en el tiempo con la aparición del famoso collage de Hamilton *¿Qué hace a los hogares de hoy tan diferentes, tan atractivos?* La tesis del libro –concebido con tintes de narración– tomaba como punto de partida esa fecha, en la cual comenzaba el siglo XX y tenía lugar cierto cambio de paradigma desde un arte pasional hacia otro supuestamente frío. Pese a todo, en el relato los personajes –Rauschenberg, Johns, Hockney...– se iban enredando para subrayar que las cosas nunca son así de sencillas: al contrario.

Y en medio de la historia, protagonista invisible y visible, Warhol, pues el libro respondió y sigue respondiendo a una pasión hacia el autor que comenzó durante mi infancia, y que por algún extraño motivo asocio en la memoria al final del verano, tal vez porque Andy Warhol se inscribe en ese set de recuerdos unidos a las revistas extranjeras de mi padre y estas, a su vez, a una mesa negra que había en la casa. Miraba aquellas revistas que, en el aburrido panorama de la España de finales de los sesenta, eran para mí casi el único vestigio de modernidad. Las miraba y las recortaba, igual que Hamilton para hacer su collage, antes de que acabaran en la basura. Al fin y al cabo, estaban llenas de imágenes intrigantes y me pregunto si los archivos de los coleccionistas de imágenes, ávidos de modernidad, no empiezan así. Algunas veces aparecían personajes tan fabulosos que podrían haber sido de otro mundo. Y lo eran. En el escuálido panorama de la España de entonces yo inventaba un relato distinto a través de las revistas.

No recuerdo exactamente dónde ni cuándo vi a Warhol fotografiado por vez primera. Lo único que sé es que de inmediato pensé que se trataba de un inglés. Y creo recordar que me pareció un actor. Pasados los años, pasados incluso veinticinco años desde la primera edición, me asombra comprobar la precisa intuición de los niños. Luego, intrigada por el personaje, me enteré de que era norteamericano. Poco importaba: se había ido instalando en mí como una obsesión, el sueño recurrente al cual uno vuelve, una y otra vez, en busca de respuestas cuando todo va mal.

El libro fue, por tanto, la expresión de una admiración intensa y el modo de exorcizar una idea recurrente, la que surgió desde el mismo instante en que descubrí a aquel hombre pálido vestido de oscuro. Un personaje en quien he seguido buscando desde 1999, si no la absolución como los pobladores de la Factory, al menos el último reducto de un sueño antiguo.

Planteé las primeras notas del libro en Islandia el verano de 1996, en un intenso viaje hacia el despojamiento, en compañía de mi amiga Gudrun Siggurdadottir, su marido y sus hijos –gateando entre la hierba húmeda– y con aquella luz nórdica insuperable al fondo. Después, las diferentes instituciones neoyorquinas me acogieron en la investigación –siempre lo hacen–. A todas ellas, desde la Biblioteca Pública de Nueva York –el más maravilloso reducto del conocimiento, un lugar donde pasar la vida– hasta la biblioteca del Museo de Arte Moderno; el Museo Metropolitano; la Warhol Foundation for the Visual Arts; o a mi alma mater, la Universidad de Nueva York, igual que al resto de los amigos –algunos que nos han dejado ya– les di las gracias en la primera edición por su ayuda, hospitalidad, consejos, lecturas. También les di las gracias a mis padres –y se las reitero hoy que habitan otra dimensión– por dejar aquellas revistas extranjeras encima de la mesa negra y por haberme transmitido una noción del mundo bastante infinita. Y a mi hermana, quien me traducía las huellas de modernidad cuando yo no sabía aún inglés, por haberme aclarado quién era en realidad el tipo raro que me atraía tanto.

En estos veinticinco años tantas personas se han ido de este mundo y otras nuevas han entrado a formar parte de la vida y de las (re)lecturas. Las primeras gracias a Mari Paz Ortuño, eficaz y paciente, y las gracias más cariñosas para mi querida editora, Silvia Sesé, por la confianza en una segunda vida para este libro que, se avisaba, hemos querido dejar intacto en lo conceptual, trasluciendo lo que el texto adivinaba sobre Warhol en la primera edición y que creo que hoy no plantea duda alguna: para Warhol la banalidad era un mero disfraz.

Esa es la razón por la cual la nota bibliográfica no se ha modificado, sin añadir las publicaciones o las muestras que han ido apareciendo en estos años y que han ido modulando la figura de Warhol, que poco a poco ha dejado de ser el misterio planteado –de algún modo– por este libro. Me refiero al trabajo que desde el Museo Warhol de Pittsburgh ha ido haciendo su actual director emérito, Patrick Moore, en sus revisiones del artista o el trabajo ingente de catalogar las cápsulas del tiempo en su biblioteca, donde se han desvelado cosas importantes. Han aparecido también libros esclarecedores: la biografía apasionante de Blake Gopnik –*Andy Warhol*, publicada en 2020 y traducida al castellano–; o la fascinante tesis del libro de Jean-Noël Liaut, *Andy Warhol* –de 2021 y traducida también–. O hasta series como *The Andy Warhol Diaries* –dirección y guion de A. Rossi en Netflix el año 2022– que nos ha desvelado muchos secretos a voces. Cada uno de estos trabajos es prueba, además, de una incombustible «warholmanía».

Yo misma he seguido investigando sobre el artista y he escrito numerosos textos; me he ocupado de la traducción y edición facsímil de uno de sus libros esenciales, *América*; he comisariado una exposición sobre el uso del autorretrato en Warhol, espejo del retrato del otro: *Warhol sobre Warhol* y en otoño de 2025 se abrirá en el Museo Thyssen de Madrid una muestra donde haré realidad mi sueño de hace veinticinco años: reunir en un diálogo a los dos protagonistas de este libro, Warhol y Pollock.

Desde luego, el mundo ha cambiado, lo sabemos. La comunidad LGTBQ –a la cual pertenecía Warhol, e incluso otros antes que él, en la sombra– no se ve forzada a esconderse. Entre los más jóvenes, la división entre opuestos se revisa, se entiende de un modo más fluido, alejado del pensamiento binario que rige Occidente, motivo por el cual, al fin, se pueden desvelar de forma abierta partes de la vida de Warhol antes ocultas.

Sea como fuere, me sigue pareciendo divertido pensar cómo ese Warhol imaginado en aquel libro sigue formando parte de los sueños modernos de una niña que vivía en un lugar menos glamuroso si cabe que el Pittsburgh natal de Andy y cómo, por mucho que sepamos sobre Andy Warhol, cada vez parecerá inglés, un actor. O el último pintor de la tradición clásica. O la primera careta de la modernidad, esas que solo muestran otras caretas al tirar de ellas. El anuncio de nosotros, sobre todo. Los que éramos. Íbamos a ser. Somos.

1. CADILLACS: LA MUERTE DE POLLOCK

> Ne pas avoir plusieurs morts suspendues et comme enneigées. N'en avoir qu'une, de bon sable. Et sans résurrection.
>
> RENÉ CHAR, *La bibliothèque est en feu*

Una vez más aparece ante nuestra mirada, joven y desafiante por un momento, vulnerable en ocasiones. Otra vez el cine, «cruel como un milagro», en palabras de Frank O'Hara, le devuelve con ese aire irreverente al cual el destino le ha condenado para siempre, imposible encontrar una vía de reconciliación con el mundo exterior, sea de la naturaleza que sea. «Let's cry a little while / as if we were at a movie» (Lloremos un rato / como si estuviéramos en una película), sigue diciendo O'Hara en su *Elegía* del 31 de octubre de 1955, escrita apenas un mes después del choque.

Es extraño que tantos le hayan dedicado versos de despedida. Desde O'Hara a Dos Passos, quien le llama «siniestro adolescente» al comienzo de su poema, muchos sintieron la necesidad de hablar de él después de muerto, no pudiendo, tal vez, resistir el magnetismo de su aspecto indescifrable, del recuerdo sublimado, añadiendo a su biografía matices luminosos. La muerte, y solo esta, dice Minkowski, aporta la noción de *una* vida, y añadimos detalles, incluso imaginarios, para «llenar el fondo de su ser, misterioso, que escapa a las miradas de los demás».

Esta noche, en la televisión de un cuarto de hotel de Akureyri, a orillas del Ártico, están pasando *Rebelde sin causa.* No hay sonido y la vista se fija en la pantalla justo en el momento de la carrera. Se desearía que, aunque solo fuera esa vez, no saltara del coche a tiempo, que se quedara atrapado y desapareciera entre las llamas, abajo, en el acantilado, que fuera su manga la que se enganchara en la puerta.

Se desearía asistir a una primera y última muerte –sin resurrección– que le redimiera no de sus pecados si es que los tuvo, sino del peso de una imagen impuesta, la imagen mitificada por una muerte no solo espectacular, sino moderna, la que corresponde a un rebelde –aunque su choque resultara, al fin, solo otro accidente inexplicable–. Sería tranquilizador verle morir allí, verle aplastado y llorar un rato, como si fuera una película.

Pero no. Ni siquiera tan lejos de casa es posible liberarle del pronóstico repetido y fatídico, de esa muerte suspendida y cubierta de nieve que dura tan solo unas pocas semanas. *Rebelde sin causa* se estrena en noviembre de 1955, un mes después del choque en la carretera del condado de San Luis Obispo, el 30 de septiembre, y la película parece ahora solo una esperanza fallida, la sinuosa prolongación de lo agónico. James Dean, la estrella andrógina que, según algunos, cambió el modo de mirar el mundo, saltará del coche, se retorcerá en el suelo, se tocará la muñeca, se levantará y tenderá la mano hacia la desolada Natalie Wood, que está de espaldas a él, observando aterrada los restos del coche siniestrado, sin llegar casi a rozarla, en un gesto, por otra parte, muy fílmico. Una vez más los participantes se arremolinarán para presenciar la catástrofe, para añadir detalles, incluso imaginarios, y llenar el fondo de ese ser misterioso que siempre aporta la noción de *una* vida. Y algunos tratarán de buscar un culpable, pero, igual que en el asesinato del Orient Express, todos tendrán parte de culpa. La culpa es una noción compartida, colectiva, y en ese fotograma de perplejidad parecerán tan perdidos, tan jóvenes, tan confusos, tan abocados a una tragedia que no se sabría nombrar. Intentando encontrar su lugar en un mundo que cambia, que cambian.

La cámara se detiene de nuevo en el grupo mirando el coche en llamas, y los asombrados integrantes tienen un aspecto frío y vulnerable, duro y desvalido, el que corresponde a unos personajes de tránsito. Otra vez se ha salvado, pensamos. Otra vez ha conseguido abrir la puerta y saltar a tiempo. Jimmy es un chico precavido, un piloto de carreras que momentos antes, en la filmación, se ha cerciorado de que la puerta no se atascaría mientras su contrincante se peinaba. Entonces es que no quería morir. Quería saborear el peligro, sí, pero esperaba salir ileso.

Al menos en la película se ha salvado, aunque quizás tampoco importa. Si no es esta vez, será cualquier otra, se piensa al mirar la pantalla del televisor. Si no es aquí, será en cualquier otro sitio. Un rebelde que se rebela contra algo tan inmenso que carece de nombre no puede permanecer mucho tiempo vivo, no debe permanecer vivo en un mundo que está cambiando. El más arraigado mito de la modernidad, el primer adolescente americano, «la leyenda más extraña desde Valentino» –como decía una revista después de su muerte–, no puede permitirse el lujo de envejecer.

El cine devolverá esa imagen martilleante y sublimada, siempre idéntica a sí misma, como la foto que ha pasado a la historia con el nombre de *El bulevar de los sueños rotos*, de Dennis Stock –un título tan apropiado para la época–. La película descubrirá esa imagen que a un tiempo somos y no somos nosotros, que podría leerse como un anuncio de nosotros, de lo que fuimos, más bien, o de lo que podríamos haber sido caso de no acabar precipitándonos contra las rocas.

Y volveremos a verle vivo en un curioso encuentro que cada vez parecerá privado. Estamos a solas con Dean, solos con un hombre que construyó su imagen viril, la que exigía una época conservadora, y la tiñó luego de matices ambiguos, que en cada toma «hizo el amor a la cámara», como se dijera de Monroe, y se estrelló con el coche un día frío de septiembre, inexplicablemente, pues es posible que tampoco entonces buscara en realidad la muerte. Chocó en ese atardecer americano, plateado como el automóvil, porque alguien no distinguió el Porsche metálico, camuflado bajo la luz del crepúsculo.

Jimmy se queda muerto entre los hierros retorcidos del coche ligero, aquel que limpia en la foto donde aparece con gafas –el otro Dean, el lector de *El principito*, que mira con los ojos del corazón–. James permanece inerte en el coche que su amiga Sandy Roth, quien viajaba ese día a poca distancia de él, fotografía hecho trizas como prueba irrefutable de su muerte moderna, la que fascinaría a Warhol: «No es nuestro héroe porque fuera perfecto, sino porque representaba perfectamente el alma maltratada pero hermosa de nuestro tiempo».

Y es que en el mismo lugar donde yace un cadáver, podría configurarse una leyenda que trascienda los límites de lo privado, pues si toda muerte genera leyendas particulares, historias inventadas –las que incorporan detalles para paliar el vacío y explicar el misterio–, la elección de una muerte adecuada puede procurar la gloria, el paso a la posteridad. Por eso resulta imprescindible escoger la manera idónea de abandonar el mundo, la que se ajuste al gusto de los tiempos: las formas de morirse varían como el resto y si se descifra el método apropiado para terminar la vida es posible convertirse en una leyenda.

Pero ¿cómo morir en 1955 si se ha perdido ya entonces el placer de las buenas muertes, sustituidas por otras en serie, aquellas de las que habla Rilke en su semblanza biográfica? El poeta, incluso a principios de este siglo, comenta la pérdida de interés por «las muertes bien acabadas», «las muertes propias». El número y no la calidad es lo que cuenta: frente al lecho en tiempos de Clodoveo, Rilke habla de las «quinientas cincuenta y nueve camas».

¿Cómo dejar la vida en 1955, si no solo cambian las formas sino los modos de morir? Cuando Dean se estrella era poco probable terminar aplastado por la rueda de un carro, hipnotizado por el opio que mató a Vaché en los años diez, devorado por la pulmonía o la peste y hasta consumido por la sífilis. La muerte moderna se convierte, así, no solo en muerte anónima, la que corresponde a las «quinientas cincuenta y nueve camas», sino en el lugar de experimentación de nuevos modos acordes con la época: aviones, coches, comida enlatada, exposición a radiaciones, sobredosis de barbitúricos... Y también queda la posibilidad de quedarse para siempre dando vueltas en la órbita de la tierra, adormecido en un Sputnik. Se trata, en todo caso, de muertes prematuras, inesperadas, exógenas, sin síntomas, ajenas al propio cuerpo. Armaduras metálicas y fórmulas químicas: curioso modo de abandonar el mundo.

No obstante, la muerte moderna más codiciada se asocia con frecuencia a la velocidad, lo ratifica *Rebelde sin causa.* La muerte moderna por excelencia debe ser espectacular, violenta, rápida, pudiendo llegar a aparecer como noticia de primera página en un periódico al menos local.

Esa búsqueda de nuevas fórmulas de muerte –a manos de los artefactos modernos, popularizados además, al alcance casi de cualquiera– podría ser el último intento desesperado de eludir una muerte mal acabada y recuperar la muerte propia, privada, aunque se trate de una privacidad tan paradójica como la pública que proporciona la primera página de un periódico. Lo importante es eludir la serialidad.

Pero esa noche luminosa nos devuelve a Dean vivo y en la oscuridad cinematográfica reaparece, una vez tras otra, como alguien condenado a no envejecer nunca, doloroso privilegio de las leyendas. Le reencontramos igual que Nina Berberova reencontrará a su padre en París, sin esperarlo, muchos años después de su muerte, en una película para la cual había sido contratado, prototipo del antiguo régimen, exhibido como reducto de algo que ya no existía sino como muestra desechada del pasado: «El día establecido, me encontré en una gran sala oscura [...]. Los hechos ocurrían en 1918. El director del banco era arrestado con sus cómplices y, tanto en la pantalla como en la sala, la gente gritaba enfurecida: "Linchadle, rompedle los dientes [...]". En el último momento, mi padre conseguía volcar un tintero encima de la página del registro, mostrando con tal gesto cómo intentaba perjudicar la causa de Lenin. Las palabras que pronunciaba me permitieron recobrar su voz, su sonrisa, sus ojos marrones que hablaban en silencio. [...] Su mirada recayó sobre mí, sentada en la sala parisina. Nuestras miradas se cruzaron. Se lo llevaban escoltado y nunca más volví a verle. ¡Qué reencuentro tras una separación de quince años! No todo el mundo puede gozar de la felicidad proporcionada por un encuentro semejante al nuestro antes de separarse para siempre...».

Dean también parece hoy un impertinente estereotipo, el que años más tarde poblará América, el que popularizará

América, y que ahora ofrece un retrato cliché que solo reconocemos a trozos, transformado, fragmentado, semejante a los inexcusables vaqueros que Warhol adopta a veces en su vestuario. Aun así, nos hallamos frente a su imagen con la misma sensación que aquel noviembre de 1955 debieron de tener los espectadores al acudir al estreno de *Rebelde sin causa.* El público se sentó para presenciar la terrible premonición, para ser testigo de la aterradora aporía: por lo menos el día del estreno el cine suele mostrar muertos a los vivos, pero en esa ocasión mostraba vivos a los muertos. Hoy también, en un cuarto de hotel, los espectadores contienen la respiración al inicio de la carrera, igual que en otras ocasiones, porque ese salto tan fílmico es solo una trampa, un sueño, una casualidad, una solución momentánea...

No parece justo tener dos muertes: Jimmy debería haber muerto ese día, en escena, o al menos podría haber sido arrollado por el Pontiac con el cual se cruzó camino de Cholame. Estaba oscureciendo, igual que en la película, y no había encendido aún los faros de su coche, el capricho de adolescente, de estrella prometedora, de personaje asfixiado por las presiones de una imagen impuesta. Dean se dirigía a una competición automovilística después del trabajo agotador en el plató y es imposible no sospechar cómo esperaba llegar a su destino. Sin embargo, circular en un crepúsculo a más de ciento sesenta y con los faros apagados es un modo posible de no llegar nunca: cómo se busca la muerte y dónde se encuentra son siempre misterios imposibles de descifrar. De pronto, al adelantar a un coche que circulaba a poca velocidad, James Dean se halló frente a un Pontiac cuyo conductor optó por salirse de la carretera para evitar el choque.

Esa fue su primera muerte y, caso de no haber resucitado, sería la muerte de un rebelde. Pero el azar, cruel como un milagro, quiso colocar su segunda muerte a pocos minutos de allí en ese accidente inexplicable, como tantos. Dean moría tontamente, circulando por su carril, a causa de la imprudencia de otro; desintegrado, aplastado, arrollado por un Ford sedán blanco y negro que se llevó por delante el automóvil metálico y ligero: «No lo había visto, no lo había visto», gritaría luego el conductor. ¿Por qué nadie pensó en frenar a tiempo? A Dean le mató la velocidad, es cierto, pero su condena última fue limitarse a tener una muerte moderna cuando hubiera podido ser, además, heroica.

Unos meses más tarde Jackson Pollock moriría en otro accidente inexplicable, otra muerte a la moda, estrellado contra una hilera de árboles en una carretera despejada: «De verdad, no los había visto», pensó quizás mientras salía despedido de su Cadillac descapotable, otro signo visible del éxito. No ver, no ser visto..., ¿acaso importa algo?

También en este caso se trataba de una segunda muerte: poco tiempo antes su flamante coche había patinado en una carretera seca colisionando contra un árbol y su amigo Tony Smith sospechaba que lo volvería a intentar. Pero ¿volver a intentar qué? ¿Por qué su muerte no sorprendió a nadie? ¿Por qué dieron todos por hecho que se trataba de una muerte buscada, anunciada incluso por teléfono tantas veces, cuentan sus biógrafos? Los amigos dicen que amenazaba constantemente con matarse, tal vez porque eso era lo que ellos, lo que la época, esperaban de él.

Frente a los primeros trabajos *chorreados* alguien le había comentado lo magníficos que eran. «¿Y qué piensas hacer ahora?, ¿cómo seguirás desarrollando esta línea?», cuentan que había preguntado Smith en los primeros cincuenta.

¿Y luego qué? ¿Qué se puede hacer después de tener el coraje de pisar la propia obra, de erguirse sobre la propia obra, de ver el mundo desde arriba y romper de ese modo cualquier consenso espacial? ¿Qué cabría esperar de un artista que construye sus pinturas como quien ve las imágenes de un libro colocado horizontal sobre la mesa? ¿Qué, después de haber seguido a Picasso obsesivamente, sin siquiera abandonarle cuando dejaba que su inconsciente trabajara? Al situarse de pie sobre los cuadros, al andar sobre ellos, Pollock abandona a Picasso –o Picasso abandona a Pollock: en el fondo es lo mismo–. El norteamericano se coloca sobre el europeo, camina sobre él como quien pisotea toda la tradición de la historia del arte, y por un momento se siente la tentación de leer en clave psicoanalítica estas obras *chorreadas*, sujetas a tantas interpretaciones.

No parecería excesivo aventurar tal lectura, tratar de entender la relación de Pollock y Picasso en esos términos: por qué Pollock *borra* a Picasso –a la tradición del siglo XX– después de extenderle sobre el suelo, después de caminar sobre él. Qué extraño impulso le lleva a abandonarle, a ser abandonado, de un modo tan radical. No parece excesivo porque, al fin y al cabo, Jackson Pollock mostró muy pronto un interés poco usual hacia el psicoanálisis junguiano –por otra parte muy en boga durante esos años en la escena cultural norteamericana–, un genuino interés, teórico incluso, se comenta. Su afición no se limitaba a la práctica terapéutica: el psicoanálisis se enredaba de forma insidiosa en la producción artística. «Hay que pintar desde [sacando] el inconsciente» (*out of the unconscious*), solía repetir.

«Desde el inconsciente.» ¿Qué querría decir exactamente Jackson Pollock con una frase tan ambigua que, sin embargo, ha sido explotada como clave de lectura tanto para sus primeras obras como en los sucesivos intentos de interpretación de las equívocas pinturas *chorreadas*? Si pinta «desde el inconsciente», estas últimas no habrán sido construidas siguiendo ningún tipo de esquema compositivo, brotarán *desde* el inconsciente y serán, por tanto, automáticas, se concluye a veces de un modo reduccionista. Sin embargo, frente a unas obras que parecen haber generado tan variadas lecturas –desde el propio automatismo hasta la angustia de Rosenberg, pasando por el final del espacio de Greenberg o el embrionario *happening* de Kaprow–, la tentadora asociación inconsciente = automatismo parece un tanto restrictiva.

La idea de pintar lo que está en el inconsciente –«pintar desde el inconsciente»– debe, de hecho, ser analizada con sumo cuidado, como bien apunta Leja. En primer lugar, porque la significación del término «inconsciente» –entendido por Pollock, a la manera junguiana, como un territorio de símbolos compartidos, el lugar de la colectividad– es en sí misma muy escurridiza y exigiría una matización cuidadosa por lo que se refiere al propio concepto y a este en relación con la obra de Pollock –y, seguramente, con la de una buena parte de sus contemporáneos–. También al hablar de la producción de los miembros de la llamada Escuela de Nueva York se tiende a sobreutilizar el término a partir de una reiterada simplificación: las relaciones con el automatismo surrealista, influencia más que discutible en muchos de ellos, incluido Pollock. En segundo, es imprescindible ser cautos en las construcciones entusiastas del *creador desesperado* que se deja guiar por sus pulsiones, ya que el territorio indiferenciado entre patología y producción en el caso concreto de Pollock podría hacernos caer en las mismas conclusiones simplistas que con frecuencia se asocian a Van Gogh –no en vano también se cuenta sobre Pollock un episodio con cuchillo–. En tercero, no hay que olvidar el modo sutil en que Jackson Pollock conseguía engañar a los psicoanalistas, incluso de forma inconsciente, por la interrelación entre crecimiento personal y creativo, y, sobre todo, la tendencia de los profesionales a interesarse más por su simbología y desarrollos artísticos que por las posibles soluciones clínicas a la supuesta patología, apunta parte de la crítica.

Por otro lado, a la hora de enfrentarnos con este complejísimo laberinto de falsas salidas –¿a qué se refería exactamente con la mencionada frase?–, la obra física tampoco parece arrojar demasiada luz sobre la cuestión: muchos de los dibujos de trabajo, los que usaba con fines terapéuticos, reproducen, de forma más o menos clara, imágenes formal o simbólicamente asociadas a Picasso. Que escoja a Picasso o a Orozco, en concreto, se ha dicho a veces, porque ellos representaban para Pollock la forma más clara de ese inconsciente colectivo que entonces buscaba –el Picasso del *Guernica*, procediendo de lo particular a lo general, podría ser un buen ejemplo– y que nada tiene que ver, por cierto, con el automatismo surrealista, es otra cuestión sin duda interesante al enfrentarnos con su modo personal de entender el término «inconsciente», tal y como ha notado parte de la crítica.

Aunque tal vez no sean esas las preguntas pertinentes. Quizás hay una cuestión previa que podría aclarar algunas dudas sobre el significado último que «pintar desde el inconsciente» tiene para Pollock y la relación con su producción artística, una pregunta que podría aclarar por qué incluso cuando dibuja en el diván –automáticamente– está *copiando* iconos de la historia del arte, los está tomando prestados, explicita Leja. ¿Acaso se puede «pintar desde el inconsciente» sin mediatización, caso de intentarlo? ¿Y si tal empresa estuviera siempre abocada al fracaso? Incluso los que proclamaron el automatismo con mayor entusiasmo, los surrealistas, llegaron a sospechar lo inalcanzable del sueño: «pintar desde el inconsciente» de forma inconsciente. Cuando Pierre Naville dice que «no hay pintura surrealista», afirma, en cierta manera, que el automatismo es la *reproducción* de un sistema, nunca el sistema mismo.

Más aún. ¿Quería Pollock pintar desde el inconsciente de forma inconsciente o quería investigar sobre ese sistema, reproducirlo? Si es así, se justificaría el engaño a los sucesivos psicoanalistas y el mayor interés de estos por la producción artística frente a la patología, al contrario de lo que cabría esperar. ¿Quería Pollock *curarse* más allá de lo artístico? ¿Necesitaba *curarse*? Y ¿de qué?

No obstante, sus asociaciones con los planteamientos junguianos han animado a un nutridísimo grupo de críticos entre los seguidores de tales teorías, quienes han querido dar una explicación a las primeras obras siguiendo sus propias pautas de lectura. Por su parte, la crítica «modernista» norteamericana, capitaneada por William Rubin –quien habla de automatismo en uno de los artículos de la serie publicada sobre Pollock en *Artforum* a finales de los sesenta–, ha desechado esas interpretaciones insistiendo en la tan repetida línea picassiana que demuestra cómo las influencias de Pollock son de origen más visual, relacionadas con la historia del arte, que de naturaleza teórica, y ofreciendo lecturas freudianas alternativas que también funcionan frente a las junguianas.

Sea o no precisa la propuesta de Rubin hay un punto oscuro en la argumentación junguiana, como bien demuestra Leja: su incapacidad para interpretar las pinturas *chorreadas*, esas obras que parecen estar revestidas de cierto halo de misterio, algo insondable; un jeroglífico sin solución, una fórmula cuya clave última desvelaría, se sueña, todos los secretos.

La excusa que la crítica junguiana suele aportar para esconder esa falla en la propia teoría aplicada a Pollock es que entonces ya estaba curado y no tenía que recurrir a la construcción simbológica como método terapéutico. En una primera lectura parece excesivamente simplista, un modo de salir del atolladero. Pero ¿y si fuera cierto? ¿Y si Pollock se hubiera *curado* entonces de algo que no era una patología psíquica sino artística, instigada, además, desde fuera: por sus maestros, la crítica, las presiones de la época? ¿Y si –lo comenta Freud sobre la construcción del sujeto– todo proceso de configuración del yo es doloroso porque implica a la vez ganancias y pérdidas: «yo abandono a mi madre, mi madre me abandona a mí»?

¿Qué pasaría si el día en que Pollock se coloca de pie encima de su propia obra, pisando la tradición, abandona a Picasso y es abandonado por él, se *cura*, pues, artísticamente, encuentra su propio sujeto artístico? Pollock comentaba con frecuencia cómo Picasso lo había hecho todo, no había dejado nada por hacer, e intuye, quizás, que si el mayor problema de la pintura son las relaciones espaciales, deberá enfrentarse con el espacio desde otro ángulo, desde arriba. Eso no lo había hecho Picasso, así que los resultados deberían por fuerza ser diferentes.

Pero ¿y luego? ¿Qué hacer cuando se abandona a la madre y se tiene la consciencia de que es posible vivir sin la madre? ¿Qué hacer cuando se sabe que a partir de ese momento se es sujeto? ¿Seguir pisoteando el pasado, situarse encima de él, repetir el gesto? ¿Repetirlo hasta que no queden fuerzas para mantenerse erguidos? ¿No es ese el drama de la modernidad clásica, encontrar el gesto radical y verse luego obligados a repetirlo? ¿No es esa la tragedia que lleva a los dadaístas –mientras permanecen tales, los únicos artistas radicales de este siglo– a autoaniquilarse para no caer en el aburrimiento, para no volver a contar el viejo chiste? La modernidad clásica exige de cada artista, e incluso de cada obra, que sea solo idéntico a sí mismo, que es tanto como decir diferente del resto. Exige, en suma, originalidad y unicidad o, lo que es lo mismo, radicalidad. Esos podrían ser los términos del contrato.

Y, ciertamente, la construcción de Pollock como sujeto artístico es radical –matar al padre es siempre por fuerza un acto radical–. No solo rompe el marco: lo hace en apariencia inviable. Enfatiza lo horizontal de sus obras –se ha dicho tantas veces–, aunque luego, colgadas en la pared, sigan funcionando de un modo asombroso, un enigma. Esa doble cualidad es la que perturba, esa doble posibilidad que muestra que lejos de ser obras basadas en el azar y la aleatoriedad –en el automatismo–, deben ser ejecutadas con suma precisión. Es aquí donde Picasso y Pollock se vuelven a encontrar, de una manera casi diabólica.

En la película de Clouzot, *El misterio de Picasso*, se presenta a un Picasso organizando una figura sobre una pantalla transparente, superponiendo trazos sobre trazos. La forma se metamorfosea ante nuestros ojos –pez, ave, flor, algo parecido a un paisaje– hasta desaparecer emborronada con furia: «Esto tampoco vale», dice Picasso. Él también va procediendo por acumulación, con trazos que, pese a parecer aleatorios, son controlados, precisos. Si la obra que ejecuta Pollock sobre el suelo fuera figurativa, tal vez acabaría por descubrir formas que suceden a formas y seríamos capaces de desentrañar el proceso y el propio control sobre el proceso. Si no fuera así cualquiera podría realizar «un Pollock»: bastaría con «pintar desde el inconsciente».

Sin embargo, no todos somos capaces de pintar «un Pollock», ya que, mientras trabaja sobre el suelo, el artista debe calcular qué aspecto tendrá esa obra colocada verticalmente; debe imaginar la perspectiva, que no está –al menos como se la reconoce–, igual que Goya hubiera debido calcular el espacio construido desde una altura diferente si hubiera pintado los lunetos sobre un caballete, a la altura de los ojos. Y a todos, uno tras otro, ha perturbado la comentada horizontalidad que recalca Krauss; todos han intentado descifrarla, pero nadie lo ha conseguido hasta el punto de que nos tranquilice de verdad. ¿Y si no hubiera explicación? ¿Y si toda *curación*, en cuanto privada, fuera, al fin, algo inexplicable en el lenguaje público, compartido?

En cualquier caso, el drama personal sigue abierto para los que aspiran a ser modernos con los términos de contrato que exige la modernidad clásica. ¿Qué hacer luego, cuando todo está hecho? ¿Volver al punto de partida? ¿Seguir adelante con el proyecto? ¿Qué «desarrollo», en palabras de Smith, puede tener el sujeto una vez que se ha constituido como tal?

Pollock es un cadáver que regresa con frecuencia. Un cadáver al cual se piden cuentas hasta después de muerto, al cual se pregunta por qué no hizo nada nuevo en sus últimos años, tras ese gran logro. Por qué dejó de sorprender, de repente, cuando se habían acostumbrado a las sorpresas. Por qué dejó de ser único y original, radical. En suma, moderno.

La idea de novedad constante y sorprendente, se diría, parece ahora un asunto tan anticuado, tan romántico... Encontrar siempre, darse de bruces con emociones fuertes... ¿Y si en un momento de la historia las emociones fuertes hubieran abandonado los museos, hubieran salido de la cabeza y hubieran entrado en los coches, en los aviones, en esas naves espaciales que surcaban la órbita de la

Tierra por primera vez en 1957 con un ser vivo a bordo, la perrita rusa Laika, que, al contrario de su coetánea Lassie, no salvaría a ningún niño en apuros?

Así, el día 10 de agosto de 1956 Jackson Pollock se decidía a ser moderno de un modo moderno sin paliativos y volvía a ser radical ejecutando un último *autodripping* magistral contra el parabrisas del coche. Se mataba en un accidente inexplicable –se mataba o se moría, porque en estos asuntos las matizaciones pueden ser imprescindibles–. Se moría en su Cadillac, un automóvil resistente que habría podido hacer frente al Ford sedán, caso de habérsele cruzado. Se mataba ese día sin que nadie se atravesara en su camino: «De verdad, no los había visto», dijo, tal vez, pensando en los árboles mientras caía despedido desde el interior de la máquina. Pero ni siquiera ese último acto radical pareció coger ya a nadie de sorpresa.

Cuatro años antes, en 1952, Clement Greenberg comentaba que Pollock había «perdido *esa cosa*», expresión utilizada por el crítico para dar el finiquito a los artistas, comenta Krauss. ¿No era esa pérdida, la capacidad creadora –o más bien la capacidad de sorprender–, motivo suficiente para «volverlo a intentar», según pensó Smith después de su primera muerte? No obstante, De Kooning y Dubuffet habían «perdido *esa cosa*» también y no se estrellaron en una carretera. Incluso Picasso, con el que siempre se compara a Pollock, «perdió *esa cosa*» en un momento de su carrera y gozó de su longevidad farfullando cuadros desconcertantes. Además, ¿no han dicho en algún sitio que hablar del suicidio es el mejor antídoto contra el suicidio, que los que avisan no se suicidan nunca?

En cualquier caso, pensemos por un momento que «perder *esa cosa*» sea motivo suficiente para terminar con todo, incluso con apenas cuarenta y cuatro años. Si ese día en que patinó en una carretera seca y que, dicen los biógrafos, hizo pensar a Tony Smith que volvería a intentarlo de verdad lo estaba intentando, entonces Pollock debió leer su resurrección como un fracaso añadido a sus pérdidas: cuando uno intenta matarse, ya está muerto y pasa el resto de los años viviendo en una vida prestada. Las muertes fallidas dejan siempre un mal sabor de boca, cierto regusto a derrota, y por eso, cuando el 10 de agosto moría en su segunda muerte, es posible que muriera ya sin ganas, sin buscarlo, por alguna desdichada casualidad.

Pese a todo, esa segunda muerte moderna convertía a Pollock también en un mito, otro estereotipo de su momento, fracturado y aplastado contra el suelo –debía estarlo antes de morir–. Pese a todo, su representación teatral podría ser diferente de la de Dean –o no tanto quizás, retomando algunas muestras de carácter que recogen los biógrafos de ambos, aunque ya se sabe que el género biográfico trata siempre de llenar el vacío misterioso de la muerte y añade detalles, incluso imaginarios, para recomponer al personaje.

En primer lugar, sus vidas parecen estar marcadas por unas relaciones complejas con la madre, muerta siendo aún muy joven en el caso de Dean y ejerciendo un gran poder en el de Pollock. Los dos se presentan como personajes tímidos y reservados, introvertidos se diría, que desde niños habían mostrado reticencias a integrarse en unos roles sexuales implacables en la conservadora década de los cincuenta, prefiriendo a veces «jugar con las niñas». Es verdad que cada uno resuelve su inadaptación de un modo diferente –viviendo encubiertamente la homosexualidad en el caso de Dean, exasperando la fanfarronería machista en el de Pollock–, pero no es menos cierto que ambos son víctimas de un momento específico que no admite titubeos. La sociedad norteamericana, su arte incluso, exigía entonces ciertas cualidades, las que consideraba necesarias para construir ese otro mito fuerte y sin fisuras, la «americanidad», que acabaría por imponer a Estados Unidos como vector hegemónico en el mundo contemporáneo.

La cultura norteamericana impuesta –la pasión, la fuerza y la espontaneidad, cualidades todas del *inconsciente*– no dejaba siquiera la escapatoria que los franceses habían tenido en los cuarenta: en la América de esos años era imposible mantenerse al margen, ser extranjero, como propuso Camus –muerto también por cierto en accidente automovilístico–. Atrapados en el mito de la «americanidad», los artistas de los últimos cuarenta y primeros cincuenta no podían enfrentar ningún tipo de drama interior que no fuera posible manufacturar, convertir en producto eficaz y exportable como imagen corporativa. La melancolía no era productiva, la melancolía es una enfermedad de dandis –en el fondo, unos desapasionados, unos frígidos–, y tanto Pollock como Dean parecían haberla sufrido.

La construcción del propio personaje que ambos llevan a cabo es, así, una treta para combatir la tristeza, para distraerla –o disimularla, al menos–, y el método que parecen seguir se ciñe al modelo de masculinidad patentado por Hemingway y que acabaría por establecerse como característico de una época: las hazañas arriesgadas, la bebida, la fascinación por el exotismo español y su despliegue de violencia colectiva, las corridas –que comparte Dean– eran entonces la manera ritual de construir el mito romántico que demandaba el momento y del cual, cada uno a su manera, participarían Pollock y Dean. Hemingway, incuestionable representante del hombre duro potenciado en los cincuenta, simbolizaba la pasión y la vitalidad, representaba la vida como había que vivirla para ser real, y

Dean y Pollock trataron, sobre todo, de ser reales, de esconder la ambigüedad en el caso del primero y la vulnerabilidad en el del segundo bajo la apariencia que esperaba la época. Buscar la muerte –morir, incluso– es un modo infalible para ser real y, sobre todo, para esconderse.

En todo caso, ya se ha comentado que lo importante no es morirse sino el modo y la forma elegidos para hacerlo, y tanto en el caso de Dean como en el de Pollock parecen muy complejos. Por una parte, los dos tratan de adaptarse al mito romántico de la pasión –un mito del pasado, en pocas palabras– y, por otra, los intentos abocados al fracaso acaban en una muerte moderna, estrellados dentro de esos coches que se convierten en uno de los iconos favoritos de muchos artistas de la siguiente generación –Tom Wesselmann, Rosenquist y Hamilton, por no hablar de Warhol, los reproducen a menudo.

Vender coches y comprarlos, imaginar coches, pintar coches, conducir coches, estrellarse en un coche... Cabría, no obstante, matizar ese interés moderno que nada tiene que ver con el culto a la máquina de la modernidad histórica: frente a las maquinarias de *Mafarka il futurista*, los automóviles de Wesselmann son funcionales. Construidos con frecuencia a tamaño natural –como el humilde «escarabajo» del *Paisaje número 5*, de 1965–, son un lugar de lo cotidiano donde se podría entrar y recorrer las salas del museo si solo estuvieran allí. Las máquinas de la modernidad «moderna» no son artefactos, sino utensilios, y ese nuevo uso nos libera, de algún modo, de la inmortalidad. Las máquinas de los futuristas pueden ser mortíferas pero nunca mortales, su radio de acción pertenece al ámbito del deseo, de lo eterno. Por el contrario, las batidoras, los televisores, las radios o los coches, que con tanta frecuencia representa la generación de los sesenta, forman parte de una vida cotidiana en la que convivimos con la muerte como fragmento privilegiado de la vida misma.

Si se aceptara por un momento que cada época histórica exige y potencia ciertos patrones de comportamiento, se podría decir que a Pollock y a Dean les une el destino compartido de personajes en tránsito que viven con las pautas del pasado –reproduciendo la pasión– y mueren a la manera del presente –en una muerte de escenificación moderna–. Que desearan en realidad morir en sus segundas muertes sigue siendo una pregunta de difícil respuesta. Tal vez esperaban llegar a su destino, tal vez se sintieron más fascinados por la propia escenificación moderna de la muerte que por la muerte misma. ¿Por qué iba a querer matarse Dean si apenas había empezado a saborear el que prometía ser un éxito clamoroso? ¿Por qué elegiría Pollock para morir el momento en que, libre de su mujer y su psicoanalista, empezaba una aventura amorosa con Ruth Kligman? ¿Por qué, aunque hubiera «perdido *esa cosa*»?

Claro que los dos hablaban de la muerte: Pollock como amenaza, Dean como el territorio morboso en el cual dejar correr la fantasía. Un día, comentando con un amigo la pasión de Hemingway, las corridas, se preguntó cómo entraría el cuerno en una cogida, hasta dónde. Las ejecuciones, la horca, el modo en que una bala se introduce en el cuerpo y qué se siente, parecen haber sido otros temas que acaparaban su interés en el abismo masoquista que le achaca Kenneth Anger, quien en su libro sobre el lado oscuro de Hollywood –la Babilonia– le llama el «cenicero humano» por su costumbre de dejarse apagar cigarrillos sobre el cuerpo. Incluso un día, de vuelta en su pueblo, Jimmy decidió hacerse unas fotos en la funeraria, metido en un ataúd desde el cual volvía a «hacer el amor a la cámara», si bien este truco había sido ya explotado en un curioso anuncio aparecido durante los años de la Depresión –fórmulas del consumo extremo.

Aun así, para Dean la muerte formaba parte de la vida, su garantía, y vivir obsesionado por ella más allá de la pura escenificación moderna era el modo más eficaz de no llegar a saborear la existencia: «En cierto sentido soy fatalista. No sé exactamente cómo explicarlo, pero tengo la sensación de que hay algunas cosas que no pueden evitarse, que probablemente nos ocurrirán porque estamos hechos así, porque atraemos nuestro propio destino», dijo Jimmy en cierta ocasión.

Y el 30 de septiembre de 1955, a las seis y veinte de la tarde, James Dean atraía su destino y alcanzaba la inmortalidad –una de sus obsesiones más arraigadas, como siempre sucede con los melancólicos, dice la psicología–, igual que Jackson Pollock, quien, tras presenciar el declive del éxito en los últimos años de su vida, volvió a brillar después de su muerte: la estrella más refulgente de la Escuela de Nueva York. Sarcasmos del destino.

Luego, Andy Warhol los rescatará a lo largo de su vida y de su obra, quién sabe si unido a ellos por ese destino absurdo e inevitable, el que siempre comparten aquellos que viven con dos muertes. Tampoco Warhol morirá en su primera muerte, herido por los disparos de Valerie Solanas; también él será excluido de la gloria de los héroes. Warhol lamentaba a veces su primera muerte fallida: «Si hubiera muerto ese día hoy sería una figura de culto».

Él, hijo de otra época, reconocía, quizás, lo importante de una buena muerte, las buenas muertes modernas que trataban de escapar de las impuestas muertes en serie, en una cama entre las quinientas cincuenta y nueve. Irónicamente, su final en el New York Hospital en 1987, su segunda muerte por complicaciones posquirúrgicas, anodina y absurda, inexplicable como las segundas muertes de Dean y Pollock, le privó de la posibilidad de pasar de estrella a héroe. Warhol, el máximo representante de una generación libre de las imposiciones pasionales de toda una época, se había muerto de un modo frígido, quién sabe si el que correspondía ya inexorablemente a su época. Se moría de muerte anónima en un momento en que los coches, los disparos, las radiaciones, los envenenamientos por productos químicos, los aviones y hasta las naves espaciales eran algo rutinario, algo demasiado banal y seriado para constituir un verdadero acontecimiento.

Volvamos por un momento a esa noche calurosa del 11 de agosto de 1956, pasadas las diez. En la torre de control más cercana habían dado vía libre a dos avionetas y todos habían comentado la buena visibilidad. Hacía calor, tanto que era necesario calmarlo, y, seguro, fueron muchos los que sucumbieron al deseo de aplacarlo con algunas copas, pero casi todos sobrevivieron para enfrentar la resaca de la mañana. Luego otros comentaron cómo pudo haber ocurrido, cómo pudo estrellarse aquel coche circulando por una carretera recta, delimitada por dos hileras de árboles, en una noche tan luminosa.

Dos de sus ocupantes murieron, y la tercera, Ruth Kligman, sobrevivió por casualidad –o no tanto–. Sobrevivió porque era una sobreviviente y, sobre todo, porque no intuyó que el siglo acabaría esa noche: sobrevivió porque ella, tan calculadamente seductora, era el personaje desapasionado que exigía la nueva era. Los dos cadáveres que levantó el forense pertenecían a la amiga de Ruth, Edith Metzger –quien minutos antes, con muy buen tino como demostró la historia, se había resistido a subir al coche con un borracho–, y al conductor, el que por entonces era la decadente estrella de la Escuela de Nueva York: Jackson Pollock.

La historia, igual que los amigos, comentaría ese accidente inexplicable, esa lucidez que, según el informe del forense, Pollock mantuvo mientras volaba hasta caer en un golpe que imaginamos seco: «De verdad, no los había visto», dijo quizás mientras observaba los árboles en su caída vertiginosa. No ver, no ser visto..., en el fondo es lo mismo.

Pollock, en la enésima crisis matrimonial con la también pintora Lee Krasner –quien se encontraba en París en el momento del accidente y con la cual el pintor mantenía una relación maldita en la que a menudo tomaba el papel de madre–, había empezado a salir con Ruth, una mujer atractiva que quería ser artista por persona interpuesta, como los chicos de la Factory de Warhol. La conoció en el Cedar Bar del *downtown* neoyorquino, tratando de recuperar *esa cosa* a través de la sexualidad, siguiendo el consejo de su psicoanalista, después de haber tratado de conquistar a algunas de las pintoras que frecuentaban el bar, siendo a menudo rechazado pese a ser descrito como un hombre de inusitado atractivo personal.

Ese bar del University Place era el lugar de encuentro de la vanguardia neoyorquina, la establecida y la emergente. Desde Rothko hasta Joan Mitchell o Audrey Flack, pasando por Larry Rivers y Frank O'Hara, la ciudad entera se sentaba a beber y a hablar hasta altas horas de la madrugada. Era un lugar obligado, un ambiente de «machos potentes» que, según cuentan los testigos, se peleaban con frecuencia. Se trataba del punto de reunión de los chicos de la Escuela de Nueva York –y algunas chicas–, hombres llenos de pasión, quienes, amantes torpes, se dejaban llevar también por los impulsos frente al lienzo, sin medida, sin ton ni son, y solían decir que un buen cuadro debía tener «two balls», dos pelotas.

Pintar con «dos pelotas», un cuadro debe tener dos pelotas. Jasper Johns, vestido con su trajecito azul de niño bueno y compartiendo edificio con su amigo Robert Rauschenberg, ironiza sobre el tema en 1960 al agregar una segunda pelota a la pintura del 58. Las dos pelotas son el marchamo de calidad y, para que no haya dudas, las rodea con unas pinceladas que imitan los brochazos pasionales de los expresionistas abstractos. Pero se trata solo de un guiño porque su cuadro es un territorio de desapasionamiento: los toques medidos, contenidos, frigidizan la superficie y esas dos pelotas, reducto lingüístico de la más torpe masculinidad y cortadas además, quedan atrapadas en un vacío, en un territorio de nadie, en un hueco al que rodean las pinceladas masculinas de la Escuela de Nueva York que solo tienen la apariencia de lo que fuera.

No es extraño. La actitud pasional de los expresionistas abstractos, su artificio buscadamente inconsciente, los convertía, ya entonces sin remedio, en los representantes de un mundo que había sido, en un vestigio anacrónico: el de los artistas malditos de un siglo que estaba terminando.

El encuentro de Pollock y Ruth fue, de este modo, un encuentro inevitable, el tránsito entre dos épocas: el uno amaba en el otro lo que el otro representaba, no lo que el otro era. Más que la salvación, ambos eran una bella invención mutua: él, la «estrella», y ella, algo real para construir una apariencia de virilidad. Su encuentro fue la pura negación del placer, el encuentro de dos deseos, de dos imposibilidades.

Por eso, con la segunda muerte de Pollock se estrella inevitable, inexplicable, una época. Esos árboles se convierten, simbólicamente, en un callejón sin salida, una vía muerta, idéntica a la que habitaba el expresionismo abstracto por esos años. Esos dos callejones sin salida, esas dos vías muertas, son, sobre todo, accidentes incomprensibles –para los amigos, para la crítica, para la historia...–. O no tanto, quién sabe.

Parece sintomático que Pollock muera justo un año antes del encuentro Johns/Castelli, definitivo a la hora de entender los cambios que se operan en la escena artística norteamericana –que es tanto como decir internacional–. La diana de Jasper Johns abre el año 58 a través de la portada de *ARTnews* y con ella da paso a una nueva era. En el centro, herido de muerte, está el expresionismo abstracto, y es probable que Pollock no quisiera asistir a esa muerte, que sin lugar a duda presintió. Por eso su muerte es heroica, porque se liberó de la mezquindad que De Kooning puso en marcha al verse destronado: «Leo Castelli es capaz de vender hasta dos latas de cerveza». No sabía De Kooning lo que tenía de vaticinio su *boutade*, pues Castelli vendería sin dificultad esas latas de Johns que conformaban un hechizante territorio de la aporía: si por un lado se rescataban los objetos de uso diario –aunque sea una afirmación muy reduccionista para este caso concreto–, por el otro se inmovilizaban, se liberaban de las pulsiones cotidianas. Se revestían, en suma, de la apasionante frigidez de la vida moderna.

Pero es más sintomático aún que Pollock muera en ese accidente inexplicable precisamente en 1956, año en que aparece el collage de Hamilton donde se muestran los hogares modernos tan atractivos, tan diferentes. La frigidez es también el leitmotiv de este collage donde no falta nada: los síntomas de la vida moderna están presentes en ese convivir ambiguo. No obstante, aunque se ofrezca todo aquello que debería incitar al deseo, aunque se enumere cada uno de los elementos que representan el deseo, la peculiar combinación –tan frígida, tan aséptica– hace que no sintamos nada frente a esos síntomas de la vida moderna. El pequeño collage es, al fin, la sublimación misma del deseo, donde todo se quiere y se consume en el acto mismo de desearlo porque luego, de tan deseable, deja de interesar. De hecho, esos objetos acumulados –casi taxonomizados modernamente a partir de la heterogeneidad– acaban por ser solo su ausencia, su proyección. Nadie podría desear tantas cosas a un tiempo, pero es imposible elegir una porque todas podrían ser deseadas.

Y de repente vuelve el recuerdo de Pollock sin que lo hayamos siquiera invocado. Una vez más aparece, ante nuestra mirada, desafiante a ratos, vulnerable en ocasiones. Otra vez una foto le trae de vuelta con su aspecto inalterable, con ese aire contrariado al que el destino le ha condenado, imposible de encontrar una vía de reconciliación con el exterior, sea de la naturaleza que sea. «Wild West rides up out of the Pollock» (El salvaje Oeste cabalga desde el Pollock), dice O'Hara en el poema «Cuadros favoritos en el Metropolitan», escrito en 1961.

Viene de improviso a la memoria la fotografía tomada en Springs, Nueva York, seis años antes de su muerte, en la que aparece de pie frente a una de sus pinturas –él, que prefería caminar sobre ellas–. Mira hacia el suelo, como si allí se hallaran las respuestas. Mira hacia el suelo con su eterno aire ceñudo y *allí* parece reflejarse, mágicamente, la obra de la pared. Delante de un cuadro colgado, observa la pintura que está llevando a cabo, calculando cada detalle, cada trazo, imaginando el aspecto que tendrá colocada luego sobre la pared. Pollock, el «primer pintor americano», obligadamente «masculino» entre los masculinos –quién sabe si siguiendo esa impuesta línea picassiana–, aparece en esta fotografía desvalido, con un mohín casi infantil y un gesto de los brazos que podría leerse como estupor o desesperación, el papel asignado parece excesivo para él y no se siente capaz de llevar adelante la misión de ser primero entre los primeros, representante de la masculinidad pasional.

En esa foto se presiente que la historia de Pollock estaba contada de antemano –en esa compleja construcción que es el expresionismo abstracto– y que de alguna forma el inexplicable choque contra el destino podría representar un intento de contar una historia diferente, de rescribir su historia, *la* historia. Esa podría ser la razón última de la muerte de Pollock: no se mata porque se siente impotente, atrapado en un doloroso territorio de nadie. Otro personaje de tránsito. Se estrella porque no le gusta la historia que le asignan.

No es de extrañar. Uno tras otro, los críticos norteamericanos le utilizaron, de alguna manera, para configurar sus gustos, sus teorías. Le usaron y le desecharon más tarde para volver a recuperarle como cadáver, el que vuelve y vuelve siempre condenado a no abandonar nunca el mundo de los vivos.

Greenberg y Rosenberg se sirven de él para batirse en su particular campo de batalla y, luego, ambos le olvidan porque «ha perdido *esa cosa*», quién sabe. El segundo alude a él en «American Action Painters», publicado en un número de *ARTnews* de 1952, aunque al releer el escrito se tiene la sensación de que no habla de Pollock porque le intriga lo que hace, sino que se sirve de él para afirmar sus teorías: «En un determinado momento el lienzo empieza a convertirse para los pintores americanos, uno tras otro, en un lugar donde actuar –en vez de en un espacio para reproducir, rediseñar, analizar o "expresar" un objeto real o imaginario–. Lo que aparece en el cuadro no es una pintura sino un acontecimiento».

Harold Rosenberg –quien rescataba ciertos reflujos del existencialismo francés al concebir el lienzo como un espacio en blanco, el lugar para la representación del drama con el que debe enfrentarse el artista cuando crea– clasifica a un grupo de artistas que, a la vista de la historia, se limitan a uno: Jackson Pollock. De hecho, cuando habla de «pintores de acción» como término globalizador, está pensando solo en él y deja a un lado muchos experimentos más formalistas –no en vano llama la atención el hecho de que no incluya ningún nombre concreto en el artículo–. Generaliza, pues, la obra de un artista para crear, al modo de Greenberg, una teoría que, aunque coja, falsa y apriorística, funcione en relación con la idea básica de un arte norteamericano como necesidad compartida. Pese a los puntos discutibles de su teoría, lo interesante del planteamiento de Rosenberg es el concepto implícito de «espontaneidad», el momento crucial en que el artista decide pintar: «Solo pintar, el gesto en el lienzo era un gesto de liberación de los Valores –políticos, estéticos, morales–», y también aquí resuena el nombre Jackson Pollock y todo aquello que la historia le impuso como protocolo.

La respuesta de Greenberg –quien por su parte llega a contemplar incluso la posibilidad de escribir una biografía sobre el artista– aparece en 1955 en el artículo «American Type-Painting», publicado en *Partisan Review*. Se trata de un esfuerzo por incluir a los artistas americanos en la «gran línea de la tradición pictórica» y, era de esperar, prioriza a los formalistas que Rosenberg excluye a través del término «pintores de acción». No obstante, Pollock también parece complacer a Greenberg, quien le cita como uno de los artistas que más eficazmente ha borrado el efecto escultórico de la pintura –el efecto espacial que para el crítico impediría la purificación de la pintura–. Pero el entusiasmo dura solo un momento: las obras que realiza a partir de 1951 –refiriéndose a las pinturas de líneas negras– empañan todo lo anterior en un «arrepentimiento violento», escribe.

Greenberg volverá a Pollock años después de su muerte y lo hará en ese tono laudatorio que a veces cultiva en sus escritos. En «Where is the Avant-Garde», de 1967, donde explica, y quizás con razón, que el arte de vanguardia llega a su fin –por lo menos la vanguardia como Greenberg podía entenderla–, se apresura a distinguir a Pollock y Picasso de Warhol y Ginsberg: los primeros son «héroes culturales», los segundos «celebridades»; lo que ellos deseaban ser en el fondo, llega a comentar.

Sin embargo, al observar a Pollock perdido sobre el suelo, frente al suelo, es difícil no situarle más cerca de Allen Ginsberg y la generación *beat* que de sus propios compañeros de Escuela. Quizás su descreimiento y su desolación –sus pérdidas– le acercaban más a ese grupo de escritores que se rebelaría contra una época porque no aceptaba el destino prediseñado de la América grande y única que habían inventado, una América privada que también había que buscar, aunque se conociera de partida la imposibilidad de hallarla como la describían. La América de Kerouac –también desde un coche–, como la de Ginsberg, es un lugar inestable, impreciso, que incluso en caso de encontrarse será solo otra etapa en el camino –*On the Road*–. Los *beat* no quieren formar parte de la construcción que circula, no quieren consumirse en ese mito feliz de familias perfectas viviendo en casas con jardín, algo que se desenmascara pronto: otra operación de mercado para exportar. La generación *beat* se revuelve contra todo idilio programado y no quiere adecuarse a la norma, ni siquiera sexual, y algunos optan por la homosexualidad.

Si esta hipótesis llegara a ser cierta, si Pollock se hallara más cerca de Ginsberg que de Rothko o de Motherwell, aquella noche del accidente inexplicable podría haberse rebelado contra algo mayor que su destino: el destino de una época entera, y si fuera así, propone Fuller, no parece justo celebrar su fracaso histórico como un éxito.

¿Cuáles son, al fin, los límites temporales de Pollock, a qué época pertenecería, caso de pertenecer a alguna? Por una parte, parece un ser vulnerable del cual se espera una puesta en escena, masculina y artística, a la altura de las circunstancias que nunca llegaba a rubricar satisfactoriamente. Por la otra, crea ese arte que en principio satisface a todos –espontáneo y de acción para Rosenberg y libre de todo residuo escultórico para Greenberg– y que luego los incomoda porque se aparta de la verdad, porque mata al padre y adquiere su subjetividad artística. Aunque tal vez se le acabó excluyendo de la gran línea de la vanguardia por otros motivos que nada tenían que ver con la pérdida de la originalidad y la unicidad, de lo radical, en suma. Sus pinturas, al fin, tenían y no tenían las exigidas dos pelotas: demasiado *horror vacui*, demasiada angustia y demasiado vaticinio de final de época. Sobre todo, excesivo control sobre lo pintado –no podría ser de otra manera si tenía que calcular el efecto del cuadro en la pared.

Pollock es un artista de estrategias, como lo será Warhol, solo que en ese momento los artistas deben ser espontáneos. Se podría decir que todo artista por el mero hecho de serlo debe tener una estrategia, pero en los cincuenta era inexcusable disimularla. Y hasta cierto punto Pollock lo consigue: se sitúa sobre el suelo y ejecuta la obra, «acciona» sobre la obra lanzando chorros de pintura hacia un lado y otro, así le muestran las fotos. Cualquiera podría pensar que es el artista/actor que define de manera más clara la espontaneidad exigida, la pasión.

Sigue, no obstante, quedando el misterio de esos cuadros que pinta sobre el suelo para ser luego colocados en la pared. ¿Puede la espontaneidad ser tan precisa o se trata más bien de la paradoja de Diderot: solo a través de una cabeza fría, sin pasiones, es posible construir al personaje y, sobre todo, arrastrar al público hacia ese lugar de la verosimilitud?

Porque Pollock es un artista de estrategias en un momento en que tal cualidad no está bien vista, presiente no estar a la altura de las circunstancias, tal vez porque la pasión exigida es en sus cuadros solo una forma de distraer cierta angustia que refleja la enfermedad de la época, la misma que el poeta norteamericano Frank O'Hara, de alguna forma hombre bisagra entre dos generaciones, plasma en un poema de 1957, «Anxiety»: «I'm having a real day of it. / There was / something I had to do. But what? / [...] / I have a drink, / it doesn't help – far from it!» (Menudo día tengo. / Es preciso hacer algo. / Pero ¿qué? / Bebo una copa / no sirve de nada, al contrario).

A pesar de su psicoanálisis junguiano, Pollock se enfrenta con una angustia que, siempre sucede, cree privada. Si hubiera entendido que con él estaba muriendo un siglo habría podido evitarse la tragedia. Al ver su angustia como algo particular, al ser incapaz de verbalizar el deseo, se condena –o tal vez se salva, resulta difícil determinarlo.

Pollock cree que es el único que siente lo que está sintiendo, que nadie lo ha sentido antes, y sumido en la peor de las nostalgias, una nostalgia sin objeto, una melancolía insostenible –puro tormento–, se estrella. Por eso en la historia que contamos el siglo XIX termina en 1956, porque con Pollock muere el último personaje romántico, el último maldito, el que muere, además, en una muerte moderna, sí, pero tan privada que nadie fotografía. Una muerte que es muerte y no muerte para la foto. Otras muertes de años posteriores, como la de J. F. Kennedy, epítome de la muerte moderna perfeccionada, describirán como público un acontecimiento privado. Esa muerte tan actuada, tan teatral, tan filmada –recogido el cuerpo acribillado por los brazos palo de rosa de Jackie– enfrentará al espectador con una duda: ¿mata la bala o mata el agujero?, dice William Burroughs.

Aunque se podría argumentar que siempre queda Beuys como propuesta de héroe romántico, sobre todo como héroe romántico europeo contrapuesto a la tradición norteamericana representada en Warhol. O tal vez la propuesta cronológica para la historia que contamos sea solo válida en Nueva York; tal vez en Europa los meses siguieron pasando, perezosamente, matando siglo tras siglo, dice la historia que nos cuentan –o quizás Europa llevaba en 1956 muchos años fuera del tiempo, excluida del tiempo, de lo moderno.

Pero los malditos no se disfrazan de malditos y los héroes nunca tienen discípulos, nunca se rodean de seguidores porque no quieren permanecer. Para entender a Beuys como algo más que condición escenificada de maldito sería imprescindible despojarle no solo de los discípulos, sino de los atributos elegidos o impuestos –el sombrero, la chaqueta o la manoseada liebre, que por cierto sabe tanto de historia del arte, convirtiéndose de ese modo un poco en artista también.

Es posible que Beuys sobreactuara su condición de héroe, como Warhol la suya de estrella, al ser ambos productos de la era de la frigidez. No en vano se encuentran a finales de los setenta y recorren juntos varias ciudades europeas con motivo de la muestra de los retratos del alemán que hiciera Andy, incongruentemente espolvoreados con brillo de diamantes. Warhol dijo que las ideas políticas de Beuys eran muy interesantes: «Debería venir a Estados Unidos. [...] Debería ser presidente». Ambos fingen la bohemia, la escenifican –dice De Duve–, aunque el primero la reinventa moderna en la Factory y el segundo opta por transcribir los tics decimonónicos, si bien eso no quiere ni mucho menos decir que la de Beuys sea más auténtica, pese a ser más familiar, de códigos más reconocibles en la tradición.

Frente a Warhol y Beuys –ambos definidos en sus atributos, como los santos, y rodeados por seguidores y discípulos, como los santos también–, Pollock se queda solo sin que nadie se atreva a repetir sus churretones de pintura y muere privadamente, incluso habiéndolo anunciado, incluso habiendo arrastrado a la muerte a la mujer prudente que no quería subir a un coche con un borracho. Pero ella no cuenta, ella es solo un personaje episódico que se cruza en un destino; pasa a veces. Pollock se mata en esa noche calurosa y mata al siglo. Si la muerte de Pollock no fuera el final de una época, si no hubiera sido un gesto radical, una sorpresa que no sorprendió a nadie, no se hablaría tanto de ella: sería al fin otro borracho estrellado.

Pollock, cuya condena es ser excesivamente maldito y no ser suficientemente pasional, intuye, en primer lugar, que la pasión no sirve entonces para mucho. Es consciente de que la noción de placer, tan imbricada en la filosofía de los expresionistas abstractos, es ya imposible. Lo sabe, igual que Hamilton, si bien cada uno enfrenta el problema de un modo diferente, el que corresponde a dos siglos distintos.

De este modo, en 1956 terminaba el siglo XIX y con él los tics románticos que se habían arrastrado en la construcción de los nuevos mitos norteamericanos, los que exigía la necesidad del mundo del arte de los cuarenta. Terminaba y, al hacerlo en esa carretera recta, delimitada por dos hileras de árboles, abría el siglo XX: con un estrépito de hierros retorcidos, eco del sonido de aquel Porsche al estrellarse un atardecer de septiembre.

Aunque, tal vez, Pollock nunca quiso matarse en su segunda muerte. Quién sabe si fue solo un acto inconsciente. Hoy parece que incluso su noción de lo inconsciente pertenece a otra época: no hay un único inconsciente colectivo, sino que este se conforma en cada una de las subjetividades a partir de las interferencias en el discurso del sujeto, como recuerda Leja. Aquilatando aún más la cuestión, al hablar del escurridizo concepto en relación con los pasionales artistas de la Escuela de Nueva York se podría aventurar cómo su inconsciente era desde luego masculino y heterosexual –y hasta blanco–, y aunque siempre se ha dicho que las mujeres –y tal vez por extensión las minorías– no tienen alma, desde luego sí tienen inconsciente.

2. LATAS DE CERVEZA: JASPER JOHNS DESDE LA NOSTALGIA

Crucifixion
Of a busy-body
Longing to interfere so
With the intimacies
Of your insolent isolation.

MINA LOY, *Songs to Joannes*

La superficie de la obra de Jasper Johns pintada en 1958, *Pintura gris con pelota*, está compuesta de pinceladas oscuras, y el plano aparece literalmente cortado, interrumpido. En la hendidura, que confiere al lienzo la cualidad misma de objeto –de cuerpo para ser cortado–, se distingue una pelotita, gris también, atrapada en el propio acto de traspasar la superficie: pelota y hendidura son ya solo acto puro, condenadas a un futuro compartido en la historia del arte. No obstante, pese a la superficie lacerada del lienzo, en la obra de Johns el dolor no es visible, la fisicidad está velada, contrariamente a lo que sucede en las agresiones de Fontana: en *Pintura gris con pelota* no queda apenas vestigio alguno del crimen.

A principios de los cincuenta Lucio Fontana decide rasgar los lienzos –la piel de los lienzos– y, mientras lo va haciendo, siente cómo se desgarra la tela bajo la presión del filo, oye el sonido áspero que produce el rompimiento. La cuchilla se hunde y va adentrándose en la superficie tensada para encontrar el interior del cuadro, para rescatar el viejo deseo de vivir el espacio pictórico en tiempo real, que transcurra y no sea tiempo prestado, temporalidad construida. La tela se va recalentando por el roce de la cuchilla y la mano del artista enrojece por la presión: mano y lienzo parecen consumirse, maneras de arder en los placeres de transgredir.

Fontana buscaba entonces la tangibilidad última de la obra, el «espacio metafísico». Aspiraba a encontrar la «verdad», pero deseaba, sobre todas las cosas, rasgar la historia, violar el lienzo, quizás para afirmar su poder, su masculinidad de artista fuerte de los cuarenta, igual que los miembros de la llamada Escuela de Nueva York. Las filiaciones entre ellos, entre una masculinidad y otra, han sido muy comentadas en los manuales de historia del arte: no es posible adherirse de manera entusiasta a los rituales del Cedar Bar sin llevarse algún cuerpo por delante.

La acción violenta de Fontana implica, desde luego, conceptos familiares en la jerga de los expresionistas abstractos –«torturado», «esfuerzo», «lucha», «dolor»...–, esas expresiones que, según confesaba Robert Rauschenberg años más tarde, eran excesivas o al menos inútiles para los artistas de la siguiente generación.

Pero Lucio Fontana parece sentirse cómodo en medio de tanto enrojecimiento, de tantos cortes, y después de 1946, tras liberar la tela de todo rastro pictórico y concebir unas obras completamente blancas –así las de Rauschenberg en el Black Mountain College, a comienzos de los cincuenta–, decide pintar con una cuchilla y empieza a hacer pequeñas incisiones sobre el lienzo. Al principio serán apenas nada, agujeritos tímidos, constelaciones delicadísimas. Luego el número irá aumentando y acabará por parecer asfixiante en esa superficie tan pequeña. Un día –de este modo se imagina la historia–, aprieta la cuchilla en la mano y decide rasgar un lienzo grande, el que muestra la serie de fotografías que han quedado como testigo del proceso.

Qué encontró Fontana detrás del lienzo, si encontró ese espacio metafísico al que aspiraba o solo la pared –como tumbas se encontrarían en la *Crucifixión* de Masaccio si se derribara el muro que nos separa del espacio divino–, sería una pregunta posible. Lo excitante de todo crimen es la expectación anterior al crimen mismo, esa oscura esperanza que solo se agota cuando la realidad es desvelada: debajo de la piel no suele hallarse el alma de las víctimas. Esta constatación –bajo los cuerpos solo hay cuerpos–, lejos de disuadirle, induce al asesino en serie a volver a matar e indujo, tal vez, a Fontana a seguir lacerando las telas, pese a sospechar que al otro lado solo encontraría la pared, una vez tras otra.

Podría ser por las afinidades electivas que comparte una época –el mito de la pasión, la fuerza y la espontaneidad– o porque las fotos secuenciadas de artistas trabajando acaban por parecerse mucho, pero al mirar el conjunto de instantáneas que captan las fases del desgarro de Fontana –un hombre erguido delante de su obra, acuchillándola literalmente como si de un cuerpo se tratara– vienen a la memoria las fotografías que Namuth hiciera de Pollock en su atareada escenografía de *work in progress.*

Lucio el Destripador, Jack Pollock... Las fotos se parecen, aunque la operación que ambos realizan es la inversa: si Pollock ha colocado sobre el suelo lo que suele estar apoyado en un caballete –la tela, aunque en su caso se trate también de un lienzo atípico–, Fontana rasga el lienzo/cuerpo en una posición que hubiera resultado incómoda para el conocido asesino británico: de pie, aún viva, es siempre engorroso destripar a la víctima.

En esta serie de fotos, ambos se han colocado en una posición incómoda: presentan unos cuerpos de artista excesivamente doblados o estirados para estar «pintando».

Bien es cierto que ninguno de los dos pinta, al menos en el sentido tradicional de la palabra, pero eso que hacen, se le dé el nombre que se le dé, acabará colgado en algún sitio. Otra vez, pues, la distorsión de los ejes: pintar sobre el suelo, destripar contra la pared. Y otra vez el tiempo mientras transcurre en el espacio que corresponde a la obra. Las fotos que dan fe de las escenografías tal como ocurrieron describen un tiempo real, pero que ha desaparecido, no obstante, del cuerpo del delito: colgadas sobre la pared de un museo, despojadas de la presencia del artista, las obras no conservan nada de ese dolor, de esa excitación, de ese esfuerzo, de ese enrojecimiento de la mano, de ese tiempo real, en suma, en el cual la obra estaba ocurriendo.

Así, en la serie de fotos que dan testimonio de la escenografía –la escenificación– del *work in progress*, Fontana y Pollock se han colocado en una posición incómoda. Además, el crimen, en especial si se trata de un crimen en serie como parecería serlo en estos casos, exige una precisión y un control refinados sobre cada uno de los detalles. Como bien saben los expertos en riperología, todo asesinato en serie debe ser cada vez idéntico y distinto. El verdadero criminal en serie puede dejarse llevar por el entusiasmo, nunca por la pasión.

Sin embargo, lo auténticamente intrigante de la historia de Jack el Destripador es que no tiene final. Ha quedado en la memoria colectiva como una narración que no termina, una ficha policial abierta, un misterio nunca resuelto. Se hallaron solo los vestigios de esos crímenes y, abandonados en un callejón oscuro de Londres, parecían transcurrir en una realidad separada de los protagonistas. Y el reincidente Jack ha pasado a la historia como un nombre sin apellido, con solo un apodo que le distingue del resto de los Jacks, idénticos a todos y a ningunos, un cuento popular, incluso inventado por otros ajenos a él. El archivo jamás cerrado.

De igual modo, las fotos seriadas de Pollock y Fontana acaban por mostrar un proceso abierto para el cual no existe una última instantánea en la que sonrían o rubriquen el final, gesto de Picasso en la película de Clouzot. Dejan en el espectador la sensación de haber asistido a algo, incluso esencial, que ha quedado abierto, como los asesinatos de finales del XIX.

Y es que Pollock y Fontana, a su manera, también están cometiendo un crimen, como Jack el Destripador. El primero, en un deseo irrefrenable de abandonar a Picasso –de ser abandonado por Picasso–, decide liberarse de la tradición que el momento le impone para ser «primero entre los primeros» y la borra, tumbándola. El segundo, arrastrado no solo por el entusiasmo sino por la pasión, acaba por rasgar la historia –porque agujerearla no es suficiente– y lacera el lienzo en el ritual de un loco, igual que la mujer vengativa hirió a la *Venus del espejo* de Velázquez en la Inglaterra del XIX, quién sabe si hastiada de las hazañas del Destripador sobre los cuerpos de las que bien podrían haber sido sus hermanas sufragistas. No es de extrañar: en la historia que nos cuentan Velázquez acaba por ser Jack. ¿Acaso no forman parte los dos de un único inconsciente colectivo, el mismo al que aspiraban los miembros del expresionismo abstracto, único y pasional, masculino en suma, el que se exige a un artista?

Pero más aún: en la tradición occidental, en la historia impuesta, el artista y su obra están unidos por un destino infame, de tal modo que la operación llevada a cabo podría ser más perversa y más compleja si cabe de lo que parecería a primera vista. Todo crimen es siempre un crimen contra uno mismo –Pollock se rebela, al fin, estrellándose–, luego el cuerpo borrado y rasgado es, en primer lugar, el cuerpo del artista, ese cuerpo de artista –como cuerpo del delito– que por la magia de la historia impuesta se convierte en su obra. Valerie Solanas, la conocida autora del *Scum manifesto* (Society for Cutting up Men) –en el que propone un exterminio racional y sensato de los hombres–, dispara a Warhol porque intuye que está disparando contra su obra, igual que la sufragista londinense acuchilló la pornografía *soft-core* de Velázquez al no tener a mano al artista.

Ni Warhol, también fotografiado mientras trabajaba en la Factory, se libra del destino al cual la historia condena a los artistas: ser obra de arte. Ni siquiera él, que aparece ocupado frente al *Elvis*, pintando como pintaban antes los pintores, con un cubo y un pincel en la mano, en una posición incómoda a ratos, es cierto, obligado por las dimensiones del cuadro, pero no más que la que debió de adoptar Velázquez en algún momento de la ejecución de *Las meninas* para dar los últimos retoques al perro de la derecha.

Y luego están las otras fotos, las que muestran a Andy mirando unos retratos extendidos encima de la mesa, horizontalmente, igual que la efigie de la famosa *Sopa Campbell* sobre el suelo, a medio enrollar. Warhol mira la obra con los ojos del que debe tomar una decisión: está trabajando mientras piensa y recuerda a las representaciones de los pintores de otros tiempos. Observa las serigrafías como si se tratara de un libro abierto, aunque las obras colgarán después en alguna pared. Pero aquí ninguna distorsión de ejes nos inquieta porque Andy sigue las reglas del juego: los cuadros sobre el caballete, las serigrafías sobre una mesa y el artista trabajando mientras piensa. Así se le representa. El problema surge, sin embargo, cuando somos conscientes de cómo el particular uso –y, por tanto, la representación– que Warhol hace de la técnica es una respuesta a medias, una pista engañosa. Pero aún es pronto para desvelar ese secreto.

Volvemos a mirar las fotos de Fontana y las comparamos con las obras que ejecutaba en aquellos momentos –los cuerpos del delito–. Qué queda del enrojecimiento en la mano y del fuego en la tela: solo el lienzo y la foto. El primero parece incapaz de reproducir las antiguas sensaciones: el resultado final es una tela con cortes más o menos precisos. La segunda acaba por ser la filmación secuenciada de una operación en el quirófano. ¿O se sigue intuyendo un oscuro crimen frente al lienzo silencioso y degradado, igual que cualquier vestigio de crimen?

De hecho, si se comparan las obras de Fontana con *Pintura gris con pelota*, las primeras parecen conservar alguna huella de la violencia apasionada frente al corte limpio y anestésico, sin pasión y sin muerte, de Johns. La obra de Jasper Johns refleja, más bien, la mesa de disección de un cirujano avezado que solo quiere quitar de un lado y poner en otro. Son trasvases más que incisiones porque interrumpe la tela, sí, pero se apresura a curar la herida, a suturarla colocando esa pelota, gris también, que une las partes y reconstruye la totalidad antes del corte: la mano de Johns siente la urgencia de llenar el vacío para no darse de bruces con la pared. *Pintura gris con pelota* no plantea el dilema del final del proceso: la bolita gris rubrica la acción, cierra el caso.

¿Por qué entonces, pasados tantos años, la obra sigue preservando esa indescriptible cualidad de enigma? ¿Por qué sigue siendo tan intrigante si se trata de un caso resuelto, cerrado? ¿Qué pasaría si, al final, el verdadero asesino fuera Johns, aunque, astuto como todo asesino sagaz, haya sabido borrar las huellas? ¿Qué clase de criminales son aquellos que se dejan fotografiar en el momento preciso de estar cometiendo el crimen?, podríamos habernos preguntado frente a las instantáneas de Fontana y Pollock.

Siguiendo con el juego policial se podría decir que los crímenes de Pollock y Fontana son pasionales y el de Johns es el crimen perfecto: premeditado e invisible, sin cuerpo que pueda inculparle, sin arma que pueda incriminarle, sin pruebas.

Aun así, el asesinato de Johns es mucho más brutal, más definitivo. Pollock y Fontana, ofuscados por los abandonos, dispararon al aire, clavaron el cuchillo en el colchón –estas cosas ocurren en los crímenes pasionales–. Por el contrario, el calculador Johns apunta al centro, hace diana, y Leo Castelli, con una galería recién abierta –recién llegado al siglo que empieza en 1956–, entiende cómo el crimen podría convertirse en la portada de cualquier periódico.

En *Pintura gris con pelota*, igual que hiciera en las dianas y las banderas americanas, Jasper Johns refleja, magistralmente, el final de las pasiones y la sensualidad del llamado expresionismo abstracto, y Robert Rosenblum, en un artículo aparecido en *Art International* a principios de los sesenta, también comprende que algo ha muerto –ha sido asesinado– y habla de los «hechos sensuales primarios» en la obra de Pollock, Kline o Rothko frente al arte de Johns, aunque haya en todos ellos un proceso de reducciones que los acerca. En *Pintura gris con pelota* se detecta el mismo desasimiento, idéntico control sobre su vida que muestra Johns en las fotos tomadas por Robert Rauschenberg en su estudio, en 1955.

Jasper Johns, el atractivo sureño, está apoyado en la mesa, con un vaso en la mano. Detrás de él, a su izquierda, aparece *Diana con moldes de escayola*, de ese año, una obra conflictiva para el MoMA por su reproducción de un pene y que acaba en la colección de Castelli. El artista se ha sentado, elegante, sobre esa mesa donde se distinguen tres botellas y un envase de Ajax colocados de forma casi meticulosa, un moderno bodegón. Los tapones a medio cerrar y la asociación con el detergente hacen pensar en botellas recicladas que guardan productos químicos para el trabajo –al fin y al cabo Johns parece que tuvo una debilidad por reciclar productos del consumo moderno y lo plantea en la escultura de Savarin–. En todo caso, el vaso que sostiene en la mano complica las lecturas: ¿y si se tratara solo de una botella llena de Myers's Rum de la cual acaba de servirse una copa? ¿Y si las referencias a su trabajo como pintor no estuvieran presentes ni en las botellas de aguarrás?

En esta, como en muchas otras de las elegantes fotografías que muestran a un Johns siempre bajo control, el proceso de pintar ha sido obviado, al menos más allá de la pura conjetura de lo que a un tiempo podría estar y no estar. No hay pinceles, ni paletas, ni cubos, ni manchas. Johns se fotografía, sin más, al lado de una obra acabada, la instantánea pensada de partida para ser pública, fiel al decoro que exige la clientela.

En ninguna de las fotos de Johns que más han circulado aparece el artista pintando –pese a lo espectacular de las instantáneas de Namuth–. Parecería que a nadie le interesa ver a Jasper Johns trabajando. ¿Para qué? No sería muy distinto de cualquier retrato clásico y ni siquiera tendría la fascinación de eternizar a una estrella, como sucedía con Andy. Además, lo importante del proceso de Johns sucedía siempre en sueños –se ha comentado a menudo– y resulta imposible filmar un sueño. No era posible hacerlo tampoco entonces, pese a haber lanzado al espacio el Explorer I el 31 del mismo mes y año en que la *Diana* de Johns aparecía en la portada de *ARTnews* –un crimen que llegó a ser noticia de primera página, como vaticinó Castelli.

Los sueños son, además, el lugar de los recuerdos, de los lapsus –lo contaba ese psicoanálisis que fascinó al Nueva York de los cuarenta–, y Jasper Johns, bajo su aspecto distinguido y casi frío de joven sureño, vivía preso de excesivos lapsus, según han dejado claro algunas lecturas biográficas recientes –autorizadas o menos–, sobre algunas preferencias que no hubieran sido nada vistas por la conservadora escena neoyorquina de aquellos años. ¿Hubiera permitido Johns que alguien fotografiara sus sueños, como hizo Pollock al aparecer «pintando desde el inconsciente»?

Ni siquiera cuando hace algún guiño sobre el oficio de pintor, se trasluce el significado último de su gesto, como tampoco hace alusión alguna al proceso. En la lata de Savarin, en la cual se están limpiando unos pinceles, Johns resume el final del día. La paleta, a menudo representada como inicio o continuidad del proceso, ha sido sustituida por la acción mecánica que el artista realiza al acabar la jornada: meter los pinceles en aguarrás. Como plantean Kirk Varnedoe y Adam Gopnik, el objeto nos enfrenta a una pregunta sin una única respuesta, como tantas obras de Johns, sobre el uso particular que hace de esa lata industrializada: irónico, crítico o, solo, estoico. Los pinceles y la lata –el arte y lo producido en serie– se encuentran en una frontera sutilísima en la cual cada cosa parece trastocada, un sueño: se recicla una lata, industrial de partida, pero reproducida artesanalmente, al contrario que las cajas de Kellogg's que, en la última fase de su proceso, Warhol cogerá de la repisa del supermercado para colocarlas en el suelo del museo.

En la paradoja que plantea esta escultura, se ha reciclado un objeto artístico, pero más importante aún: con el rescate de esa lata falsa/verdadera, con el gesto de enseñar la parte del proceso que a nadie interesa y que poco tiene de espectacular –el final del día de un pintor y sus gestos mecánicos–, Jasper Johns se opone a la estrategia de Pollock: cuando se muestra impúdico encima de la tela, mientras trabaja.

«Mi pintura no sale del caballete. No suelo estirar un lienzo antes de ponerme a pintar. Prefiero colocar el lienzo sin estirar sobre la pared dura o sobre el suelo. Necesito sentir la resistencia de una superficie dura. Sobre el suelo estoy más cómodo. Me siento más cerca, más como una parte de mi propia obra porque puedo dar vueltas, trabajar desde los cuatro lados y literalmente estar *sobre* la pintura. Se parece al método de los pintores sobre la arena del Oeste», explicaba Pollock en el primer y único número de *Possibilities* –el invierno de 1947-1948–, una revista de vanguardia editada por Motherwell y Rosenberg.

Sería una aserción revolucionaria, la prueba última del abandono de Picasso: «Mi pintura no sale del caballete». Y en abril de ese mismo año, en *Partisan Review*, Clement Greenberg se apresuraba a apostillarle en el conocido artículo «The Crisis of the Easel Picture», en el cual los nombres de Picasso, Mondrian y Braque –los viejos maestros de la gran línea de la tradición del XX– volvían a resonar junto al de Jackson Pollock. Ni siquiera allí, sobre el suelo, tratando de volver a las raíces puramente «americanas» –las nativas norteamericanas de los pintores sobre la arena del Oeste–, la abandonaba el fantasma de Picasso. Pintar sobre el suelo tampoco era garantía de nada: siempre había alguien dispuesto a reescribir la línea de la vanguardia.

Dejemos el drama último de Pollock a un lado, la historia lo probaría apenas ocho años más tarde, la suya era una tragedia sin remedio. Lo atestiguaría, entre otras cosas, el uso posterior de sus fotos pintando: ¿por qué las que más circularon fueron aquellas en las que aparece actuando sobre el «suelo duro» si a veces trabajaba sobre la pared, como explica el propio artista en esas frases tan recordadas como el artículo de Greenberg?

La cuestión que realmente podría interesar es por qué Johns, quien también trabajaba con encáustica, no necesitaba una superficie dura, algo hasta cierto punto comprensible para controlar un tipo de pintura densa que seca muy rápido, y, si la necesitó –si abandonó en algún momento el caballete–, por qué no llegaron a popularizarse esas fotos que le mostraban trabajando apartado del soporte tradicional. ¿Porque ya existían las instantáneas de Namuth o porque en los últimos años cincuenta se había empezado a perder el entusiasmo por el abandono del caballete al haber dejado de ser una novedad?

Claro que el material utilizado por Johns y las pinceladas que el propio material determina le salvan incluso frente a Greenberg, quien suele excluirle de sus críticas sistemáticas a los pintores figurativos. Por lo menos Johns mantiene ciertas cualidades «planas» en las pinturas de tonos neutros, explica en «After Abstract Expressionism» de 1962. Por aquel entonces quizás aterrorizado ante lo que había terminado por triunfar sin que ni él hubiera podido evitarlo: eso que se dio en llamar, después de muchas discusiones entre los expertos, Pop Art.

Por su parte, el sector de la crítica formalista que desde el principio apoyó a Johns, en especial aquellos que vieron en él la esperanza de continuidad del arte como progreso después de la muerte de Pollock, insistió, otra vez y a la manera de Greenberg y sus parentescos vanguardistas, en la línea que le unía con la generación anterior. Para llevar a cabo dicha defensa era preciso elaborar una estrategia de presentación y, sin duda, la más acertada, la más inteligente, se reflejaba en el ya mencionado artículo de Rosenblum.

El historiador llamaba la atención sobre un hecho que liberaba a Johns de toda sospecha: pese a escoger detalles banales, como la bandera americana, las dianas o los números, Johns los convertía «en un fantasma monumental de sí mismo(s)», en «el símbolo de un misterio arquetípico». Pero, más importante todavía, los pintaba bien: «Si el casi hipnótico poder de la mayoría de los trabajos de Johns es en parte el resultado de su desconcertante insistencia en que miremos cosas que no habíamos mirado antes, depende asimismo de sus dotes pictóricas».

Jasper Johns era un artista de grandes «dotes pictóricas» que había decidido, además, usar lo que el crítico denomina una técnica «exigente» –la encáustica–. Trataba, pues, las cosas con decoro frente al uso descarado que les daría la generación posterior, y las ejecutaba a la encáustica o, dicho de otro modo, *a la Pollock*.

En cuanto a su percepción del artista a otros niveles, el diagnóstico de Rosenblum era entonces, como siempre, preciso y contundente. Es cierto que las obras de Johns tienen un extraño poder hipnótico que el tiempo no ha debilitado, como no lo es menos que el artista conduce la mirada del espectador si no hasta cosas que no había mirado antes, al menos hasta lugares que se ve obligado a mirar con otros ojos. Es verdad también que el modo en que presenta esos objetos, desdibujados, los rodea de una esencia fantasmal y un regusto de arquetipo. La pregunta que quedaría por hacer sería, entonces, una sola: ¿de dónde surgen esos arquetipos?, ¿cómo se convierten las cosas de todos los días en símbolos, adquiriendo esa suerte de dignidad que no se habría sospechado en ellas?

Aunque es probable que aquel momento y aquella estrategia no permitieran hacer este tipo de preguntas. Incluso después de muerto parecía importante no perder de vista a Pollock, tal vez porque los casos que no llegan a resolverse siguen desconcertando y se desea encontrar la solución: si Jack el Destripador siguiera vivo, se le achacarían todas las víctimas destripadas, el papel de asesino seguiría vacante.

Harold Rosenberg demuestra cómo incluso mucho tiempo después de la muerte de Pollock, en 1969, cuando eso que se llamó pop había dejado de ser novedad y estaba olvidado como escándalo o establecido como vanguardia –cuesta determinar cuál de las dos cosas sucedió en realidad–, era importante no perderlo de vista. En el artículo «Marilyn Mondrian» reproduce unos comentarios de Claes Oldenburg aparecidos dos años antes en *Store Days*: «En los últimos tiempos he empezado a comprender, de un modo vital y peculiar, la pintura de acción, esa cosa tan vieja, tan vulgar como los rayones en una pared de Nueva York, y parodiando su vulgaridad he conseguido (milagro) volver a su autenticidad. Siento que Pollock está sentado encima de mi hombro o, mejor aún, agazapado en mis pantalones».

Rosenberg, quien decía de Oldenburg que era «el pintor americano más imaginativo de la generación posterior al expresionismo abstracto», aprovechaba la ocasión para recordar el término por él acuñado –«pintura de acción»–. Pero, más allá de esta inocente anécdota, cabría plantear si el hecho de tener a Pollock «encima del hombro o, mejor aún, agazapado en los pantalones» hacía a Oldenburg acreedor de tan inusual privilegio, sobre todo viniendo de un crítico que nunca llegó a aceptar a la generación de los sesenta hasta sus últimas consecuencias.

De igual modo, frente a los discursos de algunos de los defensores de Johns y su insistencia en el uso de la encáustica y la búsqueda de unas superficies pictóricas planas, se llega a sospechar cómo Jasper Johns bien podría haber tenido al propio Pollock sentado encima del hombro.

Pollock era un amuleto que protegía, si no contra los males, por lo menos contra las tentaciones; un amuleto mágico que volvía a enfrentar al espectador con la vieja polémica del *qué* y el *cómo* que tanto juego ha dado en la historia del arte. A Jasper Johns, con Pollock sentado encima del hombro, era posible salvarle ya que, aunque pintara cosas cotidianas, tenía la decencia de esconderlas bajo un aspecto abstractivo: sus objetos estaban y no estaban en la superficie del plano y esa presencia ausente le redimía de los pecados de banalidad que condenarían a Warhol. Más aún, le prolongaban como un eslabón de novedad en la martilleante aspiración a la línea de la vanguardia: un arte que siendo idéntico en la carrera hacia la autopurificación fuera diferente.

Por eso resulta premonitoria la intuición de Leo Castelli, quien al ver en 1957, por casualidad, la *Diana verde* de Johns en una exposición de grupo del Jewish Museum, sintió que se trataba de una «epifanía», como suele repetirse en la versión oficial que circula. Al principio creyó que se hallaba frente a una abstracción, pero luego, al acercarse, se daría cuenta de que eran círculos concéntricos construidos sobre una superficie compacta. Castelli leyó el nombre y le pareció que sonaba bien: Jasper Johns. Lo figurativo había vuelto, aunque lo hiciera disfrazado de abstracción, con Pollock sentado encima del hombro.

Esa mítica diana era una presencia sutil que había que descubrir, que se imponía a la mirada y no la dejaba escapar, que requería atención para ser desvelada. Era lo que parecía ser, lo que parecía no ser y tantas otras cosas. Por eso seguramente cuando, bajo el seudónimo Matson Jones, Johns y Rauschenberg empezaron a hacer trabajos ocasionales para Gene Moore, quien entonces se ocupaba del escaparatismo de Bonwitt Teller y Tiffany –escaparates para los cuales por cierto trabajó Andy Warhol–, ocurrió algo imprevisible. O no tanto si se tiene en cuenta que, asesino astuto, Johns sabía difuminar las pistas.

Moore, siguiendo su costumbre de mostrar «obras serias» en los escaparates, decidió exponer a los dos amigos. En aquel momento, viviendo una relación sentimental productiva para ambos también en el terreno artístico, Johns y Rauschenberg trabajaban de un modo paralelo. Los dos experimentaban con objetos reales, pero mientras Johns trataba de concentrar la mirada del espectador en los objetos cotidianos como fuerza centrípeta, Rauschenberg construía una superficie rota, conformada centrífugamente, sin puntos de fijación. El segundo parecía, de este modo, más violento en su ruptura, más descarado, quizás cualidades que correspondían a un carácter expansivo frente a la introspección de un Johns culto y refinado, que había leído a Wittgenstein y que a su llegada a Nueva York no sabía si aspiraba a ser pintor o poeta. En el fondo había puntos tangenciales en sus soluciones: los dos tomaban prestados trazos del expresionismo abstracto y los revisaban en un contexto que acababa por ser irónico. Ambos mataban, al fin, la pasión como se entendía en ese momento, solo que Johns borraba las huellas de su crimen.

Las críticas que llegaban hasta Moore iban sobre todo dirigidas a Rauschenberg. El público que pasaba por allí, con toda probabilidad, reconocía a Pollock sentado en alguna parte del escaparate de Johns, vigilante como la esfinge misteriosa que tiene las respuestas para un caso aún abierto. Ese público creía adivinar una abstracción –fría, sí, pero abstracción al fin y al cabo– allí donde resurgía la figuración y eso le tranquilizaba: aquellas obras seguían siendo planas.

Entonces, Jasper Johns era un pintor figurativo que parecía abstracto –otra vez el *qué* frente al *cómo*– y eso le salvaba porque muchos pensaban que aún llevaba el amuleto en el bolsillo de los pantalones. Eran el mismo disimulo y la misma pretensión cauta por mantener los términos del contrato de modernidad vigente –eliminar la ilusión del espacio–, aquellos que le habían salvado de las críticas de Greenberg. Pero ¿estaba diciendo Greenberg la verdad cuando repetía una y otra vez que lo importante en la autopurificación de la pintura era eliminar la ilusión espacial? Si hubiera estado solo en contra del efecto escultórico y no en contra de la figuración en general –como acaba por admitir–, al darse de bruces con el temprano *Elvis* de Warhol hubiera sentido –sucedió con Castelli frente a la *Diana* de Johns– que se encontraba ante una epifanía. Y, sin embargo, no fue así.

Johns termina por ser no solo un artista de estrategias refinadas, sino también instalado de manera consciente en la aparente paradoja, y tal vez lo enigmático de *Pintura gris con pelota*, esa cualidad indescifrable que ha mantenido a través de los años pese a presentarse como un caso cerrado, se basa en las múltiples aporías que rodean la producción del artista. Se trata de una obra que se halla a medio camino de casi todo: es figurativa pero parece abstracta, parece pasional pero es frígida, parece cortada aunque hay sutura, rescata un objeto cotidiano –una pelota–

y lo coloca en un contexto imposible. Pinta a la encáustica, como Pollock, si bien corta el plano pictórico para ironizar sobre las superficies ilimitadas de la Escuela de Nueva York y, quién sabe, sobre la obsesión antiilusionista de Greenberg. El lienzo pasa a ser un telón teatral que a un tiempo vela y desvela los significados y genera los malentendidos: la pelota de 1958 es a la vez canica opaca, rodamiento, pelota de golf teñida, mandarina cubierta por el moho, testículo metálico...

No obstante, es posible que Johns se limite a transcribir algo ya existente. Quizás cada uno de los objetos de lo cotidiano moderno –a la vez frígidos y pasionales– esté custodiando bajo su superficie banal una gama de significados ambiguos, mutantes e insospechados que se desvelan inesperados durante el sueño –un territorio que escapa a un completo control.

Esa parecería ser la propuesta de la directora Maya Deren en *Un falso despertar*, realizada a mediados de la década de 1940, donde se pone de manifiesto lo que podría leerse como la pasión compartida por una época: las trampas escondidas bajo los objetos de uso diario. La película narra la historia de una mujer que debe enfrentarse a esos objetos de lo cotidiano que pueblan nuestras casas modernas y que de alguna manera se convierten en peligrosos sin previo aviso: adquieren vida propia, se entrometen en la tarde tranquila preludiando lo que va a ser una muerte violenta. En un momento de la narración fílmica, vemos cómo esa rebelión de las cosas inofensivas no era sino un sueño al final del cual la protagonista se suicida. Y puesto que despertar de un sueño nunca es garantía de nada, al volver a la vigilia los objetos descontextualizados, las trampas en la tarde, las redes que atrapan, llevan a la protagonista al suicidio real: después de esa experiencia onírica ya nada volverá a ser como antes.

Johns también sueña con los objetos y los representa. En esa extraña sucesión de azares que conforma su carrera –se comenta que la *Diana* apareció en la portada de *ARTnews* porque una tormenta de nieve impidió que llegara una foto desde Europa–, el propio artista cuenta cómo la bandera americana fue fruto de una premonición. En 1954 soñó que pintaba una bandera de Estados Unidos y al despertar, igual que la protagonista de Deren se suicida, realizó la conocida versión en blanco, rojo y azul a la que seguirían otras muchas.

Los formalistas –y hasta Johns tal vez en un intento de borrar las verdaderas pistas– repitieron que la forma de la bandera coincidía con la del lienzo, así que no tenía que preocuparse por inventar imágenes: las imágenes estaban allí, solo había que encontrarlas. Determinar dónde estaba «allí» sería, sin duda, una empresa sugerente.

Se repetía sin tregua cómo ese símbolo patriótico, cliché, alejaba las emociones y pasaba a configurar una especie de catarsis que –el propio artista lo explicaba– le permitía concentrarse en la pintura en sí misma, en el proceso de pintar, alejando los típicos sentimientos subjetivos del expresionismo abstracto: «Usar la bandera americana me ayudó mucho porque no tenía que diseñarla. Así que seguí trabajando con cosas similares como dianas, cosas que la mente ya conoce. Me daban la oportunidad de concentrarme en otros niveles».

La bandera, igual que las dianas, hablaría, pues, de su método de trabajo, método que se basaría, sobre todo, en el reconocimiento frente al conocimiento. Se trataba de un crimen perfecto contra la pasión que inmovilizaba los objetos cotidianos –¿hay algo más cotidiano que una bandera americana?– y los liberaba de las emociones humanas. Como el suicidio, los hacía frígidos.

Lo intrigante de este tipo de planteamiento es que es a la vez falso y verdadero o, más bien, acertado pero incompleto. Es verdad que Johns basa una buena parte de sus estrategias en el reconocimiento –«cosas que la mente ya conoce», título que Rosenberg toma para un artículo sobre Johns–; es cierto que sus objetos cotidianos aparecen inmóviles, desdibujados, incapaces de despertar las sensaciones que se esperarían de ellos –el caso más obvio es la bandera americana–. Sin embargo, también en esta parte del discurso, igual que sucediera al hablar de las «dotes pictóricas» de Johns, la aproximación puramente formalista –las formas de la bandera y el lienzo coinciden– no aclara las perplejidades que despierta la obra.

¿De dónde surgen esos arquetipos?, ¿cómo se convierten las cosas de todos los días en símbolos adquiriendo esa suerte de dignidad que no se habría sospechado en ellas?, se preguntaba antes. Ahora, tal vez, podríamos contestar la pregunta: surgen en el sueño, surgen en las imágenes con las que Johns sueña. Por eso los objetos parecen esquematizados y desdibujados, porque no se sueña con cosas, sino con *representaciones* de cosas, conformando unos significados que, en última instancia, están condenados a no ser públicos, a situarse en el territorio privado.

Teniendo esto en cuenta, se puede concluir que Johns desecha, no la subjetividad en sí misma, sino la publicitación de subjetividad en el expresionismo abstracto del modo en que este la reconstruye. Pese a comentar el artista con frecuencia cómo «no quiere que sus obras desvelen sus sentimientos», en sus elecciones y en su estrategia Johns podría estar contando cosas sobre sí mismo, experiencias más personales incluso de las que contaban los artistas de la anterior generación, al no estar aceptadas en cuanto noción colectiva, compartida y hasta manufacturada –ese inconsciente único–. Luego las vela como los sueños en sus clásicos juegos de encubrimiento pese a estar quizás representando emociones privadas que parecen públicas –o emociones públicas que podrían ser privadas, en el fondo entonces empieza a ser lo mismo.

Se podría ir un paso más allá en la dicotomía objeto/sujeto. Con frecuencia se piensa que la bandera de Johns, el modo de representarla, ha borrado las emociones que se asocian a ella en su esencia de símbolo patriótico –respeto, rechazo, ambivalencia, miedo, rebelión, sumisión...–. Han desaparecido los recuerdos, los sentimientos que puede despertar un día de luto a media asta, la noche en que se ganó una guerra, la bandera en un estadio, el modo en que se izaba en el colegio... A un nivel consciente sabemos que la bandera de Johns alude a todas estas cosas –y a muchas otras diferentes en cada caso, privadas–, como podría aludir, en sus recurrentes paradojas, a un uso irónico de las cualidades que se asocian a la masculinidad –patriotismo, heroísmo, valor...

Sea como fuere, en el ámbito profundo de las emociones, no se siente nada de lo esperado frente a esa bandera porque a la vez es y no es la bandera americana, porque –sucede con frecuencia en la obra de Johns– al tiempo está y no está. Bien podría derivarse de una consciencia compartida: no se trata de una bandera americana, sino de su representación –en el sentido onírico del término–. No sentimos nada, igual que no tememos los peligros en un cine o un sueño –cuando sabemos que estamos soñando–. La bandera americana de Johns es una representación, en la cual lo público –un símbolo– llega hasta Johns desde el territorio de lo privado –el sueño–. Esa es la paradójica modernidad implícita en la obra de Johns: el artista intuye, tal vez, cómo en el mundo moderno lo privado y lo público están separados por una línea sutilísima, invisible: un choque violento que convierte *una* muerte en noticia de primera página pasando a ser representación de muerte.

Se trata, quizás, de una sensación semejante a la que produce el pequeño collage en el cual Hamilton describe la abundancia moderna –tenerlo todo a mano–, donde el deseo múltiple extermina al deseo concreto. También en el collage sabemos que no se trata de objetos sino de su representación. La acumulación en el caso de Hamilton y la sustracción en el de Johns han convertido las cosas cotidianas en representaciones: no puede haber tanto ni tan poco. Pero bien podría tratarse de otra pregunta: ¿y si los objetos siguieran siendo idénticos a sí mismos y fuéramos nosotros los que hemos cambiado?

Hamilton ha convertido un concepto privado –el hogar– en algo público, estrategia de la publicidad, borrando también las fronteras de un modo muy moderno. Engaña a la mirada y, en su peculiar estrategia de supermercado, hace que nos enfrentemos con nuestras imposibilidades: de tanto desear los objetos expuestos –incluso su representación– acabamos por no desearlos en realidad y nos vemos obligados a enfrentarnos con la perturbadora frigidez de nuestra mirada. La falta de deseo se halla, pues, en el sujeto –un sujeto moderno–, y podríamos así concluir que esa bandera nos deja impasibles porque *somos* impasibles. Johns no quiere que su obra exponga sus sentimientos y termina por crear el tipo de representación que necesita y exige la época: calculada, precisa, maniobra de Jack el Destripador.

Es más, cuando Johns dice que no quiere que su obra desvele sus sentimientos, podría estar aludiendo a un control de partida sobre las reacciones, a una objetividad consciente y construida frente a los arrebatos supuestamente descuidados de la Escuela de Nueva York. Esa maniobra medida no implica, al fin, una renuncia a la subjetividad, sino a un modo específico de representarla, como se anunciaba. Quizás, la estrategia de Johns es, además, la estrategia de supervivencia que exige una época, igual que su traje azul de chico serio: Johns no puede mostrar de forma abierta sus sentimientos íntimos y no puede dejar que se filmen sus sueños al estar plagados de lapsus que no aceptaría el Nueva York de los primeros cuarenta. Se trata, una vez más, de una cuidadosa operación de enterramiento del alma y hasta del cuerpo, y por eso antes se aventuraba si su modo de reducir las sensaciones no tendrá que ver con un conflicto entre los sentimientos privados que *quiere* representar –no compartidos como noción colectiva– y aquellos que *puede* representar, que la época le permite representar.

Johns podría estar disimulando en su obra igual que disimula en su vida, y así, cuando en 1954 se muda a Pearl Street, en el *downtown* neoyorquino, a un loft largo y estrecho con los techos bajos –los podía tocar alargando la mano–, nadie se extraña de que algún tiempo más tarde su amigo Robert Rauschenberg se establezca en otro piso del edificio. Una vez más, se borraban los rastros de algo que los uniría casi diabólicamente: ambos compartían un secreto inconfesable, de familia, que sus trajes azules y sus corbatas esconderían pudorosos. Jasper y Bob, como los llamaba Warhol, se sentían muy próximos y lo seguirían estando durante cerca de siete años.

Las lecturas que en los últimos años se han dado a la obra de Johns a partir de sus hábitos sexuales y su relación con Rauschenberg, lejos de ofrecer una aproximación reduccionista, ayudan a aclarar ciertas partes oscuras de su obra, en primer y más importante lugar aquellas relacionadas con las estrategias de ocultamiento a las que le obliga la época. Este tipo de lecturas resultan útiles porque lejos de hacer una historia de artista se acercan a una visión más global, la de un contexto en el que Johns vive y trabaja. A menudo se ha comentado, los cuarenta y primeros cincuenta son un momento gobernado por una curiosa propuesta de inconsciente colectivo que acaba por pertenecer solo a unos pocos, cerrado y sin fisuras, universal y nunca fruto de los discursos fracturados de un sujeto múltiple. El inconsciente colectivo de los cuarenta y cincuenta era, al fin, masculino y heterosexual, y algunos de los artistas más jóvenes se planteaban su revisión existencial y artística.

La rebelión de Johns frente a la estricta etiqueta de la Escuela de Nueva York –que también perturbó a Pollock y a Dean, aunque por motivos diferentes en el caso del primero– es indiscutible en la obra del año 1960, *Pintura con dos pelotas*, construida, se ha dicho, de un modo semejante a la composición de 1958, si bien ha abandonado la propuesta monocroma y la rotura en el lienzo es horizontal. En esta obra Johns se revuelve contra los espacios infinitos de los expresionistas abstractos de un modo más obvio si cabe que en su obra anterior, y al añadir color a la superficie hace, quién sabe, un guiño perverso a Greenberg, que salvaba sobre todo sus pinturas monocromas. El título remata el asalto al fortín: *Pintura con dos pelotas*, rodeadas, además, por unas pinceladas que imitan la espontaneidad de la generación anterior.

La broma estaba servida para quien quisiera verla, y a mitad de los sesenta Krauss lo advertía al afirmar que los objetos se referían al mito de la masculinidad, la potencia sexual y la fascinación por la violencia que desembocaba en un ataque al cuadro. No obstante, se comentaba que Johns es la antítesis de Fontana y lo que él representa: el corte es ambiguo y suturado, sin violencia; las pinceladas contenidas y simuladas; las pelotas plurisignificantes –canicas opacas, rodamientos, pelotas de golf, mandarinas, testículos...–. En esa parodia inteligente la presencia retórica de las dos pelotas absurdas y cortadas devuelve a los parroquianos del Cedar Bar al lugar que, quizás, siempre les había correspondido: pura fachada, pinceladas de falsa pasión y pelotas cortadas.

La broma de Johns es un guiño a su momento. Frente a las estrictas reglas del mundo solo para hombres de los cuarenta, los primeros sesenta representan la liberación de las costumbres también sexuales; de hecho, una buena parte de los jóvenes pintores y escritores del momento empezaban a manifestarse abiertamente bisexuales u homosexuales, también en sus escritos y su iconografía.

La presencia de Frank O'Hara fue crucial en esos cambios al actuar como hombre bisagra entre dos mundos, puente entre dos generaciones, entre dos modos de pintar y concebir la vida. Editor de *ARTnews* y conservador del Departamento de Pintura y Escultura del MoMA, O'Hara es uno de los poetas más brillantes del siglo XX, a menudo descrito por los que le conocieron como ingenioso, desenvuelto, apasionado y a la vez tierno con los amigos, para los cuales se convertía con frecuencia en confesor, como explica Gruen. O'Hara bebía, se dice y él lo explicita en sus poemas, pero lo hacía de un modo diferente al de Hemingway y sus secuaces. O'Hara bebía para matar el aburrimiento, aclaraba. Bebía contra sí mismo y para acabar con la angustia, con ese *spleen* que conlleva la consciencia de las cosas. Un poema del mismo título, *Spleen*, escrito en 1954, habla por sí mismo: «I know so much / about things, I accept / so much, it's like / vomiting. And I / am nourished by / shabbiness of my / knowing so much / about others and what / they do, and accepting / so much that I hate / as if I didn't know / what it's, to me. / And what it is to / them I know, and I hate» (Sé tanto / sobre las cosas, acepto / tanto, que / me dan ganas de vomitar. Y me / alimento de la / mezquindad de / saber tanto / sobre los demás y sobre / lo que hacen, y aceptar / tantas cosas que odio / como si no supiera / lo que es, para mí. / Y qué es para ellos / lo sé, y lo odio).

Frank O'Hara morirá con apenas cuarenta años en Water Island, una comunidad en las Fire Islands, durante el verano de 1966, a causa de una muerte accidental y moderna, arrollado en la playa por un vehículo que apareció de repente el día que unos amigos decidieron pasear por la orilla del océano. El motor de su máquina se paró, y cuando todos bajaron para detectar el problema, O'Hara, a pocos pasos del grupo, fue golpeado por otro vehículo. Pero también en este último acto muestra su condición de personaje bisagra: no muere allí, de forma instantánea –Dean y Pollock y su muerte moderna con ecos de final de era romántica–, sino que después de sucesivas operaciones y a causa de las heridas internas se aleja de la vida pocos días más tarde, en la cama del hospital al que había sido trasladado tras el accidente. Su muerte final es una muerte anónima, una cama entre las quinientas cincuenta y nueve, igual a la de Andy.

Las alusiones al poeta –uno de los más admirados por Johns– y a una de sus poesías –«In Memory of My Feelings», de 1956– son obvias en una obra que realiza en 1961: *En recuerdo de mis sentimientos-Frank O'Hara.* Kenneth Silver llega incluso a plantear por qué elige un poema en el que O'Hara trata de distanciarse de sus sentimientos frente al amor perdido. ¿De qué habla en realidad Johns? ¿Del amigo muerto? ¿De sentimientos compartidos con O'Hara? Por su parte, Orton y Harrison van todavía más allá al explicar que el título podría aludir a la crisis en su relación con Rauschenberg, que acabaría un año después de la realización de la pintura. Si esta tesis fuera cierta, la obra podría leerse de una forma más sugerente todavía.

Al observar el lienzo con detenimiento, llama la atención cómo unas bisagras dividen la superficie en dos partes diferenciadas en el modo de extender la pintura. El cuadro está ejecutado con las clásicas pinceladas del expresionismo abstracto –lo masculino–, salvo un espacio rectangular en la parte superior izquierda donde se distingue una superficie casi lisa, con pinceladas difuminadas que acaban por desaparecer: allí cuelgan la cuchara y el tenedor, esos objetos de uso diario que se relacionarían con la crisis con Rauschenberg –la muerte de lo cotidiano–. Esa sería la parte tradicionalmente femenina, la parte de los objetos del día a día, de la cocina, contrapuesta a las pinceladas vigorosas del expresionismo abstracto. De esta forma, no solo podría estar aceptando su propio yo femenino, sino que, en cualquier caso, contrapondría la antigua pintura del «macho» impenitente a una nueva alternativa que, al poner en tela de juicio los mismos valores del grupo, se ríe de ellos y, sobre todo, recupera un gusto por los objetos cotidianos más banales y tangibles. Estos, lejos de no hablar de sus sentimientos, gritan sobre ellos.

Solo que entonces Johns aún no puede gritar. Esa bisagra, bisagra al modo de O'Hara, explica que coexisten dos mundos separados: el público, de las pinceladas de la Escuela de Nueva York –vacío, sin objetos–, y el privado, casi liso, donde aparecen las cosas, el territorio del consumidor que en los cincuenta es tanto como decir de las mujeres, en ese momento nuevo punto de mira en la publicidad. Habrá que esperar algunos años para que esos dos mundos puedan coexistir sin la fractura, para que la nueva generación consiga ser sin tapujos homosexual o bisexual, incluso iconográficamente hablando.

Tal vez Warhol es el primero que llega a borrar esa fractura de una forma definitiva no solo a través de un comportamiento y unas obras homosexuales sin disimulos –a veces incluso de un modo casi fanfarrón como en *Blow-Job* (Mamada)–, sino obviando por completo las pinceladas de la Escuela de Nueva York, hasta en el rastro irónico y deteriorado de Johns o Rauschenberg. Para la generación de Warhol han dejado de ser necesarias las estrategias de ocultamiento personal y eso también se reflejará en su obra. Ya no es preciso construir puertas de madera que oculten las partes fetichizadas y a menudo negadas en la historia del arte de la anatomía masculina –es el caso de la *Diana* de 1955 de Johns–. Para Warhol no es imprescindible mantener el juego público/privado que Johns adopta como estrategia de representación. Andy se ha desembarazado del fantasma de Pollock, aunque sea en ciertos niveles, porque, mitómano como es, volverá a su vida y hasta a su forma de pintar en las composiciones abstractizantes de los primeros sesenta. Sin embargo, al contrario que Johns, no siente la urgencia de borrar las huellas. Es más, rubrica sus huellas más privadas en las mencionadas abstracciones con un título descarado: *Piss Paintings* (Pinturas meadas). Lo abstracto –quintaesencia de lo masculino y buque insignia de las dos pelotas del Cedar Bar– no es ya más que un caprichoso juego de fluidos corporales.

Es de nuevo Silver quien retorna una anécdota relatada por Warhol en *POPism*, anécdota muy clarificadora para entender ese cambio generacional: Rauschenberg y Johns vestidos con sus trajes azules, Andy con unos vaqueros *a la Dean* y una chaqueta de cuero. Es bien conocida la admiración del segundo por los primeros, no solo porque eran dos artistas que triunfaban –motivo suficiente para alcanzar la admiración de Andy–, sino porque eran dos artistas gay que triunfaban. Parece que el afecto no era compartido, y cuando Warhol decide preguntar al promotor y director de cine Emile de Antonio el motivo, este le responde que las razones son tres: no esconde su homosexualidad, es un artista comercial orgulloso de serlo y colecciona cuadros de otros artistas.

En el contexto comentado hasta ahora las dos primeras razones parecen comprensibles: Johns y Rauschenberg preferían mantenerse discretos en su relación y optaban por presentarse como artistas serios –cuando decoraban escaparates lo hacían siempre con seudónimo–. Mantenían, pues, el amuleto en un bolsillo del pantalón, por si acaso.

Pero ¿y la tercera? ¿Qué tiene de malo coleccionar, aunque sean obras de otros pintores? La historia está llena de artistas coleccionistas que con frecuencia intercambian y adquieren obras de otros pintores. Degas y tantos otros coleccionaron obras de arte. A su modo Duchamp y Cornell también. El mismo Marcel Broodthaers confiesa en una ocasión que se hace artista porque no puede ser coleccionista y hasta el desposeído William Blake tuvo la que parece haber sido una muy nutrida colección de estampas. No obstante, coleccionar implica comprar, y en aquel momento de la gran afluencia en América compraban, en primer lugar, las mujeres. Lo apunta Silver de un modo lúcido: para Johns y Rauschenberg, Andy actuaba como consumidor cuando debía actuar como productor.

No se limitaba, además, a la representación de los objetos imposibles, una parodia casi como en el caso de Hamilton, sino que los llevaba del estante a la tela, de forma verosímil: era, así, consumidor en lugar de productor –artista, masculino–. Al final las tres razones se resumían en una: no les gustaba por ser tres veces homosexual –como homosexual, artista publicitario y coleccionista.

Aunque las tres razones parecen aceptables como planteamiento en el mundo residual y gobernado por el fantasma de Pollock al que pertenecían Johns y Rauschenberg, no deja de extrañar ese odio al coleccionismo, como concepto general, que parece chocar con otros artistas de su generación. Es cierto que ninguno de ellos compartió la pasión consumista de Warhol, pero no lo es menos que el coleccionismo es un asunto más complejo que la mera adquisición de objetos y que de alguna manera en muchas obras de estos pintores se detectan ciertos tics coleccionistas. La insistente recuperación de objetos casi de desecho en el caso de Rauschenberg, que luego apostillarán los californianos en los sesenta, hace pensar en esos coleccionistas pobres que van recogiendo cachivaches de los contenedores, a veces cosas que tienen valor y alguien ha dejado abandonadas: solo hacía falta saber mirarlas.

Es cierto que ese tipo de coleccionismo no implica la noción de compra, pero se podría plantear la pregunta siguiente: ¿pasarían a la categoría de compradores compulsivos aquellos que recogen objetos en los contenedores caso de poder hacerlo, caso de tener dinero?

La respuesta se halla, quizás, en un maravilloso libro, *Yo soy mi propia mujer*, en el cual Charlotte von Mahlsdorf –nacida hombre en el Berlín de los últimos años treinta– cuenta la historia de su vida, cuando, mientras organizaba la que sería una curiosísima colección hoy almacenada en el célebre Museo Gründerzeit, iba tomando consciencia y decisiones sobre su ser femenino. Aparte de las coincidencias entre la historia que narra y las reticencias de Jasper y Bob frente al Warhol coleccionista, es interesante la forma en que explica cómo su afición pasa de recoger a comprar en el mismo momento en que consigue ganar algún dinero. Entonces, se podría pensar, no son unos principios de partida los que apartan al buscador de tesoros en los contenedores de las tiendas o los puestos callejeros, sino una razón externa al sujeto. No compra porque no puede comprar: no se lo puede permitir.

Extrapolemos esta conclusión al caso de Rauschenberg y Johns. Tal vez ellos se niegan la posibilidad de ser consumidores porque no pueden permitirse ser homosexuales, abiertamente homosexuales. Si ser coleccionista –consumidor– es ser femenino, quizás la negación de tal afición forma parte de sus autorrestricciones. Recogen objetos –Rauschenberg– y reconstruyen objetos –Johns– porque no pueden permitirse el lujo de comprarlos –de arrancarlos de un estante sin más–, igual que sucede con los pobres coleccionistas que van arrastrando artefactos encontrados por la calle, si bien en el caso de los artistas las imposibilidades no sean económicas, o no solo: ellos deben ser productores para que nadie descubra que son amigos.

De hecho, si coleccionar es consumir, poseer, se trata al tiempo de un modo peculiar de hacerlo. Coleccionar es también recomponer o recrear el pasado, incluso un pasado que puede no ser el propio: rescatarlo. Hasta el mismo Warhol, apasionado del consumo, compra, colecciona obras de artistas, pero no de cualquier artista. Sus gustos extravagantes y variopintos hablan también de un placer por lo *camp* que aviva el territorio de la rememoración, que resignifica objetos que pertenecieron a otras historias de vida. Se coleccionan imágenes –cuadros– que interesan y terminan de un modo u otro por estar condenados a un territorio de la nostalgia, al punto de partida para la rememoración. No en vano se atesoran con frecuencia los objetos de la infancia –Andy lo haría en sus tempranas cápsulas del tiempo.

Entonces, ¿se está condenando a Warhol por ser coleccionista de arte –consumidor– o por ser coleccionista sin más, por situarse en medio de un territorio de la nostalgia, el sentimiento en estado puro que conduce a la languidez, que bloquea la espontaneidad vigorosa al apartar de uno mismo y devolver a un estado que los hombres no se pueden permitir? No en vano la música ha estado históricamente mal vista entre los guerreros. La música es aquello que tiene el poder de rememoración más potente y se evita para mantener fuertes los ánimos.

Y es en este punto donde se plantea el verdadero dilema, el que surge de una sospecha que se anunciaba al hablar del territorio ambiguo que Johns establece entre lo privado y lo público. Quizás Johns es también coleccionista y nostálgico y se afana por esconderlo, igual que se afana por borrar las pistas de su supuesta condición homosexual. De Antonio dice a Warhol al hablar de su afición al arte: «Es algo que no suele hacerse». Que no suele hacerse en esa época, que no puede hacerse; es algo que un artista no puede permitirse.

El coleccionar como apasionamiento, sin una idea de inversión sobrevolando las compras, es un mal asunto porque habla de un Edipo no resuelto, dice el psicoanálisis. Freud, poseedor, como es de todos sabido, de una magnífica colección de estatuillas griegas y egipcias, trata de justificar su coleccionismo frente al mundo porque, en cuanto psicoanalista, no puede permitirse parecer un sujeto con un Edipo mal resuelto. Del mismo modo, Charlotte von Mahlsdorf esconde su pasión por los muebles viejos de un padre nacionalsocialista porque un soldado –y todos los hombres debían serlo– no colecciona. Él/ella no puede permitirse que se sepa que es una mujer.

¿Cómo nombrar esa extraña pulsión que lleva a tantos hombres célebres a justificar, esconder y hasta destruir sus colecciones? ¿Será acaso porque como Freud, Charlotte, Jasper y Bob no se lo pueden permitir?

Volvamos un momento al cuadro *En recuerdo de mis sentimientos-Frank O'Hara.* La cuchara y el tenedor acaban por ser símbolos a un tiempo públicos y privados, igual que la bandera americana. Tienen, de hecho, un significado que todos compartimos –el hogar, lo cotidiano, la acción rutinaria de comer...– y, por otro lado, un significado privado –Johns y Rauschenberg pasan por una crisis en su relación, una crisis cotidiana–. Más aún: son precisamente los objetos más banales los que tienen lecturas más públicas –compartidas por todos–, aquellos que desencadenan procesos más violentos de rememoración, de nostalgia –y por tanto privados–. Los objetos de todos los días acaban por escapar a un control total. Proust es maestro en describir tales procesos porque es capaz de fijar la mirada en cosas humildes que a otros les pasarían desapercibidas, cosas insignificantes.

Esas cosas insignificantes –las «cosas que la mente ya conoce»– son las más peligrosas porque nos transportan sin preámbulo a otro tiempo, a otro lugar. Si la mente no las conociera, si no se pudieran llevar a cabo esas asociaciones, sería imposible recordar, ya que se recuerda dentro de un entramado. La cuchara y el tenedor son lo cotidiano, y si aún fuéramos capaces de sentir, si no *fuéramos* impasibles, nos devolverían tantas situaciones como vidas tiene el sujeto.

En la obra *En recuerdo de mis sentimientos-Frank O'Hara*, Johns está actuando como un coleccionista y los cubiertos son el vehículo para rememorar, para simbolizar algo que es más complejo de lo que aparentan. Igual que sucede en las colecciones, donde los objetos se resignifican de manera privada, la cuchara y el tenedor tienen para Johns un valor añadido: de símbolo.

¿Qué pasa cuando la nostalgia se instala silenciosa, mientras dormimos, y nos hace volver a esos momentos que fueron, a nuestra infancia incluso? A veces nos levantamos otros porque el sueño nos ha llevado lejos del presente –a nuestro pasado, a un futuro inventado– y el recuerdo de ese sueño, la consciencia de esa memoria, nos pone tristes. ¿Y qué pasa cuando vuelve a la mente el plano de la casa del abuelo, el plano en papel azul, que acaba por adormecerse en la superficie de las obras, como un símbolo entre otros símbolos, según apunta Goldman refiriéndose a Johns? No es un símbolo entre tantos, no se trata de cualquier plano de cualquier casa, sino del plano de la casa del abuelo, de la infancia, esa casa que los años siguen preservando como era entonces, nuestra. En muchas obras reaparece la extensión azul y con frecuencia las asociaciones públicas se vuelven cerradas y hasta crípticas e imposibles.

¿Qué podría pasar si por un momento decidiéramos que el sueño nos devuelve la memoria y cuando Johns habla de «las cosas que la mente ya conoce» no se refiere solo a los tan comentados experimentos Zen, sino a un modo peculiar de volver a la nostalgia?

De hecho, esas «cosas que la mente ya conoce», los arquetipos –la bandera americana, las dianas, las pelotas, los números...– pertenecen a un curioso mundo de lo cotidiano que se acerca, además, a la infancia. Las banderas son la imposición de lo social –los rituales de lo público– en la vida del niño –escuela, patria, poder, guerra, muerte...–, mientras que las dianas y las pelotas son parte de un mundo aún no contaminado por tales rituales, el de los juegos. Los números, sobre todo el modo de representarlos a veces únicos y grandes, aislados de un sistema lógico, están impregnados de cierto regusto infantil, a medio camino entre escritura y dibujo, como algunas de sus letras. Qué hicimos en realidad –en la consciencia– la primera vez que nos enfrentamos con una letra o un número: ¿escribirla o pintarla? Los números de Johns parecen paneles colocados en las paredes de un aula de otro tiempo, cuando las pizarras eran raras, para que los pequeños estudiantes los memorizaran. Son números grandes como los del primer reloj y a veces se presentan borrosos, superpuestos, como las imágenes en el recuerdo.

Sigamos recorriendo los objetos en apariencia más frígidos, los que corresponderían al mundo moderno y cuyas asociaciones no tienen, en principio, ninguna relación con las emociones. En este sentido, las famosas latas de cerveza podrían ser un buen ejemplo. Ya se ha recordado la supuesta frase de De Kooning y el modo en que Johns, fascinado por ese azar, cuenta cómo le pareció una idea excelente: haría dos latas de cerveza. Ni una –para beberla– ni seis –como suelen presentarse en el envase–, sino dos, las que podría vender Castelli.

Se trata de una historia preciosa, sin duda, tanto que uno sospecha si no será una de esas historias *a posteriori* que los artistas son tan dados a inventar, sobre todo si tenemos presente un anuncio que circulaba en los años de su niñez y en el que aparecen dos latas también colocadas sobre un pedestal: «Shelf appeal» (La atracción del estante), dice el eslogan, casi como *sex appeal*. Aparte de las similitudes con un anuncio concreto, que notan Varnedoe y Gopnik, parece sintomático que vuelva la mirada hacia unas latas relacionadas con su infancia, unas latas nostálgicas que veía anunciadas en alguna revista siendo niño. Otros miembros de su generación las habrían visto igual que él y también en ellos se recompondría el mundo como era entonces: «cosas que la mente ya conoce», un territorio al tiempo privado y público.

Aun así, Johns tampoco está generacionalmente solo en estas vueltas al pasado. Muchos de los artistas englobados más tarde bajo el término «pop» utilizan como fuente iconográfica personajes y productos de otros tiempos. Los cómics podrían ser uno de los casos más claros: Johns rescata una historieta de los años treinta, *Alley Oop*, y de igual manera la elección de Superman, Dick Tracy o Mickey Mouse denota una predilección por los héroes de la niñez. No suelen partir de cómics contemporáneos, y si lo hacen –sucede con las transcripciones que Lichtenstein hace de los *Girls' Romances* de Tony Abruzzo y Bernard Sachs–, se trata de un género que se establece como moda años antes.

Se podría pensar que es un modo de recuperar la tradición americana frente a la europea impuesta, parece explicar Lichtenstein en su conversación con Alan Solomon al hablar de su forma de pintar, optando por áreas de color planas y punteadas, una nueva sensibilidad –y no una «antisensibilidad»– que se aparte de la idea europea de la pintura. Pero esta sería, tal vez, una salida demasiado fácil, otra trampa de un asesino astuto.

Al fin, la iconografía de los artistas englobados bajo el término «pop» es en principio conservadora, no porque los productos modernos sean conservadores, sino porque habla con frecuencia de iconos del pasado. Darby Bannard lo vio ya en 1966 en un artículo publicado en *Artforum*, «Present-Day Art and Ready-Made Styles». Allí notaba la afición de muchos artistas de los sesenta a tomar prestados iconos de la baja cultura, sí, pero de una baja cultura de hacía veinte o treinta años. No solo los cómics, sino la propia Campbell, la Coca-Cola y hasta Marilyn Monroe habían sido «diseñados» mucho antes. A Bannard le sorprendía que los pop fueran tan «recatados», citando la palabra textual que él utiliza, en la elección de los temas.

Es cierto que los artistas englobados bajo el engorroso término «pop» son increíblemente recatados, conservadores casi: pintores que trabajan mientras piensan, como Miguel Ángel pintando la Capilla Sixtina de pie frente a la obra –Andy desenfadado ante los retratos extendidos sobre la mesa, Johns mirando sus estampas...–. Aceptemos por un momento que usan esas efigies bajoculturales de otro tiempo porque son reconocibles, porque no hace falta ser un experto en cómics del momento para captar el guiño. Este tipo de planteamiento nos haría concluir que Johns no es un nostálgico sino un estratega. No es un coleccionista.

Incluso dando por válido este planteamiento, el caso de Johns sigue abierto. Frente a la *Diana con escayolas* parece actuar como un coleccionista o, mejor aún, ha reproducido el comportamiento de un coleccionista irónico al estilo de Duchamp, y la ironía, ya se sabe, está cargada de nostalgia. Cada una de las escayolas ha sido encerrada en una urna, en un compartimento estanco, como si se tratara de un exvoto, de un objeto precioso. Ha sido, en suma, taxonomizada como en una colección, un museo portátil del cuerpo. Johns, que como todo buen coleccionista se mueve por recurrencias, por obsesiones, se ha instalado en la vieja patología duchampiana de tenerlo todo miniaturizado, inaugurada por el XVII y sus cámaras de las maravillas y continuada por el XVIII y la pasión importadora de Gulliver. Aunque no solo. Su costumbre de reproducir las esculturas bidimensionales, esculturas preciosas, de valor artesano, devuelve a la memoria el clásico proceso de duplicación en artistas como Kalf: un cuadro precioso que reproduce un jarrón precioso también.

Teniendo esto en cuenta es difícil sustraerse a la tentación de detectar en Johns algunas veleidades coleccionistas. ¿Y si fuera cierto que es coleccionista y no puede mostrarse como tal porque no se lo puede permitir, como no se podía permitir en aquel entonces borrar por completo las pinceladas, ni compartir casa y no solo edificio con Rauschenberg, ni abandonar el traje azul por la chaqueta de cuero? Ahí radica el enigma de las obras de Johns: lo cuentan todo sin llegar a desvelar nada.

Y luego queda Hamilton, que ha atrapado en una hoja aquello que el deseo moderno podría desear, a mano, por cierto, y miniaturizado también. En el pequeño collage no falta nada: un remedo ocurrente de Angelo Siciliano, la *pin-up* provocativa con sombrero de lámpara, una suculenta y gigantesca lata de jamón, un cómic convertido en póster, la televisión, un magnetófono, el aspirador... En su construcción Hamilton ha procedido siguiendo la táctica habitual de la publicidad: por acumulación. La suya es una imagen de la abundancia, abundancia de objetos e iconografía, muy próxima a las revistas de los cincuenta. Igual que en estas, Hamilton aspira a despertar el deseo, pero su espacio se parece a esos territorios publicitarios donde una lata de sopa Campbell, un plato de sopa, otro plato de sopa, sándwiches y más sándwiches acaban por aniquilar el apetito en su insistencia bulímica.

Pese a todo, la propuesta de Hamilton no es solo publicitaria: esconde también una oscura pasión de coleccionista y, por tanto, está cargada de nostalgia. En ese nuevo siglo que había empezado en 1956, la pasión de la pincelada era sustituida por trozos de revista, recortados y pegados. Ese podría parecer en sí mismo un acto frío, a menos que no se tuviera en cuenta que sus recortes procedían de revistas importadas. Todo aquello que Hamilton mostraba al alcance de la mano representaba la realidad de otro al ser él un chico inglés hablando del sueño americano. Hamilton hablaba de unos hogares modernos tan atractivos, tan diferentes que no eran sus hogares modernos, y en esa sustitución del placer –lo que se tiene– por el deseo –lo que se podría tener– estriba la magia de esta obra, una de las primeras del siglo XX.

Así, desde esas cosas que la mente ya conoce, añadiendo o sustrayendo en cada caso, Hamilton y Johns hacen mucho más que inaugurar un siglo: nos devuelven una mirada, la nuestra, que es a la vez frígida y nostálgica, que desea siempre lo que no puede tener. Luego algunos los llamaron pop porque no supieron cómo llamarlos.

3. PISCINAS: LA MELANCOLÍA DE HOCKNEY

> Querida:
> Es posible que un día vayas al oeste y te cuenten un montón de embustes sobre tu madre.
>
> Carta de Calamity Jane a su hija, sin fecha

Entre 1966 y 1967 David Hockney, nacido en Bradford, educado en el Royal College of Art de Londres y por esos años instalado en California, pinta una serie de piscinas en cuyos títulos figura la palabra «salpicadura» combinada con diferentes adjetivos que aluden al tamaño. Es, sin duda, un título oportuno, pues en cada una de las versiones el agua de la piscina nos está literalmente salpicando: desde el trampolín, lugar en el que el pintor ha situado el punto de vista para tomar la fotografía, sentimos las gotas sobre el objetivo de nuestra retina.

Estas obras de Hockney son la perfecta descripción de la pereza, tal vez una de las más logradas en la historia de la pintura. Aunque bien podría tratarse de un sustantivo equivocado: más que de pereza se debería hablar de indolencia. Se podría incluso decir que la obra de Hockney realizada en ese periodo, su primera estancia californiana, es una visualización al tiempo vaga y contundente de la indolencia. El espacio de esa piscina parece el territorio de un dandi, de alguien que tiene mucho tiempo por delante y a quien preocupa poco cómo usarlo: no es necesario actuar, basta con permanecer. La vista queda atrapada sobre un punto que la sumerge, inevitablemente, en un placer visual, ese «placer de mirar» que, en sus comentarios a Baudelaire, Benjamin asocia a la actividad en la cual «celebra el *flâneur* su triunfo».

Sin embargo, ese aspecto indolente –tanto que el hecho mismo de pintar se imagina como una tarea sin esfuerzo– encubre unas obras cargadas de ambigüedades. Ya los títulos son equívocos: *La salpicadura* (1966), *La pequeña salpicadura* (1966) y *Una salpicadura mayor* (1967). ¿A qué aluden los adjetivos que designan el tamaño, a la salpicadura o al cuadro? Porque, al final, lo único que parece importante en todas las versiones es la propia salpicadura, el solo elemento que tiene vida y no forma parte de una escenografía de la pereza: esas gotas que han empañado nuestro objetivo son la prueba ausente e innegable de un cuerpo que se ha zambullido en el agua tras haber superado la indolencia de la mañana californiana.

Las tres versiones comparten elementos básicos: una casa acristalada y de techos planos –la que corresponde a un clima soleado y, más aún, a cierta concepción moderna de la arquitectura– se recorta sobre un cielo azul, frente a la piscina. En cada una de las propuestas parece que todo sigue invariable: la escenografía va transformándose de un modo imperceptible, añadiendo o quitando detalles nimios –un cactus, unas palmeras, unas montañas, una silla vacía, un seto, diferentes reflejos sobre los cristales...

Pero no todas las casas son iguales –al menos la versión de 1967 muestra un edificio visiblemente diferenciado– y hay variaciones en la forma de los lienzos: dos son cuadrados *–La salpicadura y Una salpicadura mayor–* y el tercero rectangular *–La pequeña salpicadura–*. Incluso en las versiones que presentan más semejanzas, las dos de 1966, las piscinas son diferentes: en la versión rectangular se aprecia una curva que no aparece en la cuadrada. Podría tratarse de un cambio lógico, se piensa por un momento, ya que al ser la foto rectangular descubre una parte excluida en la otra perspectiva. Pero ¿de qué manera consigue el artista estas sensaciones, si el punto de vista –el trampolín– y lo que en realidad interesa mostrar –la salpicadura– parecen invariables a lo largo de las transformaciones en la escenografía?

En el juego de ambigüedades que plantea Hockney, también esta es una verdad a medias. No ha cambiado la posición *conceptual* de la mirada, presa de ese extremo visible del trampolín que se halla sobre el agua, pero sí la posición del propio trampolín respecto a los límites del lienzo. En la versión rectangular, Hockney ha estirado el paisaje o, dicho de otro modo, ha movido ligeramente el punto de vista.

David Hockney, tramoyista consumado, consigue que hasta eso pase desapercibido en medio de tantas falsas inmutabilidades y lo hace a través de un juego sencillo: se obstina en conducir nuestra mirada hacia las gotas caprichosas, el único elemento que parece no haberse modificado en ninguna de las versiones. O casi. Respecto al trampolín, punto de fijación visual del agua –y nuestro–, las salpicaduras son iguales o, al menos semejantes, pues, al fin y al cabo, puede haber dos casas iguales, dos piscinas iguales, dos sillas, dos palmeras y hasta dos reflejos iguales, pero ¿es posible que haya dos salpicaduras idénticas?

Bajo una suerte de perversa adivinanza, en estas obras, que se han ido revelando inquietantes y móviles –típico del territorio de la indolencia, el de los dandis–, Hockney experimenta, en primer lugar, con el punto de vista, uno de sus intereses recurrentes. Volverá al problema, una y otra vez, en las entrevistas, a través de sus gustos artísticos...

Hockney juega con el punto de vista del espectador, si bien en una ocasión niega tener conciencia de público: le cuesta demasiado pintar para pensar en algo que no sea el proceso en sí mismo.

El artista desvela el esfuerzo en su trabajo y esa es otra de las grandes y fascinantes paradojas de sus obras: su sofisticada representación de la indolencia ha borrado incluso el esfuerzo de ejecución. Pese a todo, se admitiría dicho esfuerzo: nada hay más difícil que reproducir la indolencia, ya que nunca se está tan ocupado como cuando no se hace nada, ninguna interrupción es tan molesta como la que se inmiscuye en un pensamiento que se dejaba llevar –¿cómo retomar el hilo de algo que no lo tenía de partida?

No obstante, cuesta creer que él, consumado tramoyista, no tenga presente al público cuando pinta. Lo probaría el modo en que en cada una de sus obras obliga a la mirada a mantenerse activa, a integrarse en las trampas que va tendiéndonos y hasta tendiéndose. No quiere que la mirada sea un ente pasivo, quiere que participe de los conflictos que el pintor se plantea.

Greenberg, y con él toda una generación, defendía la autonomía de la obra de arte y del artista, apostaba por su existencia separada del público como parte esencial del proceso, al contrario del *dictum* duchampiano. El entonces joven crítico Michael Fried escribía en 1967 el sobrecitado artículo «Art and Objecthood», en el cual manifestaba su preocupación por «el uso literal» de los objetos y acusaba a los minimalistas de dirigir la mirada hacia unas relaciones con la obra que llamaba «teatralidad», algo en suma unido a un problema temporal, del transcurso, estar allí entonces.

Hockney parece pintar, si no para el público, desde luego para un espectador –y él mismo lo admite en alguna de sus declaraciones–. De hecho, el público podría entenderse en términos de mercado: el consumidor. Al exigir Hockney una implicación activa de la mirada en las propias dificultades del proceso, estaría, quizás, buscando espectadores que formaran parte de la construcción de significados, que aceptaran el reto de la teatralidad, si bien se trata de una teatralidad distinta a la descrita por Fried. Dicho de otro modo, Hockney exige productores, miradas capaces de introducirse como sujetos invisibles en las obras vacías.

Igual que en el teatro, espera que el espectador esté dispuesto a participar del engaño, a creer, aunque sea mientras dura la representación, que el decorado frente al cual se halla es una dacha del siglo XIX –la dacha en la representación de Chéjov, la casa con piscina en la de Hockney–. Pero David Hockney podría ir más lejos todavía al trasladar la paradoja de Diderot de los actores a los espectadores: solo a través de la consciencia de estar en un teatro se podrá imaginar que esa acción transcurre en una dacha del XIX. La ambigua sensación de indolencia que producen las *Salpicaduras* se basa en un control férreo sobre el modo en que nos obliga a mirar y, especialmente, en la implicación que esa mirada acaba por tener en el proceso mismo, buscando el punto de vista sobre la superficie de la obra plana.

A Hockney le intrigan las superficies, otra de sus obsesiones repetidas. En una conversación con Lawrence Weschler explica cómo un día decide pintar rayas azules en la piscina de su casa y observa luego admirado su permanencia estática en el cemento del fondo, pase lo que pase sobre el agua. Le interesa el modo imprevisible en que se comportan las superficies –a juzgar por los cuadros de ese periodo, hasta las pictóricas–. Y el ojo atento se deja seducir. El artista ha desperdigado, en todo caso, muchas pistas: los elementos que escenifican esa salpicadura, incluidos la piscina y el trampolín, son solo accidentes, elementos de un decorado.

Lo primero que llama la atención en estas obras es el modo en que se ha roto la horizontalidad del agua, la forma en que el cuerpo invisible –que acaba de zambullirse muy cerca del punto en que está situada la cámara– ha fracturado la tranquilidad de una piscina un día de verano. Todo sucede en un espacio nítido, semejante a Piero della Francesca: en el *Bautismo de Cristo* los detalles más insignificantes, al fondo de la obra, pueden ser determinados con una exactitud meridiana.

David Hockney admira a Piero, le prefiere frente al abigarramiento de Caravaggio. Le interesan esos espacios limpios en los cuales cada detalle se distingue con claridad y, de este modo, a pesar de tomar fotos de los cuartos donde va a situar a los retratados antes de empezar a pintar, acaba luego por reconstruirlos sobre el lienzo como los imagina, como los necesita para que el espectador se concentre en lo esencial. Igual que una buena escenografía se compone de pocos elementos connotados, esos retratos eligen con cuidado los objetos a representar para que el interés del espectador no se aparte de su propio interés: describir la tensión, el drama que se genera por la sola presencia de los actores.

Nadie negaría la atención que el pintor británico presta a la figura humana a lo largo de su carrera –él habla incluso de «humanismo», la imponderable necesidad pictórica de la presencia humana–. Todos, desde que la pintura es pintura, han tratado de representar los dramas que la sola presencia del individuo lleva implícitos: «Puedes llegar a interesar a aquellas personas que no saben mucho de pintura; la figura humana es una de las cosas más importantes en la vida de la gente».

Y en su recurrente juego de paradojas Hockney se sirve de esa identificación para abordar el aislamiento, uno de los temas centrales de su obra y quién sabe si uno de los dramas clave en las relaciones, en las nuevas formas de entenderlas que genera la modernidad. Sus modelos raramente están solos pero siempre están aislados. Incluso cuando realiza retratos dobles, muy abundantes en su producción, los protagonistas adoptan actitudes de indiferencia entre sí, iniciando un diálogo inesperado que reconduce, una vez más, hacia el espectador, referencia a un tiempo esencial e imposible, fuera y dentro del espacio pictórico.

En su obra hay siempre un elemento humano explícito o implícito: en las piscinas es la presencia escondida bajo el agua. En los interiores vacíos o los bodegones se trata de un individuo que, pese a haber sido excluido del cuadro, lo está observando como quien observa su casa desde fuera. Siguiendo la etiqueta clásica desde el XVII, las naturalezas muertas –detenidas– de Hockney han expulsado a una figura humana que por fuerza tuvo que estar allí en algún momento del proceso y que a lo largo de la historia ha dejado a veces un rastro reciente –sucede en los *ontbijtjes* (bodegones en desorden).

¿Qué son, pues, las piscinas de Hockney? ¿Qué representan, qué significan, qué esconden bajo su escenificación de la indolencia? Sobre todo, ¿dónde se genera el aislamiento que describe de un modo tan único?

No parecen preguntas de respuesta sencilla: Hockney no es nunca un artista inocente. Las piscinas se leerían, en primer lugar, como el ejercicio de un pintor a quien interesan el punto de vista y la superficie. Son, además, paisajes, un género clásico al cual han vuelto la mirada con frecuencia aquellos que han decidido apostar por una propuesta figurativa. Pero parece obvio que se trata de mucho más.

Hockney pinta piscinas porque desde su ventana californiana ve piscinas, igual que Friedrich pintó esos escalofriantes paisajes nórdicos que veía en sus paseos. En todo caso, hay paisajes que, aunque formen parte de aquello que ve la retina, se corresponden con el gusto de una época y es imposible no preguntarse, aunque solo sea un momento, si la forma de mirarlos, de transcribirlos, no es obra de un impecable escenógrafo.

En el caso de Hockney, esas vistas indolentes son un impoluto ejercicio de precisión en su ambivalencia: hasta las salpicaduras están llenas de malentendidos. Lo que parece una pintura acaba por reproducir la esencia de una foto –no por el realismo, pues esta obra podría ser definida de cualquier modo menos realista–, ni siquiera porque refleje un punto de vista fotográfico. Lo importante de esta salpicadura, y suele suceder en su producción, es aquello que no está, lo que ha desaparecido bajo el agua. Y esa ausencia presente, como la diana de Johns aunque por motivos distintos, alude al transcurso temporal, evanescente como la salpicadura.

El problema surgió, seguro, de un modo inmediato –cómo representar el agua–, y ese planteamiento que parecía sencillo frente a la inmóvil piscina californiana le condujo a una reflexión cautivadora.

¿Cómo pintar el agua? ¿Un río, un lago, el mar? ¿Cómo detener el agua si nunca está quieta? Y la respuesta, históricamente, ha sido a través de la luz. Los impresionistas lo advirtieron muy pronto: si llegaban a ser capaces de pintar la luz como se ve en realidad, no como convencionalmente se representa, estarían salvados, podrían pintar el agua.

Ya Friedrich lo intuye en su impresionante *Mar de hielo* de 1823, si bien la empresa de Friedrich es, igual que la del pintor de piscinas, relativamente fácil: el hielo se desliza despacio, casi imperceptible, sin apenas turbar la superficie. Parece estar anclado al agua, como en Jökulsárlón, el mar de glaciar del Vatnajökull, al este de Reikiavik. Es posible detenerlo un momento en la retina y no solo en la imaginación. El hielo deslizándose tiene algo de movimiento torpe, de cuerpo rehabilitándose: una vez más será la luz la que se mueva, especialmente en el norte, y esa luz reflejada dará movilidad al agua.

Pero en la salpicadura de Hockney aparece un problema nuevo. El agua estancada de una piscina, su superficie, parece estar detenida de partida, sobre todo en un lugar de vientos suaves y luz constante como California. Se trata de una superficie que se podría reproducir con facilidad: ni siquiera hay rayas al fondo que jueguen encima del agua. ¿Por qué decide romper esa superficie detenida, violarla, cuando muchos antes que él habían tratado de parar el movimiento?

A su manera Hockney está cometiendo un crimen, como Fontana, e, igual que sucedía en el caso de Johns, se trata de un crimen perfecto porque no hay cuerpo ni asesino visible. Bien podría estar este último escondido detrás de la cámara, quedarse allí después de haber empujado a la víctima. Pero ni uno ni otra aparecen en la escena. Han sido excluidos de la acción, de ellos solo queda una intuición de presencia –el punto de vista desde el trampolín– y una huella de caída –la salpicadura–. Aunque tal vez es solo un suicidio frustrado, un intento de autoasesinato.

Esas gotas de agua son el único vestigio del drama humano que está teniendo lugar sobre la superficie pictórica, la única huella que el dandi, hastiado frente a tanto confort, deja, una última estela de su aburrimiento. La obra no solo representa la indolencia, sino el aislamiento insostenible que cae sobre el dandi solitario y le hace actuar como un revulsivo: es preciso combatir este paisaje de la modernidad donde resulta imposible esconderse.

Por eso antes se hablaba de la oportunidad del título: en él están incluidas las pistas que el espectador necesita para adivinar el crimen, corporeizadas en la salpicadura blanquecina. Y se trata de una huella tan poderosa que llegamos a oír la zambullida en el silencio de esa mañana en el Pacífico. La indolente pintura de Hockney acaba por ser una obra sonora. Igual que retumbó el estrépito del choque el día que Pollock decidió rebelarse contra su destino, en la tranquilidad del espacio plano de Hockney se escucha el salto de un dandi, habitante obligado de un paraje indolente, en su último intento de esconderse.

Quizás el mar de hielo de Friedrich también podría haberse oído, pero el hielo es tan imponente en su silencio como lento en su movimiento, y el barco se va hundiendo entre los bloques sin que haya siquiera una posibilidad, por pequeña que sea, de gritar pidiendo ayuda. El terror es tan fuerte que no deja salir los gritos de la garganta y si salieran desaparecerían como susurros en una superficie acolchada. El hielo se traga el terror, igual que la piscina engulle el aburrimiento exasperante: sin apenas dejar rastro.

Hockney pintaba las piscinas poco antes de regresar a Inglaterra desde Los Ángeles, donde se había instalado en 1963, y esa escenificación de la indolencia le ha perseguido como un fantasma obcecado e inevitable. No es de extrañar. Es una imagen perfecta, un cliché: un inglés visita el paraíso del planeta y acaba por quedarse allí buscando su peculiar estrategia de ocultamiento porque, como el pintor repite a menudo, California tiene las ventajas del campo y las de la ciudad.

Ciertamente, ser un inglés que triunfa en Estados Unidos es motivo suficiente para convertirse en cliché: los británicos sienten aún cierta fascinación morbosa hacia unas antiguas colonias por las cuales han sido a su vez colonizados y, por su parte, los norteamericanos adoran el acento de ultramar. Si además el lugar elegido para vivir es California, tan lejos de casa ontológicamente, tan lejos, incluso, de Nueva York –leyenda inexcusable entre los europeos– y las representaciones que genera son piscinas, el cliché se hace inmenso, pasa a ser leyenda y se escapa de las manos. Supera al hombre. Más aún: si, se ha comentado, en la línea de la vanguardia todo artista está sin remedio condenado a ser su obra, ese nuevo héroe pionero, el británico de Bradford, un chico inglés del Royal College londinense, se convierte en sus piscinas y haga lo que haga, pinte lo que pinte, se ve reflejado en ellas como el cuerpo que trata de esconderse bajo el agua y al que no dejan que acabe de desaparecer, igual que sucedía con Pollock.

Se trata de una asociación incómoda, dicen algunos, una «mala película», una ecuación molesta por repetida, un lugar común: California son las piscinas y las piscinas son Hockney, luego Hockney es California, el pintor de California. Y es cierto que, se mire desde donde se mire, acaba uno por darse de bruces con un cliché: el del joven inglés en Estados Unidos, el de las piscinas y California, el del artista que opta por ocultarse, el del pintor condenado a ser su obra... Se trata, además, de un lugar común irresistible, porque constituye el más cliché de los clichés: California, cliché de un cliché.

En cualquier caso, es posible que en todo cliché haya siempre una parte de verdad, por pequeña que sea. Y una vez que el cliché, que no es sino un modo de reconocimiento colectivo, se establece, se insistirá en el mismo también desde dentro para reforzar la imagen que los demás tienen de un país, de sus costumbres... Se hiperboliza la imagen, es cierto, si bien tal imagen existía de partida: muchas casas en California tienen piscina, las piscinas son allí más corrientes que en Europa y, desde luego, más que en Inglaterra por motivos climáticos comprensibles, reflexiona el mismo Hockney en más de una ocasión.

En este punto surge el malentendido: se puede leer como un lujo lo que es relativamente frecuente, lo que no es un síntoma de la abundancia, y el británico se deja atrapar por la seducción del cliché y, más importante aún, por la falsa imagen de abundancia americana que años antes había enloquecido a Hamilton desde las revistas importadas.

Al fin y al cabo, en 1963 David Hockney es poco más que un joven pintor del Royal College of Art de Londres, lugar donde había conocido al norteamericano Kitaj, afincado en Inglaterra desde los últimos cincuenta. Ese mismo año se encontrará con Warhol en la Factory y, pese a que hubo entre ambos un intercambio de retratos, Andy comenta, en *POPism*, ese encuentro de un modo lacónico, poco habitual en él, tan dado a la descripción minuciosa de los detalles: «Ese mismo día presenté a Henry [Geldzahler] al joven pintor inglés David Hockney». Esa será la única alusión en todo el libro.

Hockney y Kitaj se sentirán unidos por ataduras invisibles: su apuesta figurativa frente a las presiones abstraccionistas de la época y la pasión por el viaje. El segundo había sido marinero antes de convertirse en pintor y el primero viajaba de ese modo distante, implicado y siempre alerta de los etnógrafos. Para él, aquellos que deciden cambiar de lugar por liberarse del aburrimiento se enfrentan a una empresa imposible, porque allá donde vayan los perseguirá el aburrimiento, parte de ellos mismos: para Hockney, antropólogo, viajar es una forma de trabajo.

Hockney y Kitaj son todo menos turistas, y así un día deciden instalarse lejos de casa –aunque se trate de un abandono del hogar que ya no es ningún acontecimiento en los años sesenta–. Los trasvases entre países, entre continentes, representan incluso una rutina a lo largo del XX: Man Ray y Duchamp, entre otros, intercambiaron sus papeles entre Nueva York y París. La única novedad es que en los últimos años cincuenta, con Hamilton reconstruyendo afanoso el moderno hogar soñado con trozos de revistas americanas, los trasvases son, en especial, entre Inglaterra y Estados Unidos. Es comprensible. Ambos países se encuentran atrapados por un lazo indispensable en esa sociedad que se ha ido configurando desde los treinta, un mundo que ha presenciado cierta transformación básica para comprender el estado de ánimo general tres décadas más tarde: la hegemonía del productor ha dado paso a la del consumidor. Tal proceso se ha ido verificando en los países con un alto grado de industrialización, y ese lazo está definido en un nombre: lenguaje. La nueva estrategia publicitaria implica mensajes convincentes, llega a través de las revistas y obliga, así, a comprender lo que significan las palabras diseminadas en el territorio de las imágenes.

Esa lengua compartida condenaba a los británicos a ser los primeros receptores de la propuesta de felicidad americana, sin intermediarios, tal y como llegaba al público de Estados Unidos. No sería el mito degradado que alcanzaría al resto de Europa a través del cine primero y de la televisión después, sino el tipo de publicidad directa que se echa en los buzones de las casas. No en vano, muchos críticos ingleses, Alloway entre otros, acabarían por ser determinantes en la construcción del propio término Pop Art a través de sus escritos aparecidos en revistas a ambos lados del océano.

En cualquier caso, que la publicidad sea directa no asegura la tangibilización de los deseos: una cosa es entender la descripción de los productos, asimilar los mensajes, y otra muy distinta encontrarlos en los supermercados. Los ingleses se hallan ante un dilema irremediable: todo eso podría ser suyo –llega a ellos a través de la atadura más potente con el mundo, el lenguaje–, pero no lo es porque parece real solo en el territorio lingüístico. Esos hogares modernos podrían ser sus hogares modernos –la tentación se dirige a ellos en su lengua materna–. No lo serán sino en el ámbito del deseo. Este sería, en última instancia, el desencadenante de una peculiar forma de nostalgia y el lugar de conformación en un curioso fenómeno de ida y vuelta que se da entre ambos países.

Inglaterra, en ese despliegue nostálgico y a veces *camp*, patente en la vuelta a la figuración de mediados de los cincuenta, construye una imagen hasta cierto punto parodiada –y al tiempo idílica– de Estados Unidos. Se trata de la imagen que expresa una nostalgia diferente a la de Johns: no se desea la vuelta a la infancia, posible solo en el recuerdo, sino el estrambótico regreso a una tierra prometida jamás vista y que se construye desde la imaginación. Y es que también las cosas de los otros, aquellas que nunca han sido ni serán nuestras –o nunca lo serán del modo en que las esperaríamos–, pueden causarnos nostalgia.

El propio Hamilton, en sus transcripciones publicitarias de automóviles, refleja nostalgia hacia la abundancia ajena, hacia algo que para él solo es propio como construcción, y Peter Blake realiza un autorretrato de la nostalgia al presentarse en 1961 lleno de chapas, con una revista de Elvis en la mano, un escudo con las barras y estrellas en el bolsillo y unas zapatillas de deporte: esas son las cosas que el «artista pop» inglés, artista y coleccionista igual que Hamilton, atesora en su viaje imaginario hacia la tierra prometida. Las privaciones materiales de los ingleses en los primeros cincuenta animan a los artistas a presentarse como consumidores –como coleccionistas– en un país en el que aún prevalece la producción frente al consumo, en especial comparado con Estados Unidos.

Por eso antes se usaba el adjetivo *camp*, porque los jóvenes pintores británicos adquieren un compromiso con lo insignificante, incluso marginal como las chapas de Blake, mucho mayor de lo que el propio objeto merece. En este sentido el caso de Warhol es sintomático: él, tal vez porque nunca se siente realmente norteamericano, porque se reconoce como extranjero, se sitúa en el punto intermedio de esas nostalgias y recupera también los objetos de su día a día de un modo *camp*. Igual que a Halmiton, esos objetos no acababan de pertenecerle, parecían algo digno de ser atesorado –coleccionado–, parte de otra cultura, otro momento, otra historia.

A los jóvenes ingleses los fascinaba América. Desde Bradford, Leeds, Bristol..., América parecía incluso estar más cerca que Londres, comenta Ray Gosling, y a los norteamericanos les seducía ese acento *cockney* que convirtió a Baby Jane, una de las estrellas en la Factory, y a los Rolling Stones en grandes ídolos de Estados Unidos. Al menos los segundos cantaban, pero viendo el desarrollo de la carrera de Baby Jane parece adivinarse que su éxito en América se basaba en el hecho de ser inglesa. Era, pues, una perfecta historia de amor en la que cada una de las partes buscaba en la otra las propias carencias.

No obstante, siempre sucede en las historias de amor, cada parte acaba siendo una invención necesaria y, siempre sucede también, cada uno sueña con un sueño que no le pertenece. Despertarse de un sueño nunca es garantía de nada –lo había probado Maya Deren– y, así, la propia imagen de América regresaba a América desde Inglaterra parodiada, idealizada, diferente, ajena, y se aceptaba sin muchos escrúpulos porque se contaba con el acento adecuado, quién sabe, o porque se veía a Inglaterra como ese viejo mundo en el cual los consumidores eran aún virtuales.

Hasta qué punto influiría la relectura inglesa de los símbolos locales en la iconografía de los norteamericanos, sería una pregunta posible. Ante el tratamiento que Warhol –y en algunos casos Johns– da a las cosas corrientes y hasta netamente americanas –fantasmas de sí mismas, convertidas en objetos *camp*– cabría preguntarse si detrás de su mirada no se esconde la reconstrucción inglesa de América. Andy Warhol, quien parecía enorgullecerse de representar la cultura estadounidense como nadie nunca lo había hecho, también la estaba parodiando a su modo, una parodia tierna y nostálgica, sí, pero parodia al fin y al cabo igual que en el caso de los británicos, y eso le convertía en un inglés. Quizás, a través de tan complicado proceso de construcción y vaivenes de significados, hacía sus sueños realidad: durante esos instantes, Andy soñaba que era británico.

En todo caso, la lejanía física de América, que tanta nostalgia parecía causar a Hamilton o Blake, resultó ser una bendición a la hora de decidirse por la figuración para representar los nuevos sueños. El expresionismo abstracto contaba con algunos adeptos en Inglaterra, pero nada comparado con el fenómeno neoyorquino –tal vez por eso los ingleses de los sesenta mantienen una posición mucho más ambigua respecto al abandono de la abstracción.

Hamilton reduce los objetos de la publicidad a líneas difuminadas en la obra *$he* y Hockney coquetea a menudo con los ecos abstraccionistas. Aunque no solo: libre de las presiones socioculturales que aplastaron a Pollock, Picasso se vuelve para él un modelo próximo que se sienta a la mesa y al cual se llora el día de su muerte. Alguien, por tanto, a quien la historia no anima a superar, a confrontar como se confronta al padre. Hockney ya no se siente obligado a cambiar de perspectiva para superar a Picasso, igual que Jackson Pollock; no se ve instado a colocar las telas sobre el suelo para ver el mundo de un modo en que Picasso no lo había mirado jamás –aunque el juego espacial de los collages del gran maestro despierte demasiadas preguntas que tienen respuestas muy ambiguas–. Sin embargo, que la vuelta al caballete sea una vuelta positiva a la figuración como se la conocía, al espacio «pre-Greenberg» de profundidad y efectos escultóricos consensuados, resulta dudoso solo con mirar las *Salpicaduras.*

Si las líneas de la abstracción no terminan de erradicarse de la obra de los británicos, la pasión importada desde Nueva York que conllevan los cincuenta –corporativa y prefigurada– no puede competir con la nostalgia por la que optan algunos artistas británicos, quizás porque es esta una emoción transitoria que corresponde a un periodo de cambios, a una época en que se empiezan a colectivizar las novedades que anunciaban los treinta: el mundo se está transformando definitivamente.

La nostalgia, asociada al recuerdo, es un sentimiento peculiar: la sentimos de pronto, sin esperarla, a través de un objeto –su olor, su sabor, un tacto, una imagen, un sonido...– y podemos sentirla sin que nos modifique para siempre. Es volátil, desaparece en el instante mismo de darle un nombre, de ser conscientes de que la sentimos. Trataremos en vano de explicar nuestra nostalgia a los otros y nunca conseguiremos regresar allí donde estábamos minutos antes: los objetos de la nostalgia suelen ser banales fuera de su propio contexto.

Frente a las imágenes de Johns podríamos tratar de reconstruir su nostalgia: sería inútil. Sería imposible incluso rastrear nuestra propia nostalgia a través de la suya al tratarse de recuerdos involuntarios y privados. Es posible que ni el mismo Johns hable de su nostalgia cuando reproduce los objetos: se limita a representar los que ha conseguido aislar del proceso, los que reconoce como probables desencadenantes del mismo, si bien entonces la nostalgia se ha marchado. En el momento de verbalizarla, se habrá ido: se malgasta en el acto de hacerse consciente –lo decía Freud– del recuerdo.

De igual modo, Hamilton, presa de una nostalgia sin objeto, la que desencadena la ausencia de las cosas, inventa el lugar donde no faltaría nada: aísla, por tanto, los productos que añoraría tener y lo hace también de un modo consciente, justo después de que la nostalgia se haya malgastado. La nostalgia es, así, un proceso estéril, privado y, por tanto, imposible de manufacturar como la falsa subjetividad de la Escuela de Nueva York.

Pese a sus afinidades electivas, las de un momento de transformación, ingleses y norteamericanos se rebelaban en los últimos cincuenta y primeros sesenta contra planteamientos diametralmente opuestos desde el punto de vista formal. Si en Estados Unidos se reaccionaba contra la abstracción de la Escuela de Nueva York impuesta por la crítica, en Inglaterra –se dice a menudo– la revuelta era contra los paisajes bucólicos de la colonia de Saint Yves en Cornualles. Los primeros construían una imagen frígida del mundo, los segundos rescataban un arte urbano y agresivo, el cual emborronará los paisajes que estaban condenados a heredar. Ambos se encontraban, no obstante, en el territorio de las ciudades, la sala de exposición de los productos modernos.

Así, ingleses y norteamericanos, tratando de huir de las historias impuestas, se dieron de bruces con una abundancia que tal vez nunca habían buscado –o no de aquel modo– y cada uno a su manera quiso volver la mirada solo hacia aquello que más hubiera podido molestar a sus antecesores –con manías distintas en cada caso–, si bien, igual que le pasara a Friedrich, en su intento de rebelarse contra el destino impuesto construyeron paisajes que correspondían perfectamente al gusto de la nueva época. Esa sería su victoria o esa sería su condena, quién sabe.

Y tal vez buscando otros paisajes que borraran de la retina los de su niñez, Hockney se traslada a California, tal vez con una imagen preconcebida de California. Su representación es una invención americana y al tiempo la de América es un sueño inglés. Aunque, se advertía, los clichés no suelen decepcionar: al llegar por primera vez a Los Ángeles y pasear por Venice Beach alguien preguntó si estaban rodando una película. Venice Beach es como se la representa. Cada uno de los elementos modernos, los síntomas de la abundancia, están ahí para atrapar al extranjero que ante esos paisajes perfectos, esos cuerpos y ese clima perfectos siente que, al fin, todos los sueños se han hecho realidad –hay veces que la tierra prometida supera las historias que sobre ella nos contaban en el destierro.

Hockney llega a California y se queda atrapado por lo que sin duda es la quintaesencia del paisaje moderno: si la turbulencia de la naturaleza del norte encaja con los gustos románticos, la asepsia de los bellísimos paisajes californianos se ajusta a la construcción de un mundo sin pasiones, un mundo como territorio intermedio –ni en el campo ni en la ciudad, ni abstracto ni figurativo.

Hockney llega a California y pinta esos paisajes de la modernidad, al principio como los recordaba –matizados por la luz y algo desdibujados a veces, habitados, y luego, poco a poco, las omnipresentes piscinas se hacen cada vez más ausentes, más alejadas de las colinas de su infancia, más vacías, cada vez más inmersas en una luz constante, menos matizados los colores. El paisaje ha dejado de ser metafórico para hacerse aséptico y se ha sustituido la melancolía de Cornualles por la frigidez californiana. Esas piscinas reflejan la absorción visual de las formas planas e impasibles que su ojo está viendo.

El paisaje californiano tiene, de hecho, algo muy perturbador en su organización irreprochable, algo a un tiempo infinito y limitado. Parecería un paisaje del orden, taxonomizado como los productos en los supermercados, frente a la inesperada turbulencia que describiera Friedrich. Hasta el desierto de la Baja California, inmenso e imponente, tiene algo de tierra colonizada, desactivada, rasgada por las autopistas eficaces que llevan incesantes de un lado para otro, que se bifurcan, crecen, cambian de sentido... El paisaje californiano posee la fascinación de lo incongruente: se vacía lo que debería estar lleno y se llena lo que debería estar vacío.

Frente a esta nueva forma de construir el mundo, la obra de Hockney supera la melancolía suave de los paisajes ingleses que la historia le imponía como herencia. Sin embargo, que se haya erradicado por completo la melancolía como sentimiento es algo que valdría la pena discutir. Bien podría tratarse de un tipo diferente de melancolía mucho menos lícita, casi ilógica frente a esos paisajes ordenados y sin shocks, paisajes donde todo está bajo control.

Hockney pinta paisajes planos porque ve paisajes planos e, igual que Vermeer hiciera en sus escenas cotidianas, parecen vaciados. Por eso, tal vez no sea casual la inclusión de una obra del artista flamenco en el cuadro que muestra a su amigo Henry Geldzahler mirando obras, mirando pinturas –*Looking at Pictures on a Screen*–. En esta pintura de 1977 tres de los cuadros que elige para ser mirados son el *Bautismo de Cristo* de Piero, los *Girasoles* de Van Gogh y *Dama al virginal* de Vermeer.

El juego que la obra propone al espectador parece obvio y el propio artista lo descubre: el crítico mira un cuadro del mismo modo que el espectador mira un cuadro. La experiencia del espectador reproduce la del sujeto del lienzo. Se trata de mirar.

Pero una vez más el juego propuesto, y que a primera vista parecía inocente, es ambiguo incluso en el título: *picture* en inglés es una palabra con muchos significados –pintura, ilustración, fotografía...–. ¿Qué está mirando Geldzahler en realidad? ¿En qué sentido las experiencias del protagonista de la pintura y las del espectador se parecen? ¿Porque se acercan en el acto de mirar? ¿O porque las ilustraciones –las fotografías– y los cuadros comparten ya un mismo territorio indefinido? ¿Se asociará su planteamiento a una aserción que escribía Rosenberg en el artículo «Marilyn Mondrian»: «Al Pop Art no le interesaban las cosas reales, sino las fotos de esas cosas»? ¿Se relacionará con la hipérbole que se desprende de la imagen de Malraux frente a su «museo sin paredes», el escritor rodeado por las fotos –los cuadros– sobre el suelo? ¿Deseará Hockney volver al mundo de la representación de los objetos en

Hamilton porque sabe ya entonces que tenerlo todo nunca es garantía de nada?

Más extraño aún es que la imagen de Vermeer sea la única donde aparecen cuadros en las paredes, llevando el malentendido todavía más lejos: del espectador al sujeto del cuadro y de este al sujeto de la reproducción. Es un intercambio de papeles ilimitado que, en la misma elección, podría estar planteando alguna afinidad con el pintor flamenco que, igual que Hockney, parece despojar sus espacios de las cosas, aunque estén llenos, quién sabe si por efecto de esa nitidez que rastrea el inglés.

Hockney no vacía los espacios de California: los reproduce nítidos y sin sobresaltos como aparecen ante su retina. Igual que hiciera Vermeer, está pintando lo que tiene delante y mientras lo hace nota, quizás, una extraña sensación que se siente apremiado a compartir con el espectador implicado en el proceso mismo *–mirar pinturas*, mirar paisajes.

Todos los que visitaron por vez primera la casa en Malibú o Santa Mónica y se asomaron a su piscina tuvieron esa sensación indescriptible. Era una emoción imposible de definir, casi incongruente. El sol californiano y un viento suave que no sopla convertían la superficie del agua en algo excesivamente terso para aventurarse a violarlo, a romperlo con una zambullida. Allí, tan solos, se sintieron observados: en medio de tanto vacío era imposible esconderse. No había escapatoria. Sin el arropamiento de la ciudad –de la multitud–, el asesino sería rápidamente descubierto.

No obstante, ese desvelamiento, esa exposición pública cuando nadie podía verlos, les devolvía la presunta inocencia. Era una absurda paradoja, porque en aquel inverosímil aislamiento era imposible esconderse y, al tiempo, el hecho de no poder hacerlo libraba de toda sospecha. Es algo parecido a la sensación que producían las fotos de Pollock y Fontana perpetrando su crimen: de no haber sido una mera puesta en escena hubieran tenido la precaución de ocultarlo.

Benjamin, en sus comentarios sobre Baudelaire, recoge una maravillosa imagen de Poe cuando habla de las ciudades en el siglo XIX: un hombre es más sospechoso cuanto más difícil resulta encontrarle. Johns, frente a Pollock y Fontana, era sospechoso de un crimen terrible porque borraba las pistas, porque se obstinaba en retratarse como un hombre corriente.

Es rutina para los criminólogos: «el vecino de al lado», ese personaje delicioso que da de comer a los gatos del barrio, resulta ser el más atroz descuartizador. Jack se convierte en el hipotético autor de todos los crímenes del Londres de su momento porque resulta imposible encontrarle y se ampara en la ciudad, en las sombras tétricas de las calles, y se le adivina en cada rostro, en cada paseo. Cuanto más improbable se hace ese encuentro, más sospechoso acaba siendo el Destripador, más escondido se le imagina. Sería divertido pensar que asesino y detective fueran una misma persona –de ahí la inaccesibilidad del malhechor–. Sería una posibilidad probable pues, sigue diciendo Benjamin al hablar de Baudelaire y sus apariencias, «la heroicidad moderna se acredita como un drama en el que el papel de héroe está disponible».

De pie frente a esa piscina se tiene la impresión de ser una presa fácil, solo que aquí nadie nos busca. La exposición descarada de los posibles asesinos recortados sobre la luz plana –sin sombras–, la facilidad de distinguirlos, los ha librado de toda sospecha –sucedía con el detective que se buscaba incansable en su apariencia de Jack.

Tal vez por eso Hockney decide regresar y quedarse: en un lugar donde nadie nos busca es posible ocultarse. Renunciar a la posibilidad del paseo es desaparecer e, igual que Baudelaire se viera en los últimos años de su vida obligado a evitar sus andanzas para evitar a sus acreedores, David Hockney se oculta en el aislamiento californiano: se oculta porque no puede esconderse. ¿Dónde esconderse si no hay gentes, ni paseos, ni sombras?

En los paseos sin rumbo fijo, sigue diciendo Benjamin, es posible no encontrar a nadie que sepa quiénes somos, que descubra nuestra coartada, y por eso es conmovedor observar a las gentes en el aeropuerto de San Diego, incongruentemente situado en medio de los rascacielos, paseando entre los mostradores de tránsito sin rumbo, no haciendo nada, haciendo solo tiempo. Solo allí pueden esconderse.

Marc Augé llamó a esos nuevos lugares del paseo «no lugares» y, en el fondo, se trata de degradados «pasajes» donde el moderno *flâneur* puede pasar desapercibido, puede mirar escaparates sin tener que comprar nada. Allí, incluso bajo el estricto control que conlleva un aeropuerto, es posible sentir la ilusión de ser sospechoso por lo menos hasta que el altavoz anuncie el vuelo con destino a Los Ángeles y haya que presentar la tarjeta de embarque. Durante esa espera se ha renovado la sensación de vivir escondido.

Hockney se queda en California pues, además, intuye que para rebelarse contra el pasado que le impone la historia hay que lanzarse hacia el futuro, un futuro al que entonces aún no puede dar nombre. California es el futuro porque en el futuro será imposible esconderse: nos ocultaremos pero no podremos escondernos. Siempre habrá un policía que nos parará al pasear por un bulevar vaciado y preguntará si nuestro coche ha sufrido alguna avería. Por un momento tendremos la sensación de ser sospechosos bajo nuestra aparente inocencia –le sucedió al detective que investigaba los crímenes de Jack, los suyos–. Será un instante. El agente ofrecía ayuda al saber de antemano todo sobre nosotros, y al consultarle si era peligroso pasear por allí, respondía con un lacónico: «Es algo que no suele hacerse», como dijera De Antonio a Warhol.

Los artistas no coleccionan, la gente blanca de clase media no pasea por el bulevar de Santa Mónica. Al comprar arte, Warhol no parecía lo que era –un artista–; al deambular por Santa Mónica, no se era lo que se parecía –blanco de clase media–. «Es algo que no suele hacerse», se limitará a decir el policía.

No se colecciona arte, no se pasea por un bulevar californiano sin rumbo fijo, a pie... Todos tienen un papel asignado en la cuadrícula que hace imposible ese «amor a última vista» descrito por Benjamin al aludir al verso de la paseante enlutada de Baudelaire en *Las flores del mal.* Aunque a veces, desde el coche que va de Santa Mónica hasta *downtown* L. A., se cruce una mirada con otro conductor bronceado que lleva su nombre escrito en la matrícula. Por un momento se vislumbra una historia de amor, sobre todo por imposible, igual que la de la bella enlutada: «Es algo que no suele hacerse», parece decir desde el aislamiento de su automóvil.

«El confort aísla», sigue comentando Walter Benjamin, porque se sustituyen las operaciones complejas por maniobras abruptas. El acto lento de observar a la bella viuda desde la lejanía, como lo describe Baudelaire, el rito de perseguirla con los ojos, con el deseo, mirar sin ser visto, sabiendo que esa imagen jamás regresará a nuestras vidas, ante nuestra mirada, se convierte en un cruce rápido de miradas, apenas lo que dura un semáforo, que anuncian placeres que, de ser, serán abruptos también.

Pero el confort aísla, sobre todo porque no invita a salir a buscar nada fuera, porque sumerge en un estado de duermevela que acaba por aniquilar. Si al menos alguien mirara desde la silla vacía delante de la piscina. Si se estuviera siendo observado, aún habría esperanza de ser amado a última vista o de ser, al menos, sospechoso. Y esa sensación que estaba rondando se completa, si bien aún no se sepa darle un nombre: tenerlo todo nunca es garantía de nada, y Hockney lo intuyó muy pronto.

Lo constatará durante su visita a casa de la hermana de Jackie Kennedy, en Henley. Nunca ha visto un despliegue de riqueza semejante, pero ella parece aburrida y triste. En aquel momento, por fin, se da nombre a la sensación que despierta ese confort: melancolía, la perfecta combinación de aburrimiento y tristeza que sintieron los dandis, un sentimiento que quizás también en su caso era producto de la abundancia, del exceso. Se trataba entonces solo de un anuncio de lo que estaba por venir. El *spleen* que transmiten las piscinas de Hockney, la indolencia, deriva del hecho de haber dejado de ser sospechoso y acaba, como todo *spleen*, con la receptividad, explicita Benjamin.

Es una operación parecida a la pérdida del deseo en Hamilton: si ya se posee todo, es imposible desear nada; si el placer es posible, sirve ya de muy poco. El «amor a primera vista» se apagará en un futuro lleno de hastío y desengaños. El imposible, el que describe Baudelaire, quedará inmortalizado en unos versos únicos que reflejan el deseo en estado puro, el que la consumación del placer no ensombrecerá jamás. El «amor a última vista» es el modo más eficaz para no consumir el misterio. Pero ¿sigue el misterio siendo factible en California entonces?, se podría preguntar.

Warhol, inteligente siempre, detecta ese final del misterio en su viaje a California a principios de los sesenta y entiende incluso, con su sagacidad habitual disfrazada de indiferencia, cómo el lugar, en su esencia de tierra prometida, es una invención de sí misma: «Cuanto más al oeste íbamos, más pop parecía todo desde las autopistas. De pronto nos sentimos como parte de aquello porque aunque el pop estaba en todas partes –de eso se trataba, mucha gente aún lo daba por hecho, pero a nosotros nos asombraba–, para nosotros era la nueva forma de Arte. Una vez que te has "convertido" al pop, no puedes volver a ver las cosas del mismo modo. Y una vez que has empezado a pensar pop, no podrás volver a ver América del mismo modo otra vez. Desde el momento en que has puesto una etiqueta a algo, has dado un paso, bueno, no puedes volver a verlo sin esa etiqueta. Estábamos viendo el futuro, de eso estábamos seguros. Veíamos que había gente por allí que no lo sabía, porque aún vivían en el pasado, con las referencias del pasado. Pero lo único que había que hacer era *saber* que estabas en el futuro, y eso te había llevado allí. El misterio había desaparecido, pero lo asombroso no había hecho más que empezar».

Warhol reconoce hallarse ante el futuro, sabe que ha encontrado el lugar frígido que había estado buscando y entiende, además, el final del «pasado». Andy contempla el futuro desde las autopistas y dice que no podrá volver a vivir en un sitio donde no sea posible conducir y ver un restaurante que se anuncia con grandes luces cuyas formas son cucuruchos de helado, esa hipérbole donde el mundo se muestra grande para que lo vacío no lo engulla y que representa la nueva forma de vivir el mundo: el final de las ciudades como se conocían en el XIX, esas ciudades multitudinarias que, entre otros, describe Baudelaire: «No a todo el mundo le está dado tomar un baño de multitudes: gozar de la muchedumbre es un arte [...] Multitud y soledad: términos idénticos y convertibles por el poeta activo y fecundo».

Aunque también es posible que lo que Warhol tiene delante no sea sino la exasperación de un proceso que había iniciado en las ciudades de Baudelaire: la ordenación a partir de la cual cada casa pierde un nombre y gana un número llega a sus últimas consecuencias en el plano de la mayor parte de las ciudades de Estados Unidos, donde incluso las calles pierden el nombre. No solo es imposible esconderse, sino perderse en ese trazado limpio de calles paralelas y numeradas; un plano donde difuminar las huellas se convierte en un trabajo estéril. Por eso Hockney decide en un momento dado mudarse a un lugar con colinas, para volver a ver –y a pintar– curvas: todo era cúbico desde su casa de Santa Mónica, todo es cúbico en sus piscinas, todo es cúbico también en la modernidad.

Así pues, las *Salpicaduras* de Hockney son mucho más que una experimentación sobre la superficie y el punto de vista, mucho más que el asombro de un europeo frente al cliché, más que un reflejo del *spleen* moderno... Estas obras hablan de una sensación privada que traslada a otra pública, como sucedía en el caso de Johns; una sensación que, como explica Warhol, detectará todo aquel que no viva en el pasado, con las «referencias del pasado».

El espectador se hallará ante una nueva melancolía que no corresponderá a los estados geniales inaugurados por Aristóteles, ni a la pérdida no llorada de Freud –duelo frente a melancolía–, sino a una patología del orden que describe la psiquiatría contemporánea como un síntoma frecuentemente asociado a los estados depresivos: «La paciente María K., de 54 años, fue ingresada por primera vez en la clínica en 1959. [...] Se quejaba sobre todo de molestias gastrointestinales, consultó a médicos y homeópatas, temió al fin hallarse mentalmente enferma y fue contrayendo de forma progresiva, si bien no de un modo profundo, una melancolía hipocondríaca inhibida. La exploración consecutiva a la remisión proporcionó los siguientes datos. Desde su juventud había sido siempre, sobre todo en la escuela, muy minuciosa, limpia, "demasiado exacta". Y así había permanecido. Espontáneamente afirma: "Todo tiene que estar en su sitio; en cuanto algo está cambiado, me doy cuenta enseguida"». En esa pasión por la minuciosidad y la pulcritud excesivas se generará la melancolía moderna, patología de una taxonomía inalcanzable porque las cosas nunca están suficientemente ordenadas.

Por eso son tan inquietantes las *Salpicaduras* de Hockney, por eso reflejan un estado de desasosiego que no debería asociarse a esos espacios pulcros, impolutos. Por eso, en suma, causan una asfixiante melancolía que impulsa al dandi a tirarse al agua quién sabe si como último e improbable acto heroico: el suicidio. Las *Salpicaduras* hablan, en primer lugar, del indiscutible cambio de metáforas al cual la historia está sometiendo a los artistas de los sesenta. Igual que el proceso de ordenación del XIX se dispara en el plano de Los Ángeles, las metáforas que se han ido atisbando desde finales del XIX –y que se perfilan sinuosas en los años treinta del siglo XX– se disparan hacia finales de los cincuenta. Son metáforas asociadas a un cambio a partir del cual los objetos invaden los espacios urbanos y el campo se contrapone entonces a las ciudades y las ciudades llenas a las ciudades vacías.

Lo experimenta ya Rodchenko cuando llega a París a mediados de los veinte y lo describe en las cartas que envía a su mujer, Stepanova: en las calles de París no hay caballos, la ciudad está llena de objetos que quiere comprar –«veo muchas cosas y no puedo comprarlas»–. Rodchenko se enfrenta con el mundo del consumo y, sobre todo, con una ciudad separada del campo –de la naturaleza– al haber expulsado el último reducto que aún sobrevivía en tiempos de Baudelaire: los caballos.

Lo que asombra a Rodchenko no es sino la expresión sin paliativos de una ciudad moderna, incuestionablemente urbana, sin caballos y llena de objetos que no puede comprar. Se podría, quizás, asociar la carencia que expresa a la propia solución acumuladora que en tantos casos plantean los montajes soviéticos y que acaba por convertirse –sucedería con el collage de Hamilton años más tarde– en una estrategia precisa para tenerlo todo a través de su representación. Esos montajes reflejan el universo de un coleccionista, de un consumidor, algo que, como dijera el policía de Santa Mónica al inoportuno paseante y De Antonio a Warhol, «no suele hacerse» en la Rusia de ese momento.

Si Schwitters acumula los objetos para deshacerse de ellos, si es un productor bajo su aparente papel de coleccionista, de consumidor –y el desposeimiento de las superficies de aspecto neoplasticista probaría que lo único a lo que aspiraba con su acumulación era a liberarse de los objetos–, Rodchenko y los rusos utilizan esa acumulación para poseer las cosas, para convertirse en coleccionistas frente a una nostalgia que se adivina idéntica a la de Hamilton: no llegar a poseer nunca lo ajeno.

Ahí radica ese terrible cambio de metáforas al que se aludía, una transformación que atisba Rodchenko y explicita Warhol. Como dice el último en sus comentarios sobre California, las cosas están ahí para quien quiera verlas libre de «las referencias del pasado». ¿No ha sido siempre ese el juego de la vanguardia, transformar el pasado? ¿No quiso Pollock romper con el pasado –Picasso– al tumbar las telas, y le aplaudieron porque vieron en él a un mesías, a un artista que supo ver «sin las referencias del pasado»?

Sin embargo, tal proceso implica pérdidas y, más concretamente, esa pérdida de referentes que puede ser incluso trágica. En este sentido, el caso de los soviéticos es paradigmático ya que la propia estructura del país, las relaciones implícitas con la naturaleza, la tensión entre campo y ciudad, entre lo vacío y lo lleno están siempre presentes a lo largo de su historia. «Bienaventurado el que no distinga el invierno del verano», exclama en un momento de la obra una de las protagonistas de *Las tres hermanas* de Chéjov aludiendo al paso de las estaciones.

La clave de su melancolía no estriba en ese hecho, porque más adelante añade que si viviera en Moscú no sentiría esos cambios como un peso. En las ciudades las estaciones pasan de un modo más discreto –incluso en el norte– y, sin embargo, es posible que la idea se asocie a un problema de otra índole: ¿sería tan feliz en Moscú que ni siquiera el invierno la afectaría? ¿Muestra en esta aserción la melancólica protagonista una nostalgia de Moscú, de las ciudades y las cosas de las ciudades, como Peter Blake en su autorretrato, donde con los síntomas de América literalmente encima –conformando su imagen, parte de sí mismo– siente que está más cerca de la modernidad? En el fondo, en el campo se vive con tan poco...

Y presos de una lengua tan cargada de metáforas como el ruso, incluso en el lenguaje corriente –un idioma condenado por tanto a las representaciones visuales–, tras enfrentarse con esas ciudades cargadas de cosas que no se pueden comprar, los soviéticos se ven obligados a adaptar las metáforas antiguas –relacionadas con el paso de las estaciones– a las metáforas modernas –asociadas a la abundancia en las ciudades–; condenados a adaptar las antiguas metáforas a las nuevas necesidades, abdicando del lenguaje como lo conocían, proceso doloroso que pasa por la metamorfosis del propio lenguaje, por el rompimiento de las imágenes más arraigadas. Quizás por eso el experimento fracasa, porque el ruso como lengua es todo menos eficaz.

La cuestión parece clara: los rusos deben encontrar un nuevo lenguaje que pueda designar a los consumidores frente a los productores –los poetas– y deben encontrar un espacio donde organizar el sueño que, estratégicamente, propone la modernidad –los montajes.

Convendría en todo caso aclarar qué significa el término «modernidad» en los diferentes contextos, incluido este. Para Rodchenko y su generación, ser moderno podría ser incorporar al arte los iconos y hasta los desechos urbanos; para Greenberg lo moderno se asocia a la abstracción y en este caso concreto se ha relacionado con las obras figurativas de los últimos cincuenta y los sesenta. Bien es cierto que lo que es moderno hoy acaba por ser «una referencia del pasado» mañana, lo probaría ese mítico 1956: la pasión había muerto con Pollock y en los años sesenta lo moderno ya no podía ser abstracto si quería ser moderno. Aunque se trataba de mucho más, y las muertes de Pollock y Dean hablan del cambio. Lo moderno en ese momento, incluso al hablar de la muerte, se asociaba a los objetos de las ciudades –coches, aviones, latas, abundancia...– y los ingleses lo supieron el mismo año de la muerte de Pollock.

Se trataba, además, de objetos que, en una caída precipitada, acababan por no convivir siquiera con las ciudades. Las cosas se aislaban de las ciudades, situadas en un territorio donde solo se iba a comprar. Esa es la estrategia de los *malls* californianos, epítome de la ciudad sin ciudad del mundo contemporáneo –que invaden incluso aquellas urbes que por su estructura pueden permitirse el lujo de conservar los pasajes (París, Madrid, Helsinki, Santiago de Chile...)–, donde las cosas se separan de las ciudades mismas y estas se hacen innecesarias. Es imposible mantener el papel ambiguo entre consumidor y paseante que permitían los pasajes y que aún podía representar Rodchenko: a esos espacios del consumo ya solo se va a comprar –aunque todo acabe en un paseo–. Se asiste de este modo a un cambio de paradigma y, contrariamente a Rodchenko o Hamilton, Hockney no lo inventa, sino que lo pinta desde su casa.

Lo moderno como lo entendemos aparece en toda su intensidad cuando el productor, cantado por la generación de Baudelaire –el obrero, el poeta, el *flâneur*, el suicida, el trapero...–, deja de ser el héroe y abdica en favor del consumidor. En esa abdicación reside el cambio de paradigma que comporta la modernidad, anunciado en los treinta e impuesto en los sesenta.

Quizás por eso Johns vuelve la mirada nostálgica hacia los símbolos de su infancia, cuando aún era posible mantenerse escondido, pasear sin comprar. «Es algo que no suele hacerse», dice De Antonio a Warhol hablando por boca de Johns y Rauschenberg, y él responde: «El misterio había desaparecido, pero lo asombroso no había hecho más que empezar».

En el fondo, Warhol intuía que en los sesenta el papel de héroe estaba aún vacante, y si el productor se escondía tras su máscara adoptando apariencias nuevas, idéntica estrategia podría escoger el consumidor.

De tal manera que el futuro podía ser prometedor y, más aún, todos parecían haber obtenido entonces lo que siempre habían deseado: Europa ser un cliché de América, América ser un sueño inglés y reconstruir luego su propio sueño a partir de este. California el orden, Saint Yves los paisajes, Dean la eternidad. Pollock la muerte, Johns las imágenes de su infancia cuando aún se podía no ser consumidor. Hockney una piscina, Hamilton la abundancia ajena. Greenberg unos espacios planos donde el efecto escultórico es más que dudoso, Warhol el futuro frígido como lo había soñado y que descubre en California. Solo que entonces nadie supo verlo.

Quedaría, así, solo por desentrañar por qué Warhol no quiso nunca aprender a conducir.

4. EXCLUIDOS DE UN ESPACIO CON SOMBRAS: TOM WESSELMANN

> Nadie le dirigió la palabra, de tan insólita que les pareció su presencia allí.
>
> BLAISE CENDRARS, *Llévame al fin del mundo*

Los que aún crean en el azar comprenderán que la llegada de Hockney a Los Ángeles en 1963 no fue casual. «El tiro de dados jamás abolirá el azar. / Jamás, aunque lanzado en circunstancias eternas / desde el fondo de un naufragio», escribía Mallarmé en 1895.

Las circunstancias de esos primeros años sesenta eran, si no eternas, desde luego otras. Respecto al naufragio no cabría el menor atisbo de duda: el expresionismo abstracto y lo que había representado se hundía sin remedio entre los hielos, como el barco de Friedrich, y en 1963 hasta el que fuera su máximo defensor en otros tiempos, Clement Greenberg, parecía estar dispuesto a aceptarlo. «La Abstracción Pictórica ha caído no porque se haya disipado en la amorfia, sino porque su segunda generación ha producido el arte más amanerado, imitativo, falto de inspiración y repetitivo de nuestra tradición», decía en el artículo «The "Crisis" of Abstract Art», publicado en 1964 y en el cual comentaba la discusión sobre el *Art informel* aparecida en *Prevues*.

Greenberg tenía parte de razón en su planteamiento: un arte que basaba sus estrategias en las pulsiones y los actos pasionales no podía permitirse el lujo de amanerarse o repetirse. Si la nostalgia –el recuerdo– es un sentimiento que se malgasta en el propio acto de hacerse consciente, en principio la pasión es algo casi imposible de categorizar; es el impulso que nunca abandona el territorio regido solo por las leyes del inconsciente –de la inconsciencia, se diría–. Los actos de la pasión son irracionales e ilógicos –instantáneos– y tratar de explicar o hasta reproducir lo que surge de tales estados debería ser una empresa abocada al fracaso. Es absurdo obstinarse en imitar una pasión, como es imposible compartir una nostalgia, solo que en el caso de esta última se pueden al menos aislar los elementos que la desencadenaron –la famosa magdalena de Proust, la taza abandonada en el porche, bajo la lluvia, en el *Solaris* de Tarkovski, otro maestro en nostalgia...–. El punto de partida de una pasión es tan borroso como imprevisible es su final: las pasiones empiezan, igual que la nostalgia, sin que haya un propósito concreto por parte del sujeto, pero, contrariamente a la rememoración que se malgasta en el acto de hacerse consciente, terminan en un lugar sin referentes, sin rastros de memoria. La nostalgia nos devuelve a nosotros mismos, la pasión nos arrebata de nosotros mismos.

De este modo, la segunda generación de abstraccionistas, sumergida en una pasión prestada de la cual era imposible siquiera aislar los elementos desencadenantes –ajena, como la abundancia de Hamilton–, trató de reproducir el estado pasional obteniendo unos productos degradados que habían «perdido *esa cosa*».

Greenberg tenía razón al hablar del amaneramiento de los abstraccionistas de los primeros sesenta, pero en ese pronóstico lúcido y acertado, los suyos lo eran siempre, no vislumbraba la otra parte de la historia que completaba el cuadro. No la vislumbraba o la callaba más bien, como harían pensar muchos de sus comentarios durante los primeros sesenta, porque Greenberg lo vio todo. Detectó todo lo que estaba pasando en esos años, solo que prefirió fingir que no lo veía o lo interpretó sesgadamente, ya que, en el fondo, no era el efecto escultórico lo que le preocupaba, no eran los espacios planos, ni siquiera «la pintura como pintura», que defendía para alcanzar la purificación del arte, sino el modo mismo de representarla: para él ser moderno seguía siendo ser abstracto.

Por eso matiza y aquilata sus posiciones anteriores entonces, cuando se encuentra frente a frente con algo que detesta y que al tiempo parece ajustarse a sus requerimientos, incluso a las posiciones que va tomando respecto al expresionismo abstracto. Greenberg se da de bruces con unos artistas que se oponen a las pasiones repetidas de los cincuenta y lo hacen, además, aplanando las superficies, rompiendo incluso los consensos espaciales, poniendo en tela de juicio el tan discutido efecto escultórico: las superficies de muchos de los que se llamarán pop pueden ser transitadas con la vista, nunca con el cuerpo. No es casual que en 1960 diga explícitamente que toda silueta –una figura humana, una taza de té–, por el hecho de serlo, implica una noción de espacio tradicional, y lo dice, tal vez, para que nadie sienta la tentación de asociarle con los nuevos artistas figurativos.

Es probable que Greenberg no quisiera reconocer, pese a haberla visto seguro, la segunda causa de muerte del expresionismo abstracto. Quizás por hallarse ya muy débil en su largo recorrido, la pasión manufacturada de los abstraccionistas acababa por desaparecer engullida por el agua estancada de una piscina. Qué muerte tan tonta comparada con el barco hundido de Friedrich, podría pensarse, pero estas cosas pasan y donde menos se esperaría termina la vida, igual que la pasión, de la manera más absurda, menos heroica.

De cualquier modo, parece obvio que esa piscina era una trampa fabulosa y Greenberg tuvo que intuirlo. Tras su aspecto inofensivo custodiaba secretos antiguos, como las tumbas en Ur de la temprana Dinastía III, y el agua apacible era incluso más peligrosa que los bloques helados y flotantes de Jökulsárlón, aunque pareciera lo contrario. Ya no se trataba solo del sueño nostálgico de un chico inglés atareado en construir el cliché de América, recortando afanoso trozos de aquí y de allá, coleccionando sueños, como Hamilton –al fin y al cabo eso, en tanto que invención, resultaba inocuo–. En aquellos primeros sesenta otro británico se asomaba a la ventana de su casa, en Santa Mónica, y copiaba lo que veía: una piscina situada en medio de un paisaje ordenado –físico y tangible en la Costa Oeste– que arrumbaba cualquier posibilidad de llamarada imprevista porque el policía sabía de antemano quién era quién.

La tragedia de Greenberg no acababa ahí: los paisajes pintados eran intransitables, parecían estar allí pero no era posible saltar y recorrerlos, eran solo apariencia de espacio –la que él había defendido– al faltar en ellos algo muy importante sin lo cual ningún ser humano se aventuraría a vivir: eran paisajes sin sombras. Caso de entrar, caso de decidirse a pasear sobre las superficies sin fondo, el paseante se sentiría perseguido por una carencia, una pérdida insoportable. No tener sombra es no tener volumen y no tener volumen es no existir o, dicho de otro modo, no existir como objeto tridimensional, como escultura. Tal vez, el suicidio del dandi no se debió al aburrimiento ni a la imposibilidad de esconderse o de volver a ser sospechoso de un crimen –cualquiera–, sino a la banal constatación de estar atrapado en un espacio sin sombras, un mal asunto desde cualquier punto de vista –aunque ¿no era esto lo que esperaba Greenberg de las pinturas de la modernidad?

Frente a las *Salpicaduras* y, más aún, frente al *Elvis* de Warhol, se hace físico el sueño de espacio que el crítico defendiera a lo largo de los años y que apuntala en 1960. Releyendo las afirmaciones que aparecen en el artículo «Modernist Painting» se tiene la impresión de que se trata de un perfecto pie de foto para estas obras: «La superficie plana hacia la cual se orienta la pintura de la modernidad [*Modernist Painting*] no puede ser nunca una superficie absolutamente plana. La sensibilidad elevada del plano pictórico no puede admitir una ilusión escultórica, o *trompe-l'œil*, pero permite una ilusión óptica. La primera señal que se hace sobre un lienzo destruye la cualidad plana, literal y total, de la superficie: el resultado de las señales que deja un artista como Mondrian es cierta ilusión que sugiere cierta tercera dimensión. Solo que ahora es una tercera dimensión estrictamente pictórica, estrictamente óptica. Los maestros clásicos crearon una ilusión de espacio en profundidad en la cual uno podía imaginar estar dentro, pero la ilusión análoga creada por el pintor de la modernidad [*Modernist painter*] solo permite mirar dentro; se puede viajar por ella, literal o figuradamente, pero solo con el ojo».

Greenberg contrapone las nociones «estar dentro» y «mirar dentro» y la segunda parece ajustarse a las superficies planas y sin sombras de Warhol y, en cierta manera, a las de las piscinas de Hockney, donde solo es posible pasear con la vista.

Cabría, no obstante, preguntarse si lo sabía en realidad o creía saberlo porque la trampa del orden, se decía, es que las cosas nunca llegan a estar suficientemente ordenadas. Es más, cuando en el paseo impertinente explicamos al policía que no teníamos coche, que habíamos decidido deambular por Los Ángeles –«Es algo que no suele hacerse»–, dudó un momento de su propia perspicacia: lo que pensaba tener ante sí –un blanco de clase media– podía ser algo distinto, igual que Johns y Rauschenberg se preguntaron ante Warhol, un artista comercial que coleccionaba, si se trataría en realidad de un verdadero artista –¿o creyeron estar frente a un consumidor (un artista comercial) cuando en realidad se hallaban ante un productor (un artista como ellos entendían el término), pese a hacer cosas que no solían hacerse, que los pintores no solían hacer?

Y es que en esos primeros años sesenta las cosas que no solían hacerse y sin embargo se hacían eran cada vez más numerosas, quizás porque cuando el papel de héroe sigue vacante es factible adoptar cualquier apariencia, como el Baudelaire descrito por Benjamin a veces trapero, otras *flâneur*, apache, dandi... En esos años se podía ser muchos –artista, coleccionista, frígido, nostálgico, publicista...–, porque ser algo parecía irrelevante y se intuía que nadie tenía un papel que durara para siempre o porque el inconsciente sólido y sin fracturas empezaba a ser visto como el reducto de un pasado que había que revisar, erradicando la obligación de tener que mantener el tipo –la sombra– hasta el fin de los tiempos.

Es difícil saber si ese nuevo modo de entender el mundo –su inconsciente– estuvo relacionado con un encuentro decisivo que tuvo lugar en 1963: Louis Althusser invitaba a Jacques Lacan a su seminario iniciando una revisión conjunta y sistemática de las nociones institucionalizadas de lo público –Marx– y lo privado –Freud–. Después de ese día nadie fue ya lo que parecía ser.

Los artistas de la generación de los cuarenta y primeros cincuenta habían optado por una apariencia verosímil y sin fracturas ni ambigüedades –la de productores– y tras ella hacían lícitas las pasiones del Cedar Bar, al contrario que los disfrazados artistas de los sesenta –fingidos héroes como Beuys, falsas estrellas frígidas como Andy, personajes ocultos como Hockney...–. O, quizás, se trataba de lo contrario –las pasiones construían el retrato robot del artista–. No era la pasión la que los animaba a convertirse en artistas: porque querían ser artistas se sentían en la obligación –histórica, incluso– de ser apasionados. Ese pudo ser el problema de la segunda generación de abstraccionistas y en esa disociación pudo generarse el propio conflicto de Pollock, quien llegó, quizás, a preguntarse cómo era posible sentirse artista sin ser suficientemente pasional o, peor aún, por qué ese bloqueo indescriptible frente al lienzo –descrito en sus últimos años– pese a sentir toda aquella pasión.

Los pintores de los años sesenta dejaban a un lado los conflictos de Pollock, sus dudas que parecían de otros tiempos y, de un modo u otro, adoptaban la apariencia de consumidores coleccionando sueños, transcribiendo anuncios, repintando cómics, atesorando cuadros ajenos... El héroe del XIX, productor, había dado paso a un aparente consumidor sin paliativos ni vergüenzas que acababa conformando un fascinante territorio del malentendido. Se trataba, como en el caso del paisaje californiano, de la fascinación por lo incongruente: se vaciaba lo que debería estar lleno y se llenaba lo que debería estar vacío.

Quién sabe si habría que buscar en tal incongruencia el atractivo que para muchos artistas de esa generación empezaba a tener la Costa Oeste. Los Oldenburg se habían mudado a la tierra de las paradojas; Hockney llega, se queda y decide volver. Warhol la visita con motivo de su exposición y le cautiva y, por si fuera poco, la figura de Duchamp –padre obligado del pop al que nunca convencieron los hijos impuestos, por cierto– la sobrevuela con motivo de la muestra que estaba previsto abrir una semana después de la de Andy, inaugurada el 30 de septiembre de 1963.

Para asistir al acto Warhol se traslada de punta a punta del país en coche –fueron en coche porque alguien dijo que no le gustaba volar, si bien él negará ese miedo en sus escritos– y el trayecto se convierte en un viaje iniciático. Muchos antes que ellos habían buscado América, desde Lange y Evans –rastreando la América deprimida, olvidada– hasta Kerouac y Ginsberg –perfilando la América imposible de categorizar–. Muchos la buscarán después, aunque se trata de una empresa inconsistente, ya que América es un ente móvil y variado y «buscar América» es solo otro sueño institucionalizado de la Modernidad.

Tuviera o no miedo a volar, Warhol hizo el viaje como el ritual kerouaciano lo exigía: por carretera, *en el camino*, siguiendo el título de la novela del escritor *beat.* Solo así es posible ver las transformaciones que van sufriendo los paisajes y las gentes de la Costa Este a la Costa Oeste, ese lugar mítico y extraño también desde Nueva York, que parece poblado por personajes muy alejados de la realidad bostoniana, los descendientes de los aventureros, los familiares de Calamity Jane; los que no tuvieron nada que perder y combatieron sus penurias y su nostalgia construyendo un mundo aparte.

Warhol va presenciando los cambios paulatinos y, de hecho, no llega a decir claramente «en California todo era pop» –o hasta en Hollywood, teniendo en cuenta su obsesión por el éxito–. La aserción es mucho más sutil, más inteligente: «Cuanto más al oeste íbamos, más pop parecía todo desde las autopistas». O, dicho de otro modo, cuanto más se alejaba de Nueva York más clara aparecía América, la quintaesencia del pop. El encuentro escalonado con el Oeste es decisivo y la intuición certera: «El misterio había desaparecido, pero lo asombroso no había hecho más que empezar».

En todo caso, el término «misterio» está aquí cargado de significaciones: California, misterio desde el Este; Los Ángeles, lugar indescifrable desde Nueva York, inexistente como un decorado de cine que en algún momento alguien o algo decidirá desmontar, incluso un terremoto. Aunque también es misteriosa la forma en que Andy cree que debe mirarse el mundo, misterios modernos que se van desvelando cuanto más al oeste se avanza.

A través de esa frase desprovista de pasión, todas las suyas lo son, Warhol, como Johns, había dado en el centro de la diana, ya que solo a partir de entonces, a partir de allí, ante la visión retiniana del orden desapasionado, se evaporaba el misterio –California como misterio, el pop como misterio, lo moderno como misterio–, abriendo unas posibilidades infinitas para aquellos que no se sintieran atrapados por las «referencias del pasado». Warhol lo explicita de un modo muy claro: lo que él está viendo en 1963 está allí, pero no todos lo ven, y es algo, además, que le pasa con frecuencia porque tiene un ojo adaptado a los tiempos. Lo que va apareciendo ante su mirada es absolutamente radical, esa es su intuición, y sabe además que a partir de ese instante y ese lugar lo inesperado no podrá basarse en un misterio antiguo –la pasión insondable–, sino en el poder de la sorpresa: lo asombroso no había hecho más que empezar.

Así, la pregunta que cabría hacerse frente a la aparente

incapacidad de Greenberg para detectar la radicalidad del pop es si no estaría relacionada con su propia carencia de ese ojo moderno que Warhol tenía; si no llegó a atisbar la transferencia del misterio a la sorpresa porque su vista estaba sumergida en un sueño entonces ya fuera de contexto.

Warhol es consciente de que algo está sucediendo, eso resulta obvio, y comprende que todo aquello que parecía producto de la imaginación para el chico de Pittsburgh que vive en Nueva York, existe como tangibilidad en el Oeste, allí es una rutina. Aquello que le fascina, los espacios fríos, los personajes sin sombras, los grandes anuncios en el intento último y desesperado de llenar el vacío –o paliarlo al menos–, existe allí, rodeando a ese Hollywood en construcción al que él llama «limbo». ¿Qué ciudad en el mundo anuncia –publicita– su nombre a través de grandes letras situadas sobre unas colinas, llenando lo que la tradición hubiera dejado vacío?

En este detalle nimio podría hallarse parte de las respuestas: la ciudad se representa a través de su propia representación –unas letras con el nombre– y, de este modo, Hollywood deja de existir fuera del propio territorio de la puesta en escena. Las cosas son distintas de lo que se esperaría: los grandes anuncios, el famoso teatro chino escuálido, el centro sucio y solo poblado por turistas, las colinas invadidas por letras... Los Ángeles está plagada de objetos que solo aparentan existir y la propia ciudad tras el paseo queda reducida a un nombre sobre el paisaje.

Desde luego Hollywood no engaña a Andy –sabe que es «real» solo a medias– y, a su vez, Andy no engaña a Hollywood –comprende que tampoco su obra acaba siendo del todo «real», lo esperado de un pintor figurativo–. Hollywood, que conoce los secretos de la representación, detecta en la obra de ese artista algo que no es lo que parece y aquí surge el desencuentro inevitable –a menudo sucede en las historias de amor.

Y como un amante, más molesto que ofendido por haber sido descubierto en su engaño, Warhol comenta en *POPism* la crítica negativa que tuvo su exposición en California: «Me divierte mucho pensar que Hollywood llamó al Pop Art puesta en escena. ¿*Hollywood*? Bueno, cuando se ven las películas que se hacen *allí...*, ¿es que eso es *real*?».

Sin embargo, visto desde la mirada contemporánea, esa crítica habría sido la más perspicaz –por lo menos el comentario que Warhol ofrece de ella–. Mientras las revistas neoyorquinas se esforzaban en buscar para los objetos cotidianos que parecían «demasiado reales» una justificación dentro de la historia del arte –a través de todo tipo de argumentaciones sobre la vida diaria, la vuelta al realismo, etc.–, los californianos detectaban la trampa: esos objetos no eran reales, eran una puesta en escena. Tramoya. El ojo entrenado de aquella mirada, urgida por la necesidad de distinguir al protagonista de un extra, a un grupo de personas de un decorado pintado, se encontró frente a unas obras que parecían realizadas por un consumidor y olfateó que se trataba de una trampa. Esos objetos se presentaban como reales –una lata, la foto de una estrella...– y arrancados a la publicidad, pero era solo apariencia. La operación warholiana era mucho más compleja y Hollywood, experto en puestas en escena, lo intuyó.

Se podría decir que Andy y Hollywood –su estética– estaban hechos el uno para el otro –y de ahí los reproches mutuos–. En todo caso, llamar «puesta en escena» a esas cosas que pasaban por ser «reales» parece una visión muy acertada y, desde luego, un modo lúcido de enfrentarse con lo que se ha dado en llamar «pop». Los objetos de Warhol no son reales, y se diría que ni siquiera pretenden serlo:

decorados de teatro, buscan la complicidad del espectador para aceptar como «real» lo que está viendo mientras dura la función. Contrariamente a los que presenta la publicidad, no esperan siquiera crear una apariencia de verosimilitud –basta con mirar los anuncios clásicos de Campbell, tan llenos, tan atestados de deseo que quitan el apetito, cualquier clase de apetito, y compararlos con las latas de Andy, tan vacías, sin nada dentro que llevarse a la boca.

Con su procedimiento compositivo Warhol ha creado lo que podría ser la quintaesencia del nuevo modo de acercarse al mundo y procede de una manera semejante a la paradoja californiana: vaciar lo lleno, llenar lo vacío. Es verdad que en sus latas seriadas invoca la idea de abundancia que explotan la publicidad y los supermercados, pero al tiempo se trata de objetos aislados y suspendidos en el aire, con aire de truco de Hollywood flotando, sin apoyarse en ninguna repisa. No se detecta siquiera el atisbo espacial donde el publicista de Campbell habría colocado la sopa y los abundantes sándwiches. Claro que es peligroso generalizar porque hay muchas versiones de Campbell, se podría argumentar –las que se componen de paneles independientes formando un todo y las que organizan un bloque compacto sobre el lienzo, por ejemplo–. Pero incluso estas últimas, de lecturas espaciales más ambiguas, siguen teniendo un extraño regusto de decorado, público pintado de *Ciudadano Kane*, donde el truco intenta paliarse añadiendo presencias de espectadores reales.

Los objetos de Andy habían vaciado la publicidad y habían llenado el lienzo. Lo habían saturado sin dejar el espacio convencional por el cual la pintura respira, y ese trucaje, esa puesta en escena espacial, tenía por fuerza que ser reconocida por Hollywood. Todo funcionaba para ajustarse al sueño de la modernidad: los objetos habían sido aislados primero y reunidos después, si bien –ocurría con los retratos dobles de Hockney– entre ellos cualquier roce era imposible, cada una de las latas de sopa tenía un espacio asignado e infranqueable. Más aún: la imposibilidad de un roce, de un golpe, esa carencia física de estantes donde sostenerse, negaba cualquier similitud posible con los objetos «reales» de los supermercados. No eran siquiera verosímiles, aunque jugaran a parecerlo: eran solo puesta en escena, fantasmas, proyecciones, un anuncio diluido de deseo –las letras que dicen «Hollywood»– porque era imposible comerse, ni en sueños, el contenido de la lata.

Y no eran «reales», además, en ningún ámbito: no eran latas reales, eso estaba claro, y no eran reales en el protocolo publicitario: no tenían como misión última animar a llevarse la lata llena de los estantes de la tienda. Tampoco eran reales, o verosímiles, como pinturas, lo que entonces se entendía por arte, porque eran frígidas y habían borrado cualquier rastro de pasión –de producción–, incluso la pasión degradada de los anuncios que de tan frágil se apoya en el exceso para confirmarse. Por borrar, habían borrado hasta el espacio.

Ese fue el único fallo de Hollywood en su lectura de Warhol, podría decirse, y él explica cómo «muy poca gente en la Costa sabía o se interesaba realmente por el arte contemporáneo». Ni siquiera Hollywood podía consentir en el arte lo que aceptaba como rutina en el cine porque, hasta para Hollywood, el arte –sus consensos– debía ser más real que la realidad y esto solo se alcanzaría siguiendo unas férreas normas constructivas –espaciales– que, sin lugar a duda, Andy había violado con sus latas o sus personajes suspendidos, sin fondo. Las obras de Warhol parecen solo huellas del artista sobre el lienzo y puede que Greenberg y él estuvieran, al final, hablando de lo mismo con diferentes palabras, con diferentes miradas, las de dos momentos históricos distintos.

Dejando a un lado este tipo de planteamientos a los cuales habrá ocasión de volver, los que aún crean en el azar habrán empezado a notar cómo las piezas del rompecabezas van encajando poco a poco. En 1963 pasan cosas que no pueden ser solo casuales: el encuentro de Lacan y Althusser modifica los conceptos de privado y público, Hockney se traslada a Los Ángeles, Warhol visita la Costa Oeste con motivo de la comentada exposición, la presencia de Duchamp remata el juego con un elegante jaque mate...

Por si eso no bastara, también en 1963 Hockney y Allen Jones tienen sus retrospectivas en Londres, y en numerosas ciudades de Estados Unidos se celebran exposiciones que reúnen a los nuevos artistas: Washington, Houston, Oakland, Kansas City, Nueva York –en el Guggenheim y el MoMA...

Más aún. En noviembre de 1963 J. F. K. muere asesinado en Dallas, un año después de haber encontrado muerta a Marilyn Monroe, la última gran estrella mítica, de una muerte que fue, tal vez, un acto heroico del pasado, si bien tuvo su atisbo de modernidad en la violencia implícita, en lo prematuro y el medio elegido, casi moderno: sobredosis de barbitúricos y alcohol.

Y para seguir con el juego de coincidencias, la exposición de Andy se abre un 30 de septiembre, el mismo día en que ocho años antes James Dean encontró su destino. Tampoco esto podía ser casual teniendo en cuenta que el azar hizo que fuera Dennis Hooper, quien había trabajado con Dean en su película póstuma, el maestro de ceremonias en la iniciación a los ritos hollywoodienses de Warhol.

En todo caso, los que no crean en el azar tendrán una respuesta tranquilizadora: en 1963 un grupo de artistas que pintaban con apariencia figurativa –en su mayoría norteamericanos, nacidos en Estados Unidos frente a las muchas importaciones de los cuarenta-cincuenta– eran aclamados en Nueva York por una buena parte de la crítica como ese nuevo mito que la ciudad necesitaba después de la muerte del expresionismo abstracto.

Resulta difícil determinar si se trató de muerte o asesinato, pues Clement Greenberg llevaba tantos años hablando de esa crisis –vaticinándola o induciéndola, quién sabe– que cuesta creer que los expresionistas abstractos murieran solo de muerte natural. En 1965, en «America Takes the Lead, 1945-1965», el crítico certificaba ese fallecimiento con la precisión de un forense: «En la primavera de 1962 el expresionismo abstracto se derrumbó de pronto como manifestación colectiva, frente al público y la crítica bien informados». El derrumbamiento coincidía con el ascenso del pop que ni Greenberg podía ya negar en aquel momento: «La caída en ese año vio de igual manera el triunfo del Pop Art que, aunque tomando como punto de partida el arte de Rauschenberg y especialmente el de Johns, está mucho más marcadamente en contra de la abstracción pictórica en su tratamiento y concepción generales».

Estas aserciones aparecían en 1965, escritas por tanto ante lo inevitable, y, si se admite la historia más comúnmente contada, en ese momento el Pop Art como fenómeno ya había pasado. Estaba enterrado como novedad, olvidado como escándalo o establecido como vanguardia; cuesta determinar cuál de las tres cosas sucedió en realidad. Es probable que en 1965 ya no fuera peligroso dejar constancia del pop y, además, Greenberg y el resto de la crítica tenían problemas más graves con los que enfrentarse si se piensa que *Uno y tres martillos* de Joseph Kosuth aparece por esos mismos años.

De cualquier manera, parecería que Greenberg solo se dio por vencido –si se dio– ante los hechos consumados: después de contribuir con sus críticas al final del expresionismo abstracto y detectando el ascenso del pop, decidía inventar un nuevo movimiento, la manifestación última de la pureza del arte, que correspondía a su sueño obstinado en el idealismo alemán y patente en las referencias a Wölfflin que con tanta frecuencia se encuentran en sus textos.

La abstracción pospictórica, de líneas puras y frías como el pop y lejos de todo rastro de la visceralidad de los cuarenta-cincuenta, era anticipada en 1962 y consolidada dos años más tarde en una exposición en Los Ángeles County Museum, en cuyo texto de presentación se apresuraba a explicar que «no se trataba de un panteón, la elección de un crítico de los mejores pintores nuevos. Solo [quería] ilustrar una nueva tendencia en la pintura abstracta». En ese texto, y siguiendo su costumbre de aquellos años, aprovechaba la ocasión para criticar a los triunfantes pop: «Pero a pesar de que el Pop Art es entretenido no me parece tan refrescante. No llega realmente a retar al gusto más allá de un nivel puramente superficial. Hasta ahora [excluyendo, tal vez, a Jasper Johns] se trata solo de un nuevo episodio en la historia del gusto, en ningún caso de un episodio auténticamente nuevo en la evolución del arte contemporáneo».

No debería extrañar su punto de vista si se tiene en cuenta que Greenberg no llegó nunca a entender el claro linaje de los popizantes en la historia de la pintura. No llegó nunca a ver, contrariamente a Hollywood, cómo esas superficies brillantes eran solo un engaño para la vista, una falsa asociación con lo publicitario.

En todo caso, resulta curioso que tome al Pop Art como punto de comparación para hablar de su nueva apuesta, algo que al cabo del tiempo parece artificial, más construido que encontrado: «En este momento el Pop Art, que ha reaccionado contra el expresionismo abstracto, es el que constituye una escuela o moda. Una buena parte del pop participa de esa imparcialidad y claridad [se refiere a las de la abstracción pospictórica] frente a las ampulosidades de la segunda generación del expresionismo abstracto y uno o dos artistas pop podrían haber sido incluidos en esta muestra –Robert Indiana y el "primer" Jim Dine–». Podrían haber sido incluidos pero decide no hacerlo porque, continúa diciendo, el pop es solo «un nuevo episodio en la historia del gusto, en ningún caso un episodio auténticamente nuevo en la evolución del arte contemporáneo».

Leyendo este texto nadie podría negar a Greenberg que, con su inteligencia habitual, se estaba cubriendo las espaldas en todos los frentes. Dejaba, en primer lugar, constancia del pop, al cual reconocía sus estrategias, y hasta salvaba a dos artistas formalmente –los menos pop, por otra parte, se podría aducir, caso de saber en realidad qué implica o significa en la práctica tan absurdo término–. Luego, decidía no incluirlos porque su exposición hablaba de la historia del arte y no de la historia del gusto, dejando también claras sus posiciones teóricas.

El discurso no tenía fracturas, si bien no tardan en intuirse una serie de sospechosas coincidencias si se tiene en cuenta que, pese a haber «perdido *esa cosa*» muy tempranamente artistas como Pollock o De Kooning, las críticas más abiertas y frontales contra los «abstraccionistas» se empiezan a detectar en Greenberg a finales de los cincuenta, justo el momento en que aparecen las primeras muestras de los «popizantes». Así, hacia 1962, fecha que él mismo propone para el establecimiento del pop y la muerte del expresionismo abstracto, vuelve la mirada hacia unos artistas que, también lo justifica en el texto, va encontrando por aquí y por allá y que nada tienen que ver con la banalidad de los figurativos.

Pero no deja de ser intrigante que justo en ese momento decida volver la vista hacia unos artistas fríos que reúne un tanto caprichosamente –aunque lo niegue en el escrito–, cuando antes había sido el máximo defensor de artistas que propugnaban lo contrario –¿lo hizo para buscar una contrapartida conveniente a los pop, que intuye hablan de lo que exige el momento, el final de las pasiones?–. También es cierto que Greenberg, con buen criterio, se había mantenido al margen de las expresiones acaloradas y excesivas de Rosenberg respecto a la angustia del creador, concentrándose sobre todo en los problemas formales. Sin embargo, viendo la producción desvaída de algunos de los artistas defendidos por el crítico en la muestra como el eslabón en la cadena de autopurificaciones del arte, asaltan serias dudas sobre posibles contradicciones con planteamientos anteriores. Las obras de ciertos artistas no parecen muy abstractas y, para que no se acuse a esta aserción de evitar nombres como hiciera Rosenberg al hablar de la «pintura de acción», se podrían citar las dianas de Noland de los últimos cincuenta, que hallan la excusa perfecta para concentrarse en el color, una de las cualidades que Greenberg acabó por defender como estrictamente pictórica.

La inclusión de algo que mantiene rastros figurativos es más extraña si se tiene en cuenta cómo en el citado artículo de 1960, «Modernist Painting», se había decidido por fin a hablar más claro que nunca, sin dejar la menor duda sobre el rechazo de la figuración y la ilusión espacial: «Para llegar a su autonomía, la pintura tiene que separarse de todo lo que pueda compartir con la escultura, y para llegar a este fin, y no tanto –lo repito de nuevo– para excluir lo representativo o literal, la pintura se ha hecho abstracta». Según él, y se ha apuntado, cualquier atisbo de entidades reconocibles existentes en un espacio tridimensional reconduce a asociaciones escultóricas con el propio espacio.

Así que Greenberg presiente que las pasiones han acabado –el pop le da quizás la pista–, pero piensa que este es un final desastroso para todas sus teorías porque conlleva cosas reales cuya sola presencia, incluso flotando, arrastra la noción de espacio tridimensional. No detecta, a la manera de Hollywood, que esos objetos solo aparentan estar ahí, pues, caso de haberlo hecho, debería haber visto el *Elvis* como una epifanía. Hay que tener un ojo muy especial para atisbar rastros de espacio en las efigies de las Campbell o en los Elvis –por mucho que la mera presencia de una taza de té, una lata o una figura humana se relacione con la tridimensionalidad en Greenberg– y, en el fondo, también hay que tener mucha imaginación para leer las dianas de Noland como abstracciones puras a partir de su uso del color.

Dejando a un lado estas habilidades de visión, que por desgracia muchos no compartirán con Greenberg, parece esencial resaltar cómo la reunión de sus artistas no fue solo muy forzada, sino que desvelaba las estrategias que según ciertas opiniones el crítico llevaba años perfeccionando: todas sus normas organizadas con esmero se constituían en un manual de instrucciones de uso para los artistas que quisieran seguir por el buen camino –el de la pureza del arte sin tazas ni gentes, solo dianas de colores– y, como era de esperar, las opiniones en contra no tardaron en aparecer. Algunos de los defensores del entonces emergente pop, como Barbara Rose, le acusaron de reduccionista. Otros, como John Coplans desde las páginas de *Artforum* a raíz de la exposición en Los Ángeles, reiteraban las acusaciones frente a una muestra que se limitaba a hablar de gustos artísticos personales, los cuales, además, aspiraban a dar normas concretas sobre aquello que los artistas debían y no debían hacer –en el fondo, esa era también la acusación última de Rose.

Estuviera o no en lo cierto Greenberg en sus apreciaciones visuales, tuviera o no en cuenta el pop a la hora de crear un movimiento más forzado aún que el resto de los movimientos posteriores a 1945 –forzados porque los construía la crítica y no los artistas a través de manifiestos como en la primera mitad del siglo–; se equivocara o no en su pronóstico sobre los artistas figurativos de los sesenta, intuyó la importancia de Johns en todo el proceso. La intuyó incluso sin verla en su dimensión esencial –más allá de la pintura *a la Pollock*– porque se dejó atrapar, y les sucedió a muchos después de él, por el aspecto figurativo, por el placer visual, por las superficies frías y casi satinadas comparadas con el uso que Pollock daba a la encáustica. Se dejó hipnotizar por las formas para ser degustadas, masticadas casi; por algo que se presentaba como carente de todo compromiso político. Este último punto es interesante también en el caso de Greenberg teniendo en cuenta sus propias ideas y compromisos, aunque recordando el encuentro Althusser/Lacan, quizás valdría la pena plantearse si también en ese territorio no se estaría verificando un cambio de paradigma –al fin y al cabo, el papel de héroe seguía vacante y cualquier disfraz era posible.

Si Greenberg hubiera mirado con detenimiento las obras de ese grupo de jóvenes, no se habría visto en la necesidad de construir a los pospictóricos. La falta de espacio para sostener los objetos «banales» alejaba toda ilusión tridimensional y apartaba las emociones permitiendo al espectador concentrarse en lo puramente pictórico, en los estratos «ópticos».

Y es paradójico que el artista que mejor entendió los valores ópticos, Warhol, haya pasado a ser el más pop de los pop, entendiendo el término como una vuelta a la figuración, un uso de la publicidad, una representación de temas banales, etc... Suponemos que se debe a que la mirada de la época –y hasta la actual– se limitó a ver un bote de sopa donde solo aparentaba estar el bote de sopa y porque él, con mucho de asesino en serie, supo esconder su papel de productor bajo el disfraz de consumidor impenitente: apariencia construida, un estudio de artista que era una fábrica de anuncios, una nutrida colección, entradas triunfales en las fiestas donde se pronunciaban frases banales y eficaces como las publicitarias –y a veces ni eso, pues como solía decir Warhol: «Abre la boca y se acabó tu halo»–. Solo este caso, tan ambiguo como paradigmático, debería servir para cuestionar el propio término «pop» más allá de la inquietud del sector crítico, en busca de denominaciones para aquello que le intriga o le causa estupor.

Al final, lo único que podrían tener en común todos aquellos que se llamaron con ese nombre –pop– es la renuncia a la pasión de los expresionistas abstractos, si bien los pospictóricos deciden seguir el mismo camino, quién sabe si el único posible después de la muerte de Pollock, del final del XIX. Johns fue el primero en intuir la necesidad de acabar con las pasiones y Noland debió de entenderlo así al volver la vista hacia la diana que, igual que a

Johns, le permitía concentrarse en otros niveles puramente pictóricos, en su caso el color, una de las exigencias de la ley greenbergiana. Ese había iniciado el juego de la bandera americana –«cosas que la mente ya conoce»– a la cual Tom Wesselmann volverá, casi obsesivamente, fragmentándola, convirtiéndola en collage; en toalla –extraño modo de manifestarse como patriota y quién sabe si, al final, un acto cargado de connotaciones políticas bajo su aspecto frívolo, una nueva forma de hacer política: a través de lo asombroso.

El mismo año en que Greenberg exponía a los pospictóricos, los jóvenes pintores figurativos tenían un nombre definitivo, aquel a través del cual pasarían a la historia: Pop Art. Habían empezado a enredarse en el panorama artístico «insidiosamente», como dice Marco Livingstone, desde mediados de los cincuenta y los habían llamado *new realists*, *new vulgarians*, neodadaístas, pintores del objeto corriente... Los habían llamado de muchos modos y al final se habían convertido en pop, siguiendo, se dice a veces, la noción de cultura popular emergente que Alloway mencionaba en el artículo de 1958 «The Arts and the Mass Media». En él hacía referencia a los cambios sociales y su influencia en la nueva concepción de héroe que reflejaba el cine, y resaltaba la arquitectura de la Costa Oeste que «se ha[bía] convertido en el símbolo de un estilo de vida y en un ejemplo de la arquitectura pura y sencilla».

La consolidación del grupo se debió en parte a una exposición celebrada en el Museo Guggenheim de Nueva York en 1963, un año antes de la muestra de los pospictóricos, en la cual se exponían obras de una serie de artistas –americanos y nacidos, además, en los Estados Unidos– que resonaban cada vez con más frecuencia. El más joven, Jim Dine, tenía veintisiete años, el mayor, Roy Lichtenstein, treinta y nueve, y junto con ellos aparecían insistentemente los nombres de Andy Warhol, James Rosenquist, Claes Oldenburg y Tom Wesselmann.

La ascensión imparable del pop norteamericano se consolidaría entre 1960 y 1964, y suele argumentarse que los pintores empezaron a trabajar de forma individual, sin conocer la existencia de los otros, encontrándose juntos en las sucesivas exposiciones que los fueron configurando como grupo. Esa sería una de las diferencias marcadas con los expresionistas abstractos, se dice con frecuencia, que intercambiaban sus ideas y sus propósitos en el Cedar Bar.

En todo caso, convendría matizar este mito pop lanzado por la crítica: cuesta admitir ese aislamiento absoluto en un mundo profusamente ilustrado, el de los sesenta, y en una ciudad tan activa desde el punto de vista cultural, Nueva York. Tal vez, una parte de la crítica, imbuida de los sueños greenbergianos, prefirió ver el pop como algo autónomo en la historia del arte, un fenómeno inevitable que los «elegidos» presintieron como necesidad del momento, el eslabón obligado en la purificación y, ya sin paliativos, «netamente americano» –libre de las ataduras europeas– porque hablaba de la cultura popular, más cerca de América, explican con frecuencia los mismos artistas. Si el expresionismo abstracto conserva aún rastros del viejo continente, si muchos de sus integrantes tienen orígenes y educación europeos, el pop, con sus iconos americanos y sus pintores nacidos en Estados Unidos, acababa por convertirse para tantos en el primer «arte americano» que surgía de la necesidad de una cultura americana. Y para que la credibilidad se mantuviera impoluta, no era una invención crítica, ni siquiera un grupo compacto.

Cuesta creerlo, pues los secretos permanecían como tales poco tiempo entonces. Si en este momento muy pocos pondrían en tela de juicio la maniobra política que arropa el nacimiento de la Escuela de Nueva York, como apuntó Guilbaut, trasladar el «mito americano», nacido por florecimiento espontáneo, de los abstraccionistas a los pop parece peligroso y difícil de aceptar. Por otra parte estaría el propio fantasma de la tradición clásica de la historia del arte: ¿y si los artistas pop plantearan una vuelta a la tradición más apoyada en el *cómo*, aunque el *qué* vuelva la vista hacia la baja cultura?

Los artistas mismos, pese a enfatizar a menudo la raíz americana de sus propuestas mediáticas, resultan menos taxativos que la crítica. En un cuestionario propuesto por la revista *Modern Painters* con motivo de la muestra de Pop Art en la Royal Academy de Londres en el año 1991, Wesselmann comentaba su impresión respecto a las relaciones con los miembros del grupo y sus ambivalencias con el propio término: «En los primeros años de mi trabajo (1959-1960) me gustaba saber que nadie trabajaba en mi línea, que nadie más hacía cosas parecidas a las mías. Cuando Sidney Janis hizo la exposición, dudé en participar –dudé porque no quería formar parte de ningún movimiento–. Al descubrir el trabajo de otros, como Lichtenstein o Rosenquist, me tranquilicé al ver que teníamos poco en común. Al inventarse el término Pop Art, se pensaba que algunos de nosotros compartíamos muchas cosas. Al principio no me opuse al término, porque lo tomé como algo relacionado con la evolución del arte, algo relacionado con un territorio formal. Pero el Pop Art no tardó mucho en ser definido como un asunto en relación con los temas tratados, y fue entonces cuando empecé a estar en desacuerdo con el término y aún lo estoy. Siempre he sido un pintor figurativo y los temas son secundarios en el contexto general de mi trabajo».

Otras veces, sucede en la conversación de Bruce Glaser con Oldenburg, Lichtenstein y Warhol –quien por cierto se limita a decir dos frases a lo largo de la entrevista–, el primero de los artistas menciona la influencia de los amigos –Dine, Lichtenstein y Warhol– en la evolución de su trabajo, por lo que Glaser se apresura a preguntar: «Has dicho que ciertos artistas que trabajan con iconografía pop han tenido influencia en tu obra. Sin embargo, los defensores del Pop Art suelen recalcar que nació espontánea e inevitablemente en el ambiente contemporáneo, sin que hubiera comunicación entre los artistas y sin siquiera consciencia de lo que otros artistas pop estaban haciendo. ¿Sugieres acaso algo contrario a esta tesis?». Ante una pregunta tan directa, Oldenburg trata de salir del atolladero argumentando algo previsible: el mundo del arte era muy pequeño y los artistas «intuyen siempre lo que otros artistas están haciendo. Además, América siempre ha[bía] tenido mucho interés por la cultura pop».

Cuesta admitir esa idea de artistas que intuyen lo que otros están haciendo. Warhol compra la *Bombilla* de Johns en 1958, así que en esa fecha por lo menos conocía el trabajo de este, si bien algunos pueden aducir que en 1952 Andy ya estaba exponiendo obras que, sin duda, reflejan lo que sería su trabajo posterior –otros dirán que entonces hacía publicidad.

Si lo anteriormente dicho no bastara, se podría recordar el que llegaría a ser uno de los lazos más sólidos entre los miembros del grupo, aquel que pone en evidencia cada uno de los territorios compartidos. Nos referimos a la raíz común, el expresionismo abstracto, que parece una indiscutible fuente para todos los pop norteamericanos. Es otra vez Wesselmann quien lo explicita: «Mi trabajo era una reacción contra el tipo de abstracción que hacía De Kooning.

Pero esa reacción se basaba en un amor y una envidia infinita. Ese era el tipo de trabajo que yo quería hacer, pero me di cuenta de que tenía que negarme a aquello que tanto envidiaba. Así que opté por elegir lo más opuesto posible. Mi meta entonces, y la que sigue siendo mi meta hoy, era hacer un arte figurativo tan interesante como lo eran para mí esas abstracciones de los cincuenta».

Junto a las relaciones con aquello que podría llamarse «la pintura tradicional», los pop comparten un territorio de afinidades con el expresionismo abstracto. Muchos norteamericanos conservan cierta factura artesanal –incluso Warhol, cuyas Marilyn parecen iguales pero no hay dos iguales– y mantienen, desde luego, unas relaciones especiales con el espacio pictórico, que a un tiempo se aparta y no se aparta de la anterior generación, tal y como han notado ciertos sectores de la crítica. Gablik subraya sus relaciones con el Minimal Art y la abstracción, y Rosenberg apunta perverso en «Marilyn Mondrian» que algunos se detienen sobre dichas relaciones –entre otros Rose y Rosenblum.

Hay algo en lo que los artistas coinciden: nunca quisieron ser un movimiento y en muchos casos no quisieron siquiera llamarse pop, cosa que no es de extrañar si se tienen en cuenta las implicaciones automáticas con la cultura popular y con los medios que contribuyen al malentendido –aunque luego echen mano de la cultura popular, símbolo inequívoco de América frente a las propuestas artísticas europeas cuando las respuestas son complicadas–. Organizar la argumentación en torno al concepto de «cultura popular» implica dar prioridad a los temas frente al modo de representarlos y justo ahí podría surgir parte del malentendido: aquello que es trascendental en los popizantes, el espacio y su uso, termina por desaparecer bajo las meras apariencias.

Por esta razón, Tom Wesselmann podría ser uno de los casos más intrigantes a partir de su supuesta obviedad. En primer lugar, sus temas son cliché –sobre todo mujeres y partes de mujeres–. En segundo, la forma en que los pinta –satinada, elegante– atrapa a la vista que no llega a ver más allá de lo que tiene enfrente. Si esto no bastara, es uno de los escasos pintores relacionados con el movimiento que choca sin remedio con la propuesta greenbergiana al combinar en sus obras pintura y escultura, casi dos territorios intercambiables. Sin embargo, incluso él, que a primera vista plantea pocos problemas en el uso del espacio –parece realizar *environments* sin más– acaba por parecer otro problema espacial del pop.

El propio artista confiesa su admiración hacia la abstracción –si es que De Kooning es realmente abstracto–, estableciendo el nexo con la anterior generación. ¿Y cómo resolver el dilema de sus «objetos reales»? ¿Cómo incorporarle al territorio de las apariencias en el cual habíamos situado a Warhol si coloca en sus obras radiadores, teléfonos, cortinas... que podemos «tocar»?

Se podría decir que todo objeto «real» desde el momento en que está incorporado a una obra, al plano pictórico, deja de ser real. Lo probaría la conocida obra de Rauschenberg *Peregrino* de 1960, donde una silla, atravesada por pinceladas, ha sido situada ante el lienzo. Esa silla es un objeto «real» pero que esté ahí para sentarse –que tenga un «uso real»– es otra cuestión. El malabarismo de Rauschenberg es fascinante y malvado: esa silla «real» forma parte del plano pictórico, solo aparenta estar ahí como relieve. Al final comprobamos que está integrada en el lienzo.

Rosenberg vuelve al problema desde otro ángulo planteando la cuestión de los «objetos reales» con relación al pop: los objetos de la baja cultura –objetos de supermercado, chicas de calendario, etc.– son aceptados como parte del lenguaje artístico por el hecho de formar parte del lienzo, del espacio pictórico, del plano del cuadro. Este y solo este los ha convertido en alta cultura: un objeto de la baja cultura situado sobre el espacio del cuadro se convierte en alta cultura por el simple hecho de estar allí.

Resulta fácil de adivinar que Harold Rosenberg no encuentra este proceso tranquilizador, aunque su planteamiento puede sernos de utilidad: cualquier objeto, por el hecho de aparecer como una «obra de arte», se convierte en representación y se acepta como tal. Aun así, el caso de Wesselmann presenta una particularidad respecto a la silla de Rauschenberg: las cosas «reales» no están siquiera atravesadas por pinceladas; parecen objetos autónomos que establecen una relación con el espectador fuera del plano pictórico –¿o lo vemos de este modo porque nos obcecamos en ver un teléfono donde hay un teléfono y un radiador donde hay un radiador? ¿Pensaremos incluso ahora, después de la propuesta de Kosuth, que un «objeto real» es más «real» que su representación?

Dejando a un lado este tipo de consideraciones con las cuales, por otra parte, el empacho de «arte conceptual» nos está enfrentando, pensemos por un momento que, en esas obras, Wesselmann coloca un teléfono porque forma parte de sus estrategias como pintor, porque es un medio para investigar el plano pictórico. Él mismo ha dejado una pista clara: «Siempre he sido un pintor figurativo y los temas son secundarios en el contexto general de mi trabajo».

Lo importante no es, pues, qué se pinta –los temas adjudicados a los pop en la subasta del éxito–, sino el modo en que el pintor se enfrenta a la pintura. La cuestión no es qué pintar, sino cómo pintarlo, cómo organizar esos volúmenes en el espacio. Lo esencial es la pintura en sí misma, el proceso, y en este punto volvemos a encontrar una postura que, si bien desde presupuestos diferentes, comparte las inquietudes de Greenberg –¿será el Mondrian que coloca en una de sus obras un guiño travieso al crítico?

Incluso la recurrencia de los temas, el modo de llamarlos, siempre a través de números como hacía Pollock, puede ser leído con la siguiente clave: Wesselmann también opta por cosas que «la mente ya conoce» para poder concentrarse en lo que le interesa de verdad a un pintor –figurativo, especifica él–; algo que, desde luego, no son los temas.

Tomemos como punto de partida una obra que podría ser muy «incorrecta» desde muchos puntos de vista, el *Gran desnudo americano número 44* de 1963, un año que empieza a tener resonancias de acontecimiento. Sería desde luego incorrecta desde el punto de vista de la teoría de género –por el uso automatizado que da a la mujer– e incorrecta desde el punto de vista de la alta cultura, de la «pintura seria» –parece un icono publicitario–, y podría, además, haber sido la peor pesadilla de Greenberg –no solo en cuanto efecto escultórico, sino en cuanto a la incorporación de objetos a la superficie pictórica.

El título parece dar algunas pistas: se trata de un apoteósico desnudo al que adjetiva «americano», tal vez porque ha sido realizado por un pintor conscientemente americano –frente a los expresionistas abstractos que «debían» ser americanos– y porque es un desnudo para ser consumido, el desnudo estandarizado de una América estandarizada, la de la publicidad o la pornografía suave. Es la estandarización de una mujer que se designa a través de un número, y este priva al cuerpo sin ojos –sin mirada– de identidad, le niega su *status* de retrato, si bien podría argumentarse que, teniendo en cuenta los cambios que conceptos como lo público y lo privado están sufriendo en ese momento, los retratos pueden haber pasado a ser retratos de personajes sin nombre y sin mirada. Pero dejemos esa cuestión para mejor momento.

El *Gran desnudo americano número 44* podría representar la estandarización de la clase media norteamericana que vive prendida del mito de la gran vida, que aspira a esta a través del consumo y cree que poseyendo determinados productos logrará formar parte del sistema. Es el mito burgués de «pertenecer», de organizar el mundo a partir de sus creencias y costumbres compartidas, algo que describe Barthes en *Mitologías.*

La obra representa, de este modo, intereses colectivos –públicos y compartidos– a través de una escena que parece privada: la casa de una mujer que no tiene mirada, que está ciega y sonríe con unos labios que pasan a ser el único signo de vida en su cara. Pero se trata, al fin, de una escena solo en apariencia íntima: la estandarización acaba por mostrar una privacidad escuálida, típica del mirón burgués que observa incómodo el abrigo que cuelga de la puerta, la que da a la calle sin un hall que establezca el paso de lo privado a lo público.

Desde un aspecto formal, en el *Gran desnudo americano número 44* se concentran algunos de los motivos recurrentes en la obra de Wesselmann: el cuerpo femenino convive con atisbos de bodegón –los objetos del cuarto pequeñoburgués– y la poderosa reminiscencia de la tradición pictórica está representada por la pintura impresionista recortada y colgada en la pared, en un marco barato, dorado, que parece contrastar con lo que parece un espacio neomoderno de alfombra geométrica –por cierto construida con los colores de la bandera americana– y algo que podría recordar a los tan a la moda por esos años sillones «de huevo».

Parece casi el espacio que construía Hamilton –donde está todo lo que tiene que estar–, solo que esta escena no es el sueño americano de un inglés, sino la representación del cliché desde el propio cliché. Ha desaparecido el amor y la nostalgia que se adivinan en el collage de 1956, y los objetos pequeños y asequibles como un museo portátil –el amor de la carencia– se hacen grandes y contundentes –producto del exceso– y acaban por imponerse como algo triste: así resulta ser el sueño americano desligado de toda connotación nostálgica.

Si Hamilton hubiera entrado a los hogares modernos que soñara con tanto detalle, hubiera constatado que tampoco eran en realidad como los que mostraban las revistas: de esas imágenes de la abundancia moderna solo quedaba un sillón sin muchas pretensiones. Esto es América, podría hacer pensar la presencia difuminada de la bandera americana convertida en alfombra. Así resultó ser el sueño: casi nada.

Por su parte, la *stripper* desposeída –tan frecuente en la iconografía de Wesselmann– ha sido interpretada como un préstamo de la publicidad –asunto que serviría de argumentación a la crítica feminista y a los defensores de la alta cultura–. Se trata de una asociación inevitable, dado que los medios no solo vuelven la mirada hacia las mujeres, sino que las fetichizan y las reducen a mirada ciega, objetos de consumo, tema al que algunos artistas asociados al movimiento se acercan desde diferentes puntos de vista.

Allen Jones explota los estereotipos femeninos de la baja cultura a través de sus elegantes esculturas sadomasoquistas, a las cuales se apresura a contestar Laura Mulvey en el artículo clásico «You Don't Know What's Happening, Do You, Mr. Jones?». En el texto advierte a Jones que cree estar hablando de su placer cuando en realidad habla de su miedo. El mismo Hamilton aborda el problema no solo en el mencionado collage –interpretado a veces como la incursión de la ideología masculina en el hogar, metaterritorio de la mujer–, sino en *$he* –cuya iconografía parte de una serie de anuncios de amas de casa y modelos relacionándose con electrodomésticos. Aquí plantea la imagen de sexualidad fría y controlada que la mujer proyecta en la publicidad, aunque acabe por ser solo otro accesorio–. Hamilton, como Wesselmann, está también «monumentalizando la vida corriente de la burguesía» y lo hace, además, del modo perverso en que suelen hacerlo los pop: «enfatizando la pintura misma como objeto táctil, sensual», hecho a mano, antipublicitario.

Ese uso antimediático de los medios podría ser una pista esencial para revisar la obra de Wesselmann, pues pese a no negar los planteamientos de la crítica feminista en sus aserciones sobre el fascinante miedo del señor Jones, también se podría decir que algunos de los cuerpos del norteamericano tienen poco de *pin-up* y mucho de cuerpos informes y abandonados, los que defendían los sesenta a través del teatro y la danza para recuperar una corporalidad menos constreñida que la propuesta por la sociedad dominante.

Se trata de cuerpos –entendidos también como formas– no idealizados, cómodos, sin pretensiones, de un erotismo desordenado en los que es posible hundirse, con bastante de las esculturas de Oldenburg. Son formas que han negado no solo la sociedad biempensante, sino los estereotipos impuestos por la tradición de la historia del arte y, sobre todo, por la publicidad. Son cuerpos que establecen una relación próxima con el espectador y en ese juego de proximidad hacen público lo privado, el gesto de la mirada de los viejos que descubre a una Susana en el baño, que ya no refleja la propia mirada del deseo del pintor, sino un volumen cotidiano que no habla de los miedos, ni siquiera de los placeres imposibles.

Wesselmann sorprende a las mujeres en el baño secándose los pies, y ese gesto rutinario confiere a la figura un sentido de abandono, de cuerpo que sobrevive incluso por encima del perfil aséptico y la superficie pulida. Parece clara la relación con Segal, quien en 1964 muestra a una mujer en el baño, depilándose, sin un atisbo del gusto por la provocación típica de la publicidad. Se trata de un momento de abandono, cuando cree no ser vista, y parece inevitable la comparación de esta escultura con otra depilación muy popular, la de Bianca Jagger, que Warhol fotografía en 1979. Esta foto es mucho más que una puesta en escena momentánea, más que un gesto retórico. La pose de Bianca desvela un inusitado lugar de la nostalgia y no solo porque descubre una parcela de la intimidad más anodina, sino porque finge el descubrimiento de esa intimidad. Bianca Jagger se ve obligada a presentarse como una maldita que ya no es maldita, igual que los chicos elegantes de la Factory, quienes jugaron a ser marginales estableciendo un nuevo concepto de bohemia apropiado para los tiempos. En este caso, su privacidad es solo apariencia de privacidad porque Bianca sabe –como la Susana de la iconografía clásica– que está siendo observada por un objetivo indiscreto y consensuado.

Admitamos, pues, que muchas de las mujeres de Wesselmann no son préstamos de la publicidad. Entonces, ¿por qué parecen tan inaccesibles, a un tiempo nuestras y ajenas? Pensemos que esos cuerpos son un simple pretexto –quizás igual que su uso de bodegones e interiores– para poder ser, en primer lugar, un pintor figurativo, interesado en el proceso de pintar y no en los temas, interesado como Hockney por la figura humana. Si tal hipótesis fuera cierta, la idea de volver la vista hacia cosas que «la mente ya conoce» para concentrarse en la pura construcción pictórica, en el espacio –lo que interesa a un pintor–, podría ser una estrategia lógica que parece incluso atisbarse en una de sus primeras obras, el collage *Siguiendo a Matisse.* En esta toma una figura del repertorio del pintor impresionista –con vestigios de las flores que él tanto utiliza– y la coloca en un espacio típico de Matisse, mostrando esa pasión por el arabesco y la ornamentación que también es característica del francés, incluso única obsesión en sus últimos años.

¿Por qué Matisse?, cabría preguntarse. ¿Por qué esa apropiación velada y desvelada de Matisse en muchas de sus obras? Podría argumentarse que en esos años Matisse es muy popular en Estados Unidos, aunque otros impresionistas lo son también. ¿Qué sucedería si hubiera entre ambos unas afinidades que nada tienen que ver con el éxito del impresionismo en Nueva York? El propio Matisse también utiliza cuerpos abandonados como pretexto para configurar el espacio y fija la vista en fotografías de revistas –*Dos mujeres* podría ser un ejemplo–, aplanando luego los cuerpos para que no le distraigan de su búsqueda última: las relaciones espaciales.

Detengámonos un momento en *Biombo morisco*, de 1921. Ozenfant nota que el lujo de la obra no es sino una falsa maniobra de Matisse y Schneider; retomando este comentario, dice que el despliegue de esplendores de la obra no debe llevarnos a engaño, ya que debajo del mismo se esconde una tensión de orden pictórico, la que surge del juego y las interrelaciones de los elementos en el espacio. Nos hallamos, pues, frente a una trampa: lo que se presenta ante nuestros ojos como una obra naturalista no es tal. «La abstracción simula realismo», añade Elderfield en el ensayo para la exposición de Matisse en el MoMA de Nueva York el año 1992.

«La abstracción simula realismo» y, así, Matisse nos enfrenta con un falso espacio, nos confronta con algo que parece un espacio figurativo pero que ha resquebrajado los consensos al uso de la ventana albertiana. Es un espacio que resulta ser pura superficie –cada cosa sucede sobre la superficie, sobre esa piel que, como dice Valéry, es, al fin, lo más profundo–. Los patrones decorativos desenfocan las figuras y la mesa no se sostiene en el espacio que solo aparenta estar, un poco como la mesa del collage de Hamilton, falsamente sostenida sobre la alfombra. Se trata en ambos casos de espacios estéticos, sin funciones.

En el *Desnudo americano número 1* y en el *Desnudo número 27*, donde aparecen unos helados más que naturalistas y una televisión al fondo, el juego es idéntico. El cuerpo parece sostenerse al estar rígido en el espacio, pero se pierde como una forma entre las formas. Se constituye parte inexorable de la superficie de un espacio que es solo superficie: todo acaece sobre el espacio, encima del espacio. No podríamos entrar y abrir esa puerta que aparece en la parte posterior de la composición porque detrás de la superficie solo volveríamos a encontrar superficie.

Hemos sido excluidos de la pintura como convención espacial de profundidad, eso parece obvio. Nunca poseeremos a las mujeres de Wesselmann, no porque sean fantasías de la baja cultura o del deseo masculino sino porque habitan un espacio que nos está vedado por los propios consensos pictóricos. Se trata de un espacio por el cual puede pasear la vista, nunca el cuerpo.

¿Cómo resolver, en todo caso, el problema específico de los objetos reales que son reales, tangibles? No podemos tocar a esa mujer –representación esquematizada–, pero podríamos eventualmente llamar con ese teléfono, abrir esa puerta, pisar esa alfombra...

Los juegos espaciales de Matisse podrían de nuevo, quizás, ofrecer una respuesta. Pensemos en *La danza*, donde ha colocado vestigios de figuras en un espacio aplanado. Apuntala la función misma de la *danza* como pura superficie pictórica: el juego de Wesselmann.

Traslademos la cuestión a los espacios con «objetos reales» –tangibles– en Wesselmann. En primer lugar, las mesas, los jarrones, los teléfonos, las toallas y las televisiones funcionando están ahí, pero los personajes, los cuerpos, los sujetos de la pintura son parte de una superficie que la propia presencia de las cosas enfatiza como tal. Más aún: ese juego ilusionista con los dos espacios –real y consensuado, tangible e intangible, si resultara posible aceptar tal propuesta– es una extensión de la trampa de la superficie, como en *Peregrino* o *Bodegón con la danza* de Matisse. Wesselmann se apresura à decir que usa objetos porque necesita usarlos y no porque sea necesario usarlos: «Los objetos siguen siendo parte de la pintura. No hago *environments.* No se puede caminar sobre mi alfombra».

Los espacios de Wesselmann son, y en eso se parece a Matisse, abstracciones que simulan realismo, y es aquí donde se deberían recordar sus relaciones con el expresionismo abstracto. Wesselmann hablaba de envidia y amor hacia De Kooning y explicaba cómo su meta entonces «era hacer un arte figurativo tan interesante como lo eran para [él] esas abstracciones de los cincuenta». ¿Era posible llevar ese sueño a buen puerto?, podríamos preguntarnos. ¿Era posible concentrarse en el espacio requerido por la tradición figurativa –un espacio transitable, con sombras– después de que Pollock se hubiera quedado atrapado en la superficie, sobre el suelo?

Por mucho que insistiera parte de la crítica, la ilusión espacial, primer requisito de toda pintura figurativa, no solo había sido borrada, sino que era entonces, seguro, un proyecto imposible. Nos hallamos, igual que en la obra de Matisse, frente a una trampa de figuración, una abstracción que está construida a partir de elementos con apariencia figurativa –como si de un collage se tratara– en un contexto abstracto. Y quién sabe si ese fue el elemento común a todos los que llamaron pop, su tragedia última. Quizás la forma en que se rebelaban contra los expresionistas abstractos era llevando su proyecto un paso más allá. Ya lo dijo Warhol en una frase muy repetida: para conocerle solo había que mirar la superficie de sus obras –superficie, no superficialidad.

Para conocerle, para entender sus engaños –los de Hollywood, retrato de Elvis sin decorado, grandes sombras sin sombra que pasan por espectadores como en *Ciudadano Kane*–, solo había que mirar la superficie donde no había más que superficie –y drama, tal vez.

Por eso se hablaba de Greenberg, quien, pese a haberlo visto todo con clarividencia, no aceptó que los pop –con esos temas banales que tanto le perturbaban– hubiesen hecho realidad su sueño de pureza, al alcanzar un arte en el cual la ilusión espacial era cuestionada y cancelada como una falsa operación.

O, quién sabe, quizás los artistas que fueron llamados pop, o algunos de ellos al menos, solo quisieron recuperar el espacio tradicional, la ventana albertiana, y no pudieron porque Pollock seguía agazapado en sus pantalones, en sus inconscientes o, mejor aún, porque él había conseguido mirar de un modo en que jamás había mirado Picasso, y hay miradas que no se borran con facilidad. Quizás solo querían volver a Piero y a sus espacios limpios –casi sin sombras– y se dieron de bruces con el suelo de Pollock –el suelo duro–, superficie intransitable de la cual el espectador era excluido.

5. LA NOSTALGIA DE WARHOL: AUTORRETRATOS

> Cuando pienso a veces en los hombres célebres, siento por ellos toda la tristeza de la celebridad. La celebridad es un plebeyismo.
>
> FERNANDO PESSOA, *Escritos íntimos*

Hay una célebre secuencia en *Trash* que muestra a Joe Dallesandro paseando por las calles de Nueva York con un pañuelo atado en la frente, el pelo largo y lacio, los pantalones ajustados sobre la seductora anatomía y una cazadora desgarbada. Todo en él es perfecto y está ahí, apoyado en algún sitio: buscando.

No se sabe qué busca –quizás ni siquiera él sabe qué anda persiguiendo– y entonces pensamos que encontrará lo que desea –y lo que no desea también–, porque solo los que no buscan nada –o aparentan no buscarlo– acaban por encontrarlo todo. No buscar y encontrar son acciones unidas por un destino trágico.

Dallesandro sigue allí, un instante aún frente a la cámara, oteando las calles desde su posición privilegiada de personaje desganado –casi un dandi–. Pero no es un *flâneur*: no se esconde entre la multitud. Se exhibe y nosotros le deseamos como nunca antes habíamos deseado a nadie.

Podría incluso no conocer bien el lenguaje, igual que los jóvenes de los *Incidentes* de Barthes, y ni eso apagaría el deseo. «Driss A. no conoce la expresión "correrse": él habla de "la mierda". [...] No hay nada más traumatizante», comenta el escritor. Ese trauma se convierte en la tabla de salvación última para un viajero que hubiera podido quedarse, que se habría quedado si alguien le hubiera dicho la palabra adecuada, conocida, capaz de hacerle sentir en casa –hay gentes que recorren miles y miles de kilómetros con la única idea fija de seguir en un lugar familiar, de seguir siendo idénticos a sí mismos.

No obstante, Barthes no parece haber sido ese tipo de turista y por un momento se lo imagina en otro viaje, paseando por *Trash* a pocos metros de Dallesandro, deseándolo como nosotros lo deseamos aquel día.

Aunque podríamos haber deseado a los jóvenes de los que habla Barthes, solo que no nos atrevimos. Se presentaban de una forma demasiado aséptica –con una significación, por tanto, solo privada– y acababan por ser, así, una fantasía íntima, abrumadoramente doméstica pese a suceder todo «en Marruecos, no hace mucho...», frase con la que comienza la narración fragmentada. Eran incidentes banales que alguien refería, descripciones de gentes anodinas que se iban encontrando sin dejar huellas duraderas en la memoria, acontecimientos que ocurrían habiendo salido de casa sin buscar nada concreto, tropezando con algo que por un rato diluía el aburrimiento.

Quizás es cierto que *Incidentes* son solo notas para una novela que no llegó a escribirse –de ahí el estilo casi telegráfico–, pero si por un momento pensáramos que nos hallamos frente a un texto con algo de autobiografía –lo apunta parte de la crítica–, llamaría la atención esa ausencia de toda implicación emocional o física. Si en *Noches de París* –otro de los textos autobiográficos de Barthes– se han borrado los rastros humanos del relato y se han reducido a mero punto de referencia espacial –a vestigio en los lugares cotidianos–, *Incidentes* habla sobre todo de personas, y el entorno de lo «exótico» se vuelve, igual que el África de Leiris durante los treinta, fantasmal, un incidente sin importancia en la travesía mental del viajero. Sabemos que estamos en Marruecos, si bien son solo las descripciones de los habitantes las que nos dan la pista debilitada. O casi, porque aquí y allá aparecen nombres vagos de ciudades o locales que apenas nos consiguen situar en el lugar donde creemos estar. Más aún. Incluso los tipos que van perfilándose en los paseos sin rumbo acaban por reducirse a un rasgo único y fundamental que, flotando en un espacio sin espacio, se hace más firme, se impone con más fuerza, único punto de orientación.

Los personajes que Barthes presenta nunca podrán pertenecernos, y no solo porque, como la bella enlutada de Baudelaire, desaparecerán de nuestras vidas entre la multitud o porque, como las mujeres de Wesselmann, habitan un espacio que por aparente es intransitable para el cuerpo: el estilo desapasionado, disuasorio en suma, nos excluye de su deseo. Barthes expulsa del contexto general cualquier esperanza de fantasía compartida, la que hubiera animado una descripción pausada y cuidadosa, como la de Morrissey, quien detiene la cámara sobre la figura de Dallesandro, representándolo como objeto de deseo, sobreexponiéndolo, igual que la pornografía, a pesar de estar cubierto con tanta ropa.

Por el contrario, en las páginas de *Incidentes* no se sobreexpone ni se representa nada: el escrito se limita a contar las cosas sin un resquicio de complacencia, tal vez porque conoce la imposibilidad última de hacer público el deseo genuino. El autor ha seguido un plan narrativo opuesto al de la pornografía tradicional, reproducido por Morrissey en *Trash*: ha desplazado el interés del objeto al sujeto. Lo esencial no es aquello que despertó el deseo en el autor, sino lo que este sintió fuera del objeto que desear, que queda reducido a un gesto, a una frase, a un detalle en la indumentaria... –aquello que avivó la imaginación y que resultaría banal fuera de ese contexto específico–. Lo fascinante del auténtico deseo es la imposibilidad de ser trasladado o compartido, y Barthes está hablando de un deseo privado que nada tiene que ver con la construcción convencional e impuesta de Morrissey.

Bien es cierto que ambos explotan un cliché –el europeo en las colonias buscando una aventura fácil y el chico fácil buscando una aventura redentora– y, aun así, Dallesandro –tangible y a mano– es pura construcción, ya que Morrissey no habla del deseo: lo escenifica como se imagina que debería ser, como todos esperaríamos que fuera, y su forma de incitar a la mirada nos tranquiliza. A su vez, los personajes de Marruecos, pese a ser solo un rastro expulsado del espacio y del transcurso, se presienten reales.

Esa es la fabulosa paradoja de *Incidentes* y ese el «placer del texto»: Barthes nos confronta con unos seres tangibles que nunca podremos tocar, que nunca querremos poseer, y en su esencia aporética radica la fascinación del escrito, warholiano y, por tanto, engañosamente impasible frente a sucesos de la propia biografía. Como Andy en sus puestas en escena más logradas, Barthes, con un lenguaje directo a veces incluso en exceso, lo hace todo explícito sin llegar a desvelar nada. Igual que en *Blow-Job* ha obviado el verdadero objeto del deseo –que aparece escurridizo e invisible frente a los planteamientos de la pornografía clásica–, los muchachos de Marruecos nunca se representan a través de aquello que podría encender el deseo colectivo: se quedan ahí: pura sospecha.

Indiscutiblemente, *Blow-Job* es también una película construida sobre la paradoja. Ante el aburrimiento previsible de la pornografía al uso –todo a mano, al estilo del protagonista de *Trash*–, Warhol se oculta tras esos subterfugios que tanto le interesan y nos deja a solas con nuestras propias fantasías, las que la ausencia misma del objeto nos obligará a construir. Si la pornografía tradicional explota un territorio donde todo se hace público –y en el cual estamos a salvo porque al final alguien está deseando por nosotros–, el juego de Warhol se revela devastador al apelar a lo estrictamente individual: ante la mirada del espectador está teniendo lugar una *fellatio* –y parecería que en directo, además–, pero nada reenvía a lo que podría ser el territorio específico del placer. De esta manera, si el objeto se oculta, solo podremos desear lo que no vemos, lo que no se muestra ni se da siquiera a entender. Solo podremos aspirar al deseo particular o, dicho de otro modo, el sujeto que mira se restablecerá en cuanto parte esencial del enredo.

Sin embargo, lo paradójico de *Blow-Job* no se detiene en ese punto. Warhol utiliza un título descarado, casi brutal para la época, e impropio desde luego en un artista de la alta cultura –los intelectuales se han llevado siempre muy mal con el sexo–, y a partir de ese título, tan gráfico, se enfrenta al propio protocolo pornográfico que con frecuencia recurre a las medias palabras para presentar sus productos. Después, cuando el espectador está listo para todo tipo de aberraciones y brutalidades, se ve atrapado en una sorpresa casi absurda: durante más de media hora la cámara muestra las transformaciones en un rostro, igual que en *Empire State* filmara los cambios de luz al atardecer. Sin ese título y sin esa primera y brevísima imagen que permite entrever un hombro con cazadora de cuero –el de un hombre–, lo que se tiene delante podría ser, de verdad, cualquier cosa. Otra vez, Warhol nos sumerge en las apariencias, en los dobles sentidos y las trampas, porque esas interferencias de códigos en *Blow-Job* podrían estar ocultando un acto, político en esencia, que impide al espectador deambular morbosamente por un deseo prefabricado, el de la pornografía clásica.

En primer lugar, la aserción implícita en el título, enfrentada con la ambigüedad narrativa, invita a reflexionar sobre un modo distinto de presentar los cuerpos, una mirada que pone en tela de juicio las complicidades al uso en la pornografía. En segundo, la estrategia de Warhol, como la de Barthes, desvela la tensión entre lo público y lo privado y la reenvía a un sujeto que tiene que enfrentarse con una subjetividad sin escapatoria, sin lugar alguno donde ocultarse. Y en tercero, y como resulta fácil de adivinar, es un acto político en cuanto que gay.

De hecho, para hablar del deseo homosexual en los sesenta era preciso inventar una mirada distinta que no se mostrara condescendiente con la del poder. Frente a la discreción de «Jasper y Bob», era necesario mostrarse abierta y radicalmente gay –de ahí el título provocador–, si bien eso no bastaba: había que rescribir la propia mirada homosexual, resquebrajando también la que podría ser su etiqueta. Al contrario que la obviedad en los dibujos de George Quaintance en los cincuenta o de Tom of Finland en los sesenta, Warhol propone una mirada que subvierte la subversión: si en la pornografía gay establecida los signos del placer se hiperbolizan –como bajo los pantalones de los personajes de Tom–, *Blow-Job* presenta un placer ausente y una mirada borrosa que ya no le pertenece colectivamente a nadie, ni siquiera a una minoría. Esa mirada se acaba por desvelar: no es sino una intrigante mirada disfrazada, travestida.

Así, Warhol, como Barthes, nos aparta de lo obvio y, al desplazar la atención del objeto al sujeto mismo, nos vemos obligados a improvisar una identificación con algo a partir de lo cual reinventamos una emoción inequívocamente privada y múltiple: nosotros mismos. El shock ha funcionado y desde ese momento la mirada deberá enfrentarse con sus propias contradicciones y, más importante aún, con el vacío que genera la ausencia de un deseo impuesto.

El juego que Warhol establece con la mirada –aquí, como en tantas de sus obras– es potentísimo y su escarceo perverso inaugura una estrategia que se popularizará en los ochenta. La estratagema es simple: se trata de conducir la mirada hasta un lugar concreto, familiar incluso, y una vez allí someterla a lo inesperado, darle un susto.

Esa era la sorpresa de Warhol y algunos supieron sin duda comprender lo que tenía de subversivo: había llegado el momento de adueñarse de nuevas y asombrosas formas de deseo sin intermediarios. Era esencial travestir la mirada porque, liquidado el misterio, solo quedaba lo asombroso.

Volvemos la vista hacia Dallesandro en *Trash* y reconsideramos esas primeras sensaciones que nos parecieron reales mientras se producían. Entonces observamos atónitos cómo se trataba solo de una aparente pertenencia, pues en la conocida trilogía Morrissey hacía un despliegue tan apabullante de cuerpos que, igual que los anuncios de Campbell, aniquilaba el deseo por exceso. Cada detalle era obvio, seguía los consensos pornográficos tan al pie de la letra, de la moda –los cuerpos infantiles y adultos liberados de los sesenta–, que, por lo menos mientras duraba la película, nos sentíamos a salvo, libres de la subjetividad inevitable a la cual nos condenan *Blow-Job* e *Incidentes.*

Que prefiramos sentirnos a salvo, que optemos por vivir tranquilos para siempre, es otra cuestión. Tal vez la mirada de Warhol, contra todo pronóstico, está ofreciendo una renovada posibilidad de volver a ser sospechosos, está construyendo un territorio donde resultaría factible esconderse, solo que, acorde con los nuevos tiempos, ya no se desaparecía entre la multitud de la gran ciudad –los protagonistas de Poe y Baudelaire–, sino detrás de nosotros mismos, de unos sujetos que, siendo múltiples, representan un nuevo concepto de multitud. De ser así, se trataría de una oferta muy tentadora cuando habíamos perdido toda esperanza de ser buscados.

La mirada de Morrissey se revela, así, casi banal y por eso *Trash*, rodada dos años después de la primera muerte de Andy a manos de Valerie Solanas, tiene el sabor empalagoso de la pornografía y la publicidad, donde todo se expone en un espacio posible: bastaría con alargar la mano y sería nuestro. No hay en ella ni un atisbo de Warhol o de sus estratagemas, aunque a menudo se la catalogue como una colaboración o, al menos, parte de ese territorio vastísimo que sobrevuela el artista, quizás porque lo que entonces sucedía en la Factory era de Warhol, era Warhol mismo. Él, que jugó a disimular cualquier huella de autoría en las obras, nunca negó ninguna de las muchas atribuciones de las que fue víctima a lo largo de su carrera.

En el fondo, parecía tranquilizador. Lo que ocurría alrededor suyo se limitaba a ser una imagen corporativa: la Factory, todos y ninguno, el plano de ciudad donde nadie nos busca, la perfecta síntesis de dos mundos imposibles, el de Fred Hughes y el de Gerard Malanga –árbitros de la elegancia del *uptown* y el *downtown* respectivamente, se dice con frecuencia–, que Warhol encarna de un modo prodigioso, milagroso casi. El primero, quien tras la muerte del artista se convertiría en su albacea, le muestra los brillos de la alta sociedad. El segundo, al cual contrata como ayudante en los primeros tiempos, le introduce en un territorio hasta entonces desconocido para él, quizás porque no era materia de comentario en esas revistas del corazón que, según se repite, habían sido desde la adolescencia su modelo para alcanzar la ansiada celebridad.

El mundo que Malanga le descubría no formaba tampoco parte de esos clichés cinematográficos a partir de los cuales arrancaba su noción de glamur. Era un mundo que había anunciado, tímido, su idolatrado Dean en la película póstuma, y que en los sesenta se hacía tangible y combativo, no ya como la rebelión aislada de un grupo de jóvenes sin causa, sino como una alternativa sólida y organizada a la sociedad dominante. Con Malanga, Warhol asistiría a lecturas de poemas y obras de teatro fuera del circuito establecido y a los míticos pases de películas organizados por Jonas Mekas, impulsor de muchas innovaciones fílmicas en los cincuenta-sesenta, esa etapa de cambio hacia otro sueño, quién sabe si el antisueño americano de los *beats* que volvió a fracasar como sueño y como antiamericano.

Fueron sin duda años importantes en los que estaban pasando muchas cosas que preludiaban otras por pasar: la entrada de la policía en la Bienal de Venecia en 1968, el París cubierto por carteles que invitaban a una lucha continua, consecuencia popularizada de los planteamientos que la Internacional Situacionista reivindicara a finales de los cincuenta... Eran años en los cuales los acontecimientos –las sorpresas– se precipitaban despeñando a una generación entera historia abajo.

En 1963, el reverendo Quang Duc, monje budista de setenta y tres años, se rociaba con gasolina y se prendía fuego en las calles de Saigón para llamar a la paz y, ese mismo año, en la marcha sobre Washington, otro héroe de América –de una de ellas al menos–, Martin Luther King, denunciaba el racismo aludiendo a un sueño –«I have a dream»– que no tardaría en extinguirse a manos de alguien que no lo compartía.

En 1968, el mismo día en que Solanas atentaba contra la vida de Warhol, el senador Robert Kennedy moría asesinado a tiros en el Hotel Ambassador de Los Ángeles y Boris Yaro, de *Los Angeles Times*, le fotografiaba tirado en el suelo, asistido por un hombre de rasgos orientales –lo muestra la instantánea con algo de *film noir*.

Aunque la muerte de Robert Kennedy no pareció sorprender a nadie, igual que sucediera con la de Pollock. En parte, porque era una muerte esperada, y porque algunos sectores dicen veladamente, se trataba de un asunto con cierto tinte de conspiración. Pero más importante aún: el magnicidio de su hermano, J. F. K., fue tan imprevisto, tan heroico en su muerte juvenil y actuada, tan intachable en su representación de la modernidad, que nadie podría ya competir con esa muerte americana, epítome de los tiempos que corrían.

Joven, guapo y triunfador en la hora de la despedida, recogido por los brazos palo de rosa de Jackie –solemne y estoica–, el presidente Kennedy pasaba a ser una figura de culto porque moría de una muerte moderna sin paliativos: prematura, inesperada, exógena, sin síntomas, ajena al propio cuerpo. ¿De dónde salieron los disparos invisibles? ¿Por qué la oportunidad necrófila de aquella cámara que lo filmó todo como si lo esperara agazapada, testigo de la catástrofe igual que en el caso de Dean, y testigo de la catástrofe en tiempo real?

Moría a tiros, igual que los sueños, aquel noviembre en Dallas y moría en un coche en marcha mientras Jackie trataba de contener la caída precipitada de tantas cosas que arrastraba esa muerte, impecable por moderna, por filmada. La muerte con testigos gráficos era el privilegio de los héroes, y Warhol, en plena recuperación del terrible atentado de Solanas, se lamentó de que no hubiera habido una cámara para filmar su conato de muerte.

Andy, con un ojo ajustado a los tiempos, presintió la importancia del magnicidio y la comentó en *POPism* del modo desenvuelto en que las revistas del corazón hubieran comentado la muerte de una estrella que siempre permanecerá entre nosotros: «Cuando dispararon al presidente Kennedy oía las noticias en la radio mientras estaba pintando en mi estudio. Quería saber qué había pasado, solo eso. Al cabo de un rato me llamó desde su apartamento Henry Geldzahler y me dijo que mientras estaba comiendo en el restaurante de la iglesia ortodoxa judía, donde solía comer la gente del MET y del Instituto de Arte de NYU, el camarero dijo en yidis : "De president is gehstorben" y Henry pensó que hablaba del presidente de la cafetería. Al darse cuenta de que era el presidente de la nación se puso tan triste que decidió ir a casa. Quería saber por qué no estaba yo igualmente afectado. Me había alegrado mucho cuando salió de presidente –era joven, guapo, listo...– pero no me molestó tanto que muriera».

El presidente había sido oportuno en su trágica muerte, y lo apunta Warhol en los comentarios. Había tenido un modo moderno de morir y había evitado la condena de la muerte anónima, la rutina, pasando a convertirse en una figura de culto: ese había sido su privilegio, y el artista lo detecta.

También en su lectura del magnicidio se revela el ojo moderno de Andy, su poderosísima capacidad de síntesis que permite que mundos opuestos convivan en un territorio que él demarca con asombrosa comodidad. Lo consigue en la revista que crea y dirige durante años, *Interview*

–en la cual colabora a menudo Bob Collacello–, al fundir los mundos opuestos de Hughes y Malanga y al sumar a estos su particular sueño de celebridad –a veces algo *camp*–. *Interview* es el lugar privilegiado donde Taylor puede tropezarse con el último diseñador marginal, reuniendo a lo peor y a lo mejor del *uptown* y el *downtown*. Milagrosamente, Warhol nunca renuncia a sus sueños de adolescencia, a veces incluso excesivos: se limita a agregar nuevas sorpresas que presiente que llegarán a alcanzar el *status* de *camp* con el paso de los años. Y tal vez no se equivoca: basta con mirar el retrato que en 1978 hace de Liza Minnelli vestida con lentejuelas rojas.

Y si *Interview* es la revista que reúne los viejos y los nuevos sueños, la Factory es el territorio físico donde la síntesis se lleva a cabo. La Factory –literalmente fábrica– fue el lugar donde Andy Warhol desarrolló su actividad creadora desde los primeros años sesenta. Se trataba de un verdadero decorado hollywoodiense desde el cual dirigía las escenas y a los actores, muy numerosos por otra parte. Allí ocurría todo –se hacían las serigrafías, las fiestas, las sesiones de fotos, se filmaban las películas...–. Por eso, decir que la Factory surge de la necesidad de una producción rápida, verla como la fábrica donde el arte y la publicidad se hacen en serie por trabajadores a sueldo, es una apreciación muy simplista.

La Factory es una operación complejísima que recoge parte de las propias ambivalencias de Warhol y acaba por ser el único territorio habitable en ese principio de era, el lugar mágico donde se combinan mundos apartados en esencia y en el cual se asigna a cada uno el papel que deberá representar y el tiempo durante el cual deberá representarlo. Robert Hughes tiene una intuición lúcida al ver la Factory no solo como set cinematográfico, en el cual se movía un ejército de personajes en su inmensa mayoría banales y abandonados en brazos de Warhol, sino como la parodia de una puesta en escena católica donde todos iban buscando la absolución.

Años más tarde, en una entrevista aparecida en la revista *Parkett*, Christian Boltanski toma como punto de partida a Warhol y a su inevitable mellizo Beuys para reflexionar sobre la santidad. Para él, Andy es el auténtico santo porque se autodestruye a favor del arte y se entrega por completo a él pasando a ser un objeto artístico. Igual que un santo, pasa veinte años sentado encima de su columna: «Como dice Warhol, me he convertido en una máquina. No me queda nada. Solo soy aquello que los demás esperan. Soy su deseo. He muerto hace mucho».

Y podría tener, quizás, parte de razón, pues Warhol, habiendo renunciado al papel de chamán que explotara Beuys, no se conforma con ser una celebridad y se convierte en un mártir –san Andrés de Warhola–, ese que en fechas señaladas da de comer a los necesitados, el que otorga el perdón a los pobladores de la Factory, perdidos y sumergidos en anfetaminas.

Warhol era, si no santo, desde luego sacerdote, y la Factory, el templo donde todos podían convivir porque, sucede en la iglesia, ante Dios, las diferencias y las clases desaparecían –aunque la idea de una sociedad sin clases tuviera también sus raíces en la mitología americana, y a menudo se ha comentado.

La herencia católica y los mitos americanos podrían ser dos de las fuentes esenciales en la construcción de Warhol, fuentes que tienen numerosos puntos tangenciales. Se podría incluso decir que la obsesión por superarse, por ser cada vez más célebre y famoso, no está solo contaminada del espíritu de América, sino que se relaciona con la moral católica, esa que anima a los feligreses a ser cada vez mejores, a sacrificarse y aniquilarse en Dios para conseguirlo, a diluir el propio concepto de individualidad en la noción colectiva de lo divino. También Warhol se aniquila en un concepto superior: en su intento por ser una estrella, por alcanzar la celebridad, debe renunciar –otra palabra muy connotada para los católicos– a una parte de su vida, a su pasado. Es obvio que la divinidad implicada en esa renuncia se acerca más a Judy Garland que al dios cristiano, pero también es cierto que los dioses van cambiando cuando cambian los hombres que los inventan, y se van adecuando a las necesidades de cada caso, de cada momento.

El perdón tiene un precio y, cuando los pecados que redimir son tantos, puede ser muy alto, puede rozar el martirio. Igual que sucede con el confesor o el psicoanalista, Warhol posee y controla a los pecadores, que solo se purificarán a través de los ritos dictados desde su poder.

Los feligreses de la Factory lo intuyen y a veces se rebelan y, desde luego, se quejan una vez roto el hechizo que, muchos comentan, el artista ejercía sobre ellos –confesor y psicoanalista–. El atentado de Solanas fue una espectacular apostasía –se trataba de alguien que somatizaba muy aparatosamente– y en un momento llegó a justificar los disparos como un acto de rebelión contra el opresor: Andy tenía demasiado control sobre su vida. Otros, como Ondine, desvelaron la ambivalencia hacia el artista de forma explícita: «Warhol era algo que se podía tocar. Algo en lo que uno se podía convertir. Pero, de todos modos, tener que relacionarse con él, aunque fuera en cosas muy pequeñas, era una experiencia humillante y horrible».

Warhol los controla, en primer lugar, porque el peor pecado de la mayoría de los pobladores de la Factory es la mediocridad: ellos creen estar allí, pero, a la manera del placer ausente en *Blow-Job*, han sido excluidos de la escena. Uno tras otro, y en lo que será su estrategia reiterada, los construirá como estrellas redimidas, les ofrecerá sus quince minutos de popularidad, para verlos luego despeñarse olvido abajo. También en este punto ha aprendido mucho de Hollywood: la Factory, semejante a la puesta en escena californiana, es una fábrica de sueños a pequeña escala que recoge víctimas para alimentar al vampiro, aquellas que, exangües, serán luego descartadas y expulsadas del éxito.

Desde luego, nadie podría negar a Warhol su perfecto mimetismo con las prácticas del poder, hasta siendo en su caso el producto de una síntesis perversa que crea estrellas que solo son tales en el propio set de la Factory: lo «real» acaba por suceder dentro de ese pequeño mundo, la quintaesencia de la puesta en escena, borrando una vez más las fronteras entre realidad y representación, entre lo que está ahí y lo que solo aparenta estar, entre una lata de sopa en un anuncio y una lata de sopa encerrada en un espacio sin espacio. ¿Cuántos recuerdan hoy a Baby Jane, Paul America o Ingrid Superstar? ¿Quiénes hubieran sido en realidad si Warhol no los hubiera convertido en estrellas fugaces, en «reales» a través del más sofisticado artificio?

En cualquier caso, si eran estrellas en la Factory *eran* estrellas, ya que en los años sesenta todo ocurría allí, todo lo relevante acontecía en medio de ese escenario metalizado, y los visitantes de Nueva York se trasladaban hasta el espacio cubierto por papel de plata para sentirse reales junto con el resto. Warhol había construido un microcosmos de la modernidad y para llevar su proyecto a buen puerto, para realizar el sueño sin moverse de casa, se había servido de aquellos comparsas que le permitían ocultarse, parapetarse más bien, en un sitio seguro al ser privado, regido por unas leyes que solo eran ley entre sus paredes. En la Factory Warhol alcanza muchas de sus aspiraciones: es el decorado que necesita para que nunca nadie ponga su glamur en tela de juicio, un glamur tan discutible como el estrellato de los habitantes de la Factory cuando se ponía a prueba en las fiestas de la alta sociedad que tanto hechizaban a Andy

Nadie contaba entonces con la seducción implícita en la maniobra, y lo que empezó siendo el glamur de unos pocos, un sueño con tintes algo vulgares, para iniciados, acabaría por establecerse como necesidad colectiva, revisando el concepto globalmente. En todo caso, quien diga que Warhol es un artista de mayorías desde luego se equivoca, en especial al referirse a su faceta de realizador cinematográfico.

De hecho, las únicas películas que alcanzaron cierta notoriedad fueron las dirigidas por Morrissey bajo el paraguas corporativo de la Factory y la alcanzaron porque se trataba de productos bastante convencionales en el propio esquema narrativo, que podían establecer comunicación con ciertos sectores de ese gran público. Steven Naifeh llega a explicar cómo la mayoría de la gente se sintió muy incómoda ante las experiencias de los llamados pop al detestar en ellos lo que entendía, igual que había detestado en los expresionistas abstractos lo que quedaba fuera de su alcance. Si los expresionistas abstractos habían dejado al margen a esos sectores que Greenberg no catalogaría como «público bien informado», ante los pop pensaban –y quizás lo advirtió Hollywood ante la producción de Warhol– que el arte debía ser otra cosa, algo que conservara al menos parte de ese misterio del que se habla. No estaban, en suma, preparados para la sorpresa que desde aquel momento debería sustituir al antiguo misterio y suponemos que no hará falta repetir cómo ese gran público, enfurecido al ver sus cenas en un museo, solo creyó entender a los pop, sobre todo en un caso tan complejo como Warhol, quien usaba el estilo desapasionado de Barthes para esconder unos estudiadísimos planes.

Al final, *Trash* alcanzaría cierta notoriedad por carecer del toque Warhol, es su paradoja. Si se llega hasta el cine tras leer un anuncio de tan sugerente título, *Blow-Job*, si se vencen los pudores y las reticencias, las miradas escrutadoras de los vecinos, las reprimendas del tío religioso y hasta las sospechas y acusaciones del psicoanalista, lo mínimo que cabría esperar es encontrarse ante algo más interesante que la mueca en un rostro. Al menos, Morrissey ofrecía lo que anunciaba: un mundo residual, marginal como los basureros.

En el momento de la realización de *Trash*, después de su primera muerte, Warhol había ido dejando los negocios en manos de terceros y la Factory lanzaba artefactos que intentaban reproducir el sello del artista, pero, careciendo sus autores del ojo moderno y sintético de Andy, se quedaban a menudo en lo superficial y anecdótico del proceso. Los disparos de Solanas debilitaron a Warhol durante un buen número de años y algunos hasta opinan que no llegó a recuperarse nunca. Otros podrían incluso argumentar que siguió muerto para siempre porque, igual que sucede con los suicidas, una vez que se ha hecho uno a la idea de morirse no se acaba de volver a estar vivo: «Acercarse tanto a la muerte era como acercarse a la vida, porque la vida no es nada», escribe en *Mi filosofía de A a B*.

Stuart Morgan plantea cómo fue el verdadero Warhol quien murió en el atentado de Solanas y cómo el doble le suplantó hasta su muerte oficial en 1987. O podría no haber muerto tampoco ese día, podría seguir vivo, oculto en algún paisaje sin sombras, oculto detrás de sus propias caretas.

¿Importa acaso qué sucedió en realidad? ¿Sabemos quién era Warhol para distinguir al falso del verdadero? ¿Es, sobre todo, relevante saberlo? Hay demasiados Warhols para saber a cuál se podría autentificar sin correr el riesgo de una expertización equivocada y, en todo caso, cabría pensar que cada uno de ellos es a la vez verdadero y falso.

Sus numerosas biografías cuentan cómo Warhol fue casi todo lo que alguien puede ser: pintor, director de cine, publicista, escritor, dramaturgo, realizador de anuncios para la televisión, fotógrafo, fundador de una revista, modelo publicitario, hijo, santo, promotor, actor, víctima de un crimen, vampiro, manager de los Velvet Underground, creador de estrellas, estrella... Quizás por eso los libros sobre el artista son casi tan numerosos como los que ha generado Picasso y a menudo, en algún momento, quién sabe si abrumados ante esa inagotable actividad, perplejos ante los infinitos personajes que quiso inventar, acaba apareciendo la célebre frase, que renuncia a cualquier esperanza de aclaración: «Si queréis saberlo todo sobre Andy Warhol, mirad la superficie de mis pinturas y mis películas y allí me encontraréis. No hay nada detrás». Una frase atractiva y desconcertante, no cabe duda, que desde siempre ha causado un asombro colectivo. Es atractiva porque muestra al Warhol frío y superficial que todos esperan; es desconcertante porque, si fuera cierta, su obra sería aún más difícil de interpretar.

Marco Livingstone, en el texto para la exposición de 1989, celebrada en el MoMA y en el cual discute problemas relativos a la técnica del artista, propone una tesis bastante sensata: ¿y si la frase dijera solo lo que dice y Warhol fuera víctima de la sobreinterpretación una vez más? Una posibilidad entre tantas e incluso nada descabellada. Estamos tan acostumbrados a los excesos egocéntricos de los artistas –quizás prendidos del protocolo de la Escuela de Nueva York–, a las justificaciones complejas de su producción, que nos parece imposible aceptar que un pintor se defina a sí mismo pura superficie, solo lo que se ve. Pero ¿no es esa la esencia de la pintura, lo que el ojo mira?, ¿no era esa incluso la vieja aspiración de Greenberg, el espacio plano?

Sea o no cierta y sin segundas intenciones la frase, también sobre este particular hay que reconocer la genialidad de Warhol como estratega: mientras los otros tratan de explicar los niveles del inconsciente escondidos bajo sus obras, él advierte al público: «No busquéis más porque detrás de la pared hay solamente pared». Si Fontana le hubiera escuchado a tiempo, habría podido evitarse muchos sinsabores.

Un problema añadido al significado es la atribución de la frase, si fue «realmente» una frase de Warhol o, como tantas otras, se trata de una aserción apócrifa o una trascripción incorrecta. Parece obvio que no todo lo que se dice que dijo Warhol salió de su boca –incluidos los propios escritos a menudo retocados por terceros–. Si Pollock se construye en cuanto pintor a partir de las ideas impuestas por la crítica, los maestros, las opiniones del momento..., Warhol se deja llevar por las habladurías y admite haber dicho lo que cualquiera dijo que decía. La pregunta podría, no obstante, ser una ya planteada: ¿acaso importa qué se dice y qué se calla; qué se dijo y no se quería decir; qué se quería decir y se terminó por callar para siempre?

Pensemos por un momento que la frase es de Warhol o podría haberlo sido. Ese *dictum* repetido hasta la saciedad, que tantos malestares e interpretaciones ha generado, podría llegar a entenderse como una perfecta definición del artista, y no porque hable de la superficialidad –en este caso superficie pictórica y banalidad–, sino porque le describe como un transgresor también en su propia posición de artista. Si la creación se suele asociar al misterio, a los significados ocultos –debajo de la obra–, su invitación a permanecer sobre la superficie está poniendo en tela de juicio lo que se espera de un artista y hasta del arte como el territorio que debe ser desvelado.

«Si queréis saberlo todo sobre Andy Warhol, mirad la superficie de mis pinturas y mis películas y allí me encontraréis. No hay nada detrás.» No hay espacio detrás, ilusión de espacio. No hay nada detrás porque no hay pasado detrás, porque en cada construcción muere y renace otro. Más aún: no hay nada detrás porque sabe que nadie es nada para siempre, pues si el show debe continuar, los decorados serán obligadamente distintos en cada representación. Por eso construye a sus personajes, los crea y los desecha, no como el vampiro insaciable, sino como el proceso insaciable. Warhol retoca y se retoca sin tregua.

Y no hay nada detrás porque no se molesta siquiera en mantener el residuo de los personajes: en cada nueva construcción eliminará todo resto de lo que fuera. Por eso también afirma que quiere ser una máquina, otra frase que ha hecho correr ríos de tinta. Quiere ser una máquina porque quiere vivir sin referentes, porque es consciente de la condena a la subjetividad impuesta, la que ponía en entredicho *Blow-Job* al eliminar el objeto del deseo. Quiere ser una máquina porque quiere desposeerse de la identidad que el destino le ha asignado y no sentir nada en el camino de la renuncia.

Pero ¿de qué subjetividad estamos realmente hablando si el término acaba por ser tan ambiguo como el «inconsciente» de Pollock? Warhol, provisto de un ojo moderno, sabe que la subjetividad única e inamovible es ya absurda, inviable. Desde su posición de homosexual, la que incomoda al puritanismo en la época de Johns y Rauschenberg, no puede aceptar ese inconsciente impuesto de la «era Pollock». Ese inconsciente colectivo –masculino– le excluye como artista, como publicista y como homosexual –en el fondo, siempre como homosexual–, por lo cual es imprescindible reinventar la identidad y construirla. ¿A partir de qué referentes?, podríamos preguntar.

Si Johns vuelve los ojos a Walt Whitman y a O'Hara, escritores que a su vez se vieron obligados a las medias palabras –productores, en suma–, Warhol se enfrenta con la necesidad de elegir un punto de referencia que se acomode a la nueva representación. Ese es su dilema, porque al mirar hacia las distintas opciones, observa cómo ninguna llega a satisfacerle por completo. Whitman no parece lo bastante «político» en sus posiciones homosexuales, y los iconógrafos gais de la baja cultura acuden con demasiada asiduidad a lo obvio del gueto. Warhol podría aspirar a una puesta en escena gay que no recurra, sin embargo, al cliché de un cliché, y esa es la fórmula que experimenta en *Blow-Job*: un título demoledor y un contenido ambiguo. De todos y de nadie, de un sujeto nuevo que está ahí en ese momento y que luego desaparecerá y será sustituido por otro diferente, quién sabe.

En cualquier caso, los problemas se han resuelto solo hasta cierto punto. Se sabe, sí, dónde no mirar, de dónde partir. Lo que no queda claro es el modo en que deberá procederse paso a paso. Cuando no se tiene una identidad referencial, algo a lo que acudir buscando soluciones –y de eso saben mucho las mujeres–, hay que tantear diversas formas de subjetividad, armar y desarmar estrategias y personajes como un verdadero *work in progress.* Hay veces, incluso, que ni las nuevas fórmulas sirven y es necesario emprender el proceso desde el principio.

Antes de proseguir por este camino, que podría de un modo simplista convertir a Andy en un moderno dandi –lo han comentado ciertos sectores de la crítica–, parece necesario aclarar que Warhol no es el Baudelaire de Benjamin con apariencia de poeta, *flâneur*, trapero... Warhol *no tiene apariencia de*, es en cada uno de los papeles, igual que sucede con las mujeres en busca de su identidad. Los disfraces de Warhol son esencias, no estados, y eso le convierte en un héroe cansado de la modernidad extinguida, aunque nunca tuviera la intención de cubrir el papel, vacante desde finales del XIX. Cada uno de los Andys, falsos y verdaderos, es un sujeto, pues lleva el truco de Baudelaire al extremo: la identidad no tiene que ser una con diferentes apariencias. Las identidades son muchas que varían y en cada caso, mientras duran, somos nosotros.

«Si queréis saberlo todo sobre Andy Warhol, mirad la superficie de mis pinturas.» La superficie es también un espejo en el cual reflejarse. Si para conocer a Andy hay que mirar la superficie, mirarse en ese espejo, en la operación de tratar de descifrarle acabaremos por darnos de bruces con nuestra propia imagen, igual que en *Blow-Job* íbamos buscando placer y éramos catapultados hacia un deseo que, por carecer de objeto, nos reconducía hasta nosotros mismos. «No hay nada detrás», sigue diciendo. No hay nada detrás porque cada vez, en cada reflejo, habrá que volver a construirse, armando y desarmando estrategias y personajes. La imagen con la que tropezamos en esa superficie es la nuestra, múltiple y cambiante, incluso bajo una apariencia familiar. Igual que él, también nosotros, productos de la modernidad agotada, nos vemos abocados a una identidad nómada.

Y Andy se mira a veces en esa superficie y no acaba de gustarle lo que ve. A menudo les sucede a todos aquellos que deben emprender el camino de la subjetividad sin referentes, por pequeños que sean. No le gusta, en primer lugar, su imagen física, esa nariz ancha que le obsesiona y que enfatiza en algunas de sus representaciones, tal vez, sí, como forma de exorcismo: *The Broad Gave Me My Face, But I Can Pick Up My Own Nose* (Lo ancho me dio la cara pero puedo escoger mi nariz), se titula uno de los primeros autorretratos –realizado en 1948 durante sus años de estudiante en el Carnegie Institute of Technology–, en el cual aparece metiéndose el dedo en esa nariz que puede «escoger».

No le gusta, además, la historia de su vida, tan alejada de las fantasías de las revistas; no le gustan su niñez y su adolescencia, completamente faltas de glamur. Es feo, es pobre..., ¿cómo podría encarnar el sueño americano? ¿Cómo podría hacerlo si hasta sus primeros contactos con la América de ficción han llegado hasta él con deje extranjero? Warhol explica cómo su madre le leía cómics de Dick Tracy con un acento checo tan fuerte que no conseguía entenderlos.

Y es que se dicen tantas cosas de Andy... Se cuenta que fue pobre, que de niño tuvo una salud frágil que le llevó a pasar largas temporadas en la cama y que su padre era minero. Se habla de su relación especial con la madre –mito que comparte con Dean y Pollock–, de que fue un chico retraído –igual que ellos–. Se cuentan tantas cosas de su vida privada, la anterior a la «construcción Warhol», la de Andrew Warhola, que todo parece formar parte de una narración improbable, y los biógrafos se justifican y lo repiten: evitaba hablar de su niñez y de su adolescencia. Explicitan, incluso, la posibilidad de estar transcribiendo historias ficticias de partida.

Parece, en todo caso, que su realidad cotidiana estaba marcada por la extranjería y la falta de glamur, aunque siempre le quedaba la otra, la del cine, lo que en realidad deseaba: «Me encantaba ir al cine y seguramente esperaba que el cine contara lo que la vida era en realidad. Pero lo que mostraba era tan diferente de lo que yo conocía que seguramente no acababa de creérmelo –aunque estaba muy bien pensar que era verdad y que algún día me pasaría a mí–. Las películas son las que han gobernado América desde que se inventaron. Te dicen qué debes hacer, cómo debes hacerlo, qué debes sentir y qué aspecto debes tener cuando lo estés sintiendo. Todo el mundo tiene su propia América y luego tiene los trozos de una América de fantasía que cree que está ahí fuera, en alguna parte, pero que no puede ver», escribe en diversos fragmentos de *America.*

Quién sabe si la historia de Warhol podría empezar a partir de una rebelión contra la propia historia, la impuesta por el destino, y a partir de una reconstrucción del pasado: «No vengo de ningún sitio», dice. No es nadie, es un hombre que ha transformado su rostro y ha adquirido una nueva identidad –sucede a veces en las películas de cine negro–. Su puesta en escena, que evidencia la tensión entre lo público y lo privado, se suele relacionar con el disfraz y hasta con los cambios de *status* social, por qué no: se reinventa el pasado –para peor o para mejor–, dado que este tipo de procesos implican *una* muerte –la del sujeto anterior a la construcción–, y a partir de ahí, como dijera

Minkowski, se van añadiendo detalles a la leyenda que pasarán de unos a otros, que se repetirán como verdaderos acontecimientos falsos y transformarán la historia haciéndose más grandes que los hombres.

Andy no se gusta, pero puede «escoger su nariz» y, de este modo, el temprano autorretrato resume dos de sus obsesiones recurrentes: la condena a la propia imagen y la posibilidad misma de cambiarla. Se es prisionero de una imagen dada, pero se tiene la capacidad de modificarla a través del proceso.

La obsesión por el proceso –que también le persigue en el territorio artístico a lo largo de los años– es uno de los síntomas más inequívocamente americanos en la vida y la obra de Warhol –¿o se debería especificar el cliché de América que más circula?–. En la mitología americana cualquiera puede convertirse en cualquier cosa; *to make it* –conseguirlo, alcanzarlo– encierra todas las posibilidades del proceso. Los feos se hacen guapos, los pobres se hacen ricos, los desconocidos alcanzan esos quince minutos de popularidad...

El proceso es, al fin, un acto de afirmación, el modo de borrar las huellas impuestas y de ser otro. Esa es la filosofía última de Hollywood, que organiza su seducción a partir del sueño compartido: dice qué se debe hacer, cómo se debe hacer, qué se debe sentir y qué aspecto tener mientras se está sintiendo. Es imposible fallar.

Y Andy se queda muy pronto fascinado por esa posibilidad tan americana que le cuentan las revistas del corazón y el cine. Careciendo de una «América americana» de referencia en su propia realidad, sintiendo su vida como fuera de América –extranjera–, vuelve los ojos hacia la ficción que mejor se ajusta a sus deseos, basada en el proceso. «Lo importante no es asistir a las fiestas», dice Andy años más tarde cuando todos se pelean por rozarle, «sino el hecho de ser invitado». Incluso cuando colecciona, una de sus pasiones más estables a juzgar por lo nutrido de los objetos acumulados, lo importante es el acto mismo de comprar, se comenta. Todo, una vez desentrañado, pierde el interés: después de haber sido adquirido el objeto –la identidad– pasa a ser apilado con el resto. Se trata del final no solo del misterio, sino de lo asombroso para siempre.

Warhol decide, así, transformarlo todo –su cuerpo, los objetos, el mundo...– bajo la apariencia tranquilizadora de que sigue exactamente donde estaba. En el fondo, esa búsqueda de permanencia revela una obsesión por encontrar el centro de gravedad del cual parece carecer en su vida privada. Le interesa la cirugía del entorno, cuyos resultados jamás igualarán a la realidad. El proceso, la capacidad de cambio, es lo que le lleva hasta el quirófano buscando esa nueva imagen a través de una nariz más estrecha –tema al que volverá en *Antes y después*, donde plantea, al modo de la publicidad, las mejoras en el propio aspecto–. El proceso es lo que confiere al yo un sentido ambiguo y lo que permite construir una identidad nueva y diferente de la propia, quizás exagerada también en las descripciones que más circulan: comida enlatada, un niño en la cama, Dick Tracy leído por una madre con fuerte acento extranjero...

Y él, pobre inmigrante checo, feo y pobre, coleccionista, publicista y homosexual, decide construirse diferente, crear su América montada sobre los planos de esa América de fantasía que está ahí fuera, en alguna parte, aunque no pueda verse. En ese mundo será posible ser todo aquello a lo que haya aspirado: guapo, rico y, sobre todo, célebre.

Su obsesión por la fama es tan fuerte que cuando vuelve la vista hacia la historia del arte se deja atrapar por la celebridad: *La Gioconda*, Matisse, *El nacimiento de Venus*, Picasso... Del último le intriga la enorme producción y, contrariamente a Pollock, no quiere buscar ese lugar desde el cual no hubiera mirado el pintor malagueño para dar la vuelta a la historia del arte, para verla desde otro ángulo. A Warhol le interesa la cantidad de obras que Picasso llega a realizar a lo largo de su vida –lo acumulado– que, pese a ser muchas, siguen manteniendo el *status* de «obra de arte», de «obra maestra»: «Cuando Picasso se murió, leí en una revista que a lo largo de su vida había hecho cuatro mil obras maestras y pensé: "Caramba, eso lo hago yo en un día". Creí que usando mi técnica podría hacer cuatro mil en un día y seguirían siendo obras maestras porque todas serían el mismo cuadro». Luego constata decepcionado que hacer cuatro mil obras le lleva más tiempo del que hubiera creído. No contaba con una cosa: Picasso también trabajaba muy deprisa.

En todo caso, su construcción de la celebridad es calculada y metódica: Warhol descubre y aísla los símbolos que confieren la celebridad a esos famosos que tanto le atraen, y sigue luego unos pasos precisos que poco a poco acaban por integrarle en ese mundo, parece que la propia construcción de la celebridad se llevara a cabo también a través de la obra, como si la vida privada y la producción discurrieran paralelas. Primero, «se siente parte de ellos» al reproducir las portadas de los periódicos donde aparecen –la princesa Margarita e, incluso, esos 129 muertos en el avión que choca en el aeropuerto de París y en el cual viajan muchos de los patronos del museo de Atlanta podrían ser dos ejemplos–. Después, los retrata a partir de fotos existentes –Marilyn, Jackie Kennedy, Taylor...–, para terminar convirtiéndose en el propio autor de los retratos. En ese momento, los famosos no compartirán su glamur con Warhol, salpicándole apenas, sino que el artista, en el acto mismo de retratarlos, los confirmará en su glamur. Se va apropiando de la celebridad por persona interpuesta hasta que, después de su conversión a celebridad, pasa a ser la fuente de donde otros beberán para contagiarse: se deducía del comentario de Ondine.

Tal vez, esa capacidad para dar la vuelta al papel impuesto por el destino es lo que convierte a Warhol en el personaje que encarna como nadie el «mito americano»: todo de la nada. Pero hasta qué punto, podríamos preguntarnos. ¿Hasta qué punto no se siente, al fin, excluido de América? ¿Hasta qué punto no se siente diferente y percibe América como si fuera al tiempo algo que le pertenece y no le pertenece? No se trata ya de la gran América del cine, sino de la pequeña América, la de los norteamericanos.

Pensemos, no obstante, que ambas cosas son ciertas: por una parte, encarna como nadie el mito americano y por otra se siente excluido no solo de la América de los sueños, sino de otra América que pudo pertenecer, por ejemplo, a su admirado Jasper Johns, una realidad americana de partida. Si la convivencia cómoda de ambas propuestas fuera factible –y debería serlo, al no haber una sola América sino muchas–, tal vez Warhol representaría el sueño americano de la manera en que nadie jamás lo ha hecho ni lo hará, ya que al sentirse excluido de lo que cree que es América conforma la perfecta síntesis de todos los clichés, la que se esperaría del mito. E incluso se podría ir más lejos: al estar dotado de un ojo moderno, intuye que América no existe sino como cliché y a partir de esta idea organiza su propia noción de nostalgia.

Otros antes que él habían representado la nostalgia: solo faltaría por determinar el modo en que se han ido articulando las diferentes opciones. Johns vuelve la mirada hacia su América particular, hacia los iconos de la infancia, aquellos que despiertan una nostalgia privada, y a través de esas imágenes rescata la América de los treinta, años en los cuales la sociedad de consumo solo ensayaba sus estrategias. La nostalgia de Johns surge del rechazo de la abundancia –del consumidor– y hasta sus obras se basan formalmente en la sustracción de elementos. En el polo opuesto se situaría la nostalgia de Hamilton –nostalgia de la abundancia ajena frente a la de la carencia de Johns–, quien resuelve su vacío atestando los espacios de sus obras con aquellos artefactos que están fuera de la realidad de un chico inglés. La propuesta de Johns reconduce al pasado, la de Hamilton al futuro.

¿Dónde situar a Warhol, cómo resolver su conflicto entre el pasado y el futuro? No puede representar el pasado –volver a la infancia– porque su Dick Tracy o la sopa Campbell le parecen menos americanas que el *Alley Oop* o las latas de cerveza de Johns. Por otra parte, no acaba de hablar, como Hamilton, de un mundo ajeno. Warhol estuvo ahí, con acento checo o sin él, y no le queda Inglaterra, como podía quedarle a Hamilton. Kitaj recuerda lo que Hockney le comentó un día: «Nadie podrá quitarme Bradford».

Warhol está atrapado en una tierra de nadie. Y se mira al espejo y siente una extraña disociación entre lo privado y lo público, entre la imagen que tiene y la que querría tener, entre su realidad cotidiana y la realidad cotidiana de los otros –los que él imagina otros–. Estuvo y no estuvo, perteneció y no perteneció. No le gusta lo que recuerda y no recuerda lo que le gustaría.

A partir de ese momento decide borrar el pasado, negarlo, y lo extravía. Escinde, sin remedio, su vida privada –que no está– de su vida pública –que ha construido– y acaba por situarse en medio de una fractura entre el pasado y el futuro.

Con un título muy apropiado para esta historia –«La brecha entre el pasado y el futuro»–, abre Hannah Arendt el libro *Entre el pasado y el futuro*, aparecido en los primeros años sesenta. En el bellísimo texto, que parte de una frase de René Char en los tiempos de la ocupación –«nuestra herencia nos fue legada sin testamento alguno»–, Arendt reflexiona en torno a la rememoración, la posibilidad de recordar algo que no llegó a verbalizarse en el lenguaje.

El tema al que Char se refiere en su texto es el silencio que los escritores debían mantener entonces, un secreto dulcísimo y compartido, y presiente cómo el final de la guerra devolverá las cosas a su estado anterior, plagadas de sospechas: «Si sobrevivo, sé que tendré que romper con el aroma de estos años esenciales, arrojar [no repudiar] silenciosamente lejos de mí el tesoro». Ese tesoro, dice la pensadora, no era sino la posibilidad de vivir sin máscaras, sintiéndose siempre seguro de la propia sinceridad.

Sin embargo, la tragedia de la pérdida reside en la esencia misma del tesoro: nadie pudo nombrarlo, fue clandestino y, de este modo, se acaba por perder. «Nuestra herencia nos fue legada sin testamento alguno», dice Char. Se pierde, pues, el tesoro porque jamás recibe un nombre; porque al haber sido legado el pasado sin testamento será imposible rememorarlo, por ser la mente humana incapaz de retener acontecimientos fuera de una trama concreta.

¿Le pasó algo semejante a Warhol? El tesoro, la posibilidad que ofrece la clandestinidad de vivir sin la máscara, se pierde en el momento de hacerse célebre, de tomar la decisión de ser célebre, de hacerse público. En esa carrera por el éxito y siendo su infancia algo que no se puede nombrar, que no se llega a nombrar en el camino hacia la celebridad, acaba por convertirse en un conjunto de hechos sin trama que, al tratar de recordarlo, resultarían imposibles de fijar. Tal vez Warhol nunca toma la decisión consciente de borrar el pasado: a base de callarlo, de mezclarlo, lo extravía. Se queda sin recuerdos reales y acaba por perder la noción de lo público y lo privado en cuanto territorios diferenciados, abriendo entre el pasado y el futuro una brecha imposible de suturar.

Y quizás, consciente de la imposibilidad, empieza su colección y colecciona objetos que fueron de otros –para tratar de construir una nueva historia y hacerla propia, para establecer una nueva trama verbalizada con el fin de recordar–. Quizás al principio quiera solo ser alguien y, al comprobar que carente de un pasado real puede llegar a ser cualquiera, elige un pasado con glamur, el de su gran mansión de la calle 67 Este, una casa llena de artefactos objetivamente valiosos, a veces intercalados con objetos *camp* o de mal gusto, cosas baratas que son tal vez *flashbacks* de su pasado real. Esta hipótesis no debería resultar extraña, ya que, caso de haber querido ocultar su pasado de manera consciente, no hubiera incorporado a la madre, la tantas veces presente señora Warhola, a su rutina y su mundo.

Además, el pasado que reconstruye a través de su colección es paradójico. Allí se acumulan objetos que podrían interpretarse como lo opuesto a lo que utiliza en sus obras –la realidad escuálida de su niñez (latas de sopa, botellas de Coca-Cola...)–, pero por otro lado él no expresa las que parecerían haber sido sus aspiraciones infantiles. Si siempre ha soñado con ser una estrella, ¿por qué no reproduce en su mansión la casa típica de Hollywood? Su construcción tiene algo de clásica puesta en escena «americana», entendida como cliché –objetos valiosos de procedencia europea y símbolos de los nativos norteamericanos en esa búsqueda de América de la que ya hablaba Pollock–. Sea como fuere, se observa cierta renuncia a ese mundo excesivo que, se podría suponer, era la aspiración última a través de las revistas del corazón. ¿Había roto Warhol también con su pasado de fantasía, había transformado el sueño en algo diferente? Quizás no quería –o no podía– recordar ni siquiera el pasado de sus sueños, el de glamur. Tal vez había querido borrar incluso ese –o lo había extraviado junto con el resto.

La brecha entre el pasado y el futuro es tan fuerte que salpica incluso otros lugares de su existencia y reaparece en la disociación entre lo que colecciona –consume– y lo que produce. Más aún: si las obras y la Factory son su vida pública, y su casa y su colección personal, la privada, ¿en cuál de los dos lugares ha llevado a cabo su sueño de glamur? Se podría contestar del siguiente modo: en la síntesis de ambas –y se discutirá más tarde–. No obstante, las cosas se complican aún más si tenemos en cuenta que, por su forma de hacer arte, en las dos maniobras Warhol está *recuperando* objetos: objetos clásicos y en buena medida de gran valor para su casa y su colección –lo privado– y objetos de consumo –Coca-Colas, sopas Campbell, detergentes...– en sus obras –lo público.

Relacionemos por un momento estos iconos de la vida corriente norteamericana –los objetos de consumo– con otro grupo de temas que reconducen a sus obsesiones más tempranas: la propia imagen y la celebridad. Pensemos en su apropiación de iconos de princesas o estrellas, en sus operaciones de cirugía estética y hasta en los cómics elegidos –Superman, Dick Tracy...–, también en su momento pasados de moda. La mayor parte de los iconos utilizados en sus obras parecerían reconducir a la infancia, a esos pasados negados –la madre con acento checo por una parte y las celebridades del cine por la otra–. Y, de repente, reaparecen allí, sin que nadie los espere, completando el cuadro de lo privado no verbalizado, sin testamento alguno, cierta nostalgia que se presenta de pronto y, contrariamente a lo que suele suceder con este sentimiento, no llega nunca a hacerse consciente, porque ya sin trama precisa es imposible rememorar, recuerda Arendt.

Warhol, fascinado por los objetos preciosos –fascinado por la historia de los que sí vienen de algún sitio–, llena su casa de artefactos preciosos y llena sus cuadros de aquellos objetos que en su infancia tenían valor de símbolo como representación de América, esa que no le pertenecía. Luego trata de sentir algo y de adivinar qué cara poner mientras lo está sintiendo y no termina de encontrar la fórmula, quién sabe si igual que muchos de sus contemporáneos: «Durante los sesenta a la gente se le olvidó qué eran las emociones. Y creo que no han vuelto a recordarlo jamás. Creo que una vez que se han visto las emociones desde un determinado ángulo es imposible volver a pensar que son reales», comentaba Warhol. El propio Ginsberg se quejaba de algo parecido en 1956, en el poema «America»: «Are you going to let your emotional life be run by *Time Magazine*?» (¿Vas a dejar que el *Time Magazine* dicte tus emociones?).

Entonces, Warhol no borra su pasado, solo se ve obligado a perderlo, si bien esas emociones que niega reaparecen traicioneras en cualquier sitio, sin previo aviso –en el fondo de un bote de sopa vacío–, aunque, ya fuera de una trama, resulta imposible establecer las conexiones. La sopa Campbell, dice Warhol, es lo que ha cenado todas las noches, durante años. ¿Es cierto o forma parte de un recuerdo construido?

Después de todo, ¿qué quiere ser Warhol? ¿Una estrella de Hollywood, el chico pobre que se hace rico, noticia para las revistas del corazón, el hombre que lo consigue, *who makes it*, en un estilo clásico americano? Está claro que no quiere ser la persona a la cual la historia ha condenado –un chiquillo de Pittsburgh con otra religión, otra lengua, otra historia sin referentes–, pero ¿qué pasaría si por un momento pensáramos que tampoco quiere ser el hombre que es todo de la nada, ni siquiera la estrella resplandeciente de glamur?

«Quiero ser tan famoso como la reina de Inglaterra», dice. Esta frase, banal en apariencia, podría estar cargada de significados. No quiere ser el presidente de Estados Unidos, ni un millonario, ni una estrella: aspira a ser la reina de Inglaterra. Quiere, en suma, tener un pasado no solo con testamento, sino con testamento ante notario. No quiere ser opulento o famoso, aspira a tener un pasado cargado de pasado –el que reproduce en su casa– y quiere, además, ser inglés, ajustándose al mito por excelencia de glamur en América. Quiere adquirir la quintaesencia de un pasado con testamento, aunque se acabe por conformar con la apropiación momentánea de Baby Jane, cuyo acento *cockney* le permite jugar a ser londinense durante un rato al menos. Puede que quiera incluso ser mujer.

Quiere, por tanto, ser aquello que en principio la herencia no escrita le negaría, y, a partir de ahí, su falta de pasado referencial se hace más fuerte todavía, pues no se relaciona solo con la idea misma de una infancia diferente, sino con su propia condición de gay. Warhol no tiene tampoco testamento al que ajustarse en la elección sexual, que desea hacer pública y por cuya manifestación abierta Johns y Rauschenberg le censuran. Tampoco en este punto le sirven los modelos al uso y se ve abocado a construir cada cosa desde cero.

Ante su propia carencia de territorio referencial de rememoración, de modelos que seguir, Andy inaugura una estrategia de identidades múltiples en las que el proceso mismo de *estar* en esa identidad es lo que cuenta. Será un personaje sin matriz, el personaje del personaje, con aire de los heterónimos de Pessoa. En este personaje no se adoptarán papeles, sino subjetividades, caretas que no mostrarán al personaje «real» cuando tiremos de ellas porque detrás de una careta habrá otra y luego otra más, *ad infinitum.* Por eso Warhol decide escoger un aspecto que se mantiene estable a lo largo de los años, para que ese referente a través del cual el público le reconoce siga ahí –es el juego que seguirá Laurie Anderson en sus disfraces–. De este modo, no levantará sospechas: la mayor parte de los espectadores creerá que Andy sigue siendo idéntico a sí mismo.

Warhol inaugura el máximo guiño que se puede hacer a la tradición clásica y al cual podía estar aludiendo Boltanski: si el artista está condenado a ser su obra, él será su obra, una obra entre tantas, organizando un territorio en el cual será imposible diferenciar la verdad de la mentira, la sopa que decía comer todas las noches y la que pintaba. Hollywood reconoce que algo extraño debe de estar sucediendo: un mismo sujeto no puede ser al tiempo el protagonista y el extra de la película.

Warhol sí. Basta con mirar la superficie de sus obras y sus películas: todos están allí. Bajo el aspecto repetitivo en el caso de su producción e idéntico en el de su imagen, se esconden las múltiples y variadas estrategias, identidades, personajes que va creando a lo largo de su vida y de su carrera.

Que invente estos personajes, y ocurre con las mujeres artistas, porque le parezca la única salida posible es otra cosa. De hecho, en los dos casos la historia empieza de un modo parecido: no acabar de gustarse, no tener un pasado hacia el cual mirar, en el cual reflejarse; una historia que no sea impuesta por alguien que, como el narrador del cine, conoce el final de la historia y no permite cambios. Se trata de un juego no exento de peligros que puede desembocar en una situación incómoda: Andy no se suele quitar la peluca o, dicho de otro modo, el disfraz.

Así, la seductora paradoja, que va organizando entre las diferentes subjetividades escondidas bajo un aspecto estable, se hace patente en los autorretratos que realiza a lo largo de los años. Resulta curioso, en primer lugar, el modo obsesivo en que cultiva este género que suele ser una estrategia de representación muy extendida entre las minorías. La hipótesis de partida para justificar lo obsesivo de este género en Warhol deriva de su forma de trabajar, basada en la repetición, pero es posible que esta respuesta no sea por completo satisfactoria.

Bajo un aspecto casi invariable –salvo los cambios lógicos de la edad en el rostro–, Warhol se va representando disfrazado de distintos personajes, con distintos estados de ánimo. En los autorretratos aparecen temas recurrentes en su obra –el cambio de la propia imagen, el glamur, la muerte, el travestismo, el ocultamiento...–. Sin embargo, recorriendo los autorretratos cronológicamente se podrían detectar las transformaciones en la estrategia de representación del artista: desde el primer autorretrato de 1948 hasta los camuflajes realizados un año antes de su muerte, se podría escribir la historia de Warhol, la abrumadora precipitación hacia una melancolía insostenible donde todo parece estar en su lugar, siempre.

El interés por la identidad múltiple a través de la fotografía empieza desde luego en el fotomatón, interés que compartirá con tantos artistas desde que se inventa, en parte por lo novedoso del proceso y en parte porque este sistema ofrece la posibilidad de realizar un autorretrato anónimo –se elige la postura pero la máquina hará el trabajo último de producción–. Hacia 1964 se sienta frente al objetivo con unas gafas que se pondrá, se quitará, cubriendo y mostrando el rostro, escondiéndolo en ciertas ocasiones... Algunas de estas fotos serán la base para las serigrafías de la serie azul, donde el cuello parece casi el de una víctima mientras es asesinada por unas manos invisibles, la idea del ahogado a la que volverá en 1978.

Este tipo de foto ofrece, además, la posibilidad de jugar con el ángulo y, sobre todo, con el propio espacio: basta con situarse cerca del objetivo y se llenará, se ahogará el fragmento de encuadre –sucedía con las latas de Campbell–. Por otra parte, las fotos de fotomatón revelan territorios que, sin duda, resultan de interés para Warhol: en primer lugar, allí dos fotos idénticas pueden ser dos originales –o casi porque no hay dos iguales–, y la propia serialidad implícita permite manipular los originales y confrontarlos. Permite modificar el original en una cirugía de la representación, como hace en un retrato doble de los primeros años, retocando con un lápiz el pelo y la nariz: ¿cómo sería si fuera diferente?

Además, las fotos de fotomatón dan con frecuencia al retratado un curioso aspecto de «hombre más buscado», y sobre este punto merecería la pena detenerse. Warhol, perdido en un mundo donde nadie nos busca, camuflado, oculto, aspira tal vez a volver a ser sospechoso, lo prueba otro de sus retratos dobles de 1964, en rojo y azul, donde se fotografía con la barbilla levantada y una frontalidad excesiva que le da un aspecto semejante al de los *Hombres más buscados*, serie que realiza ese año. Si por un momento se aceptara esa relación, habría que preguntarse por qué contrapone un retrato frontal a otro retrato frontal. La primera y más obvia respuesta es que no quería mostrar esa nariz que tanto odiaba. Hay, de hecho, una foto temprana en la cual se retrata frente a un espejo, buscando su mejor ángulo. En todo caso, también se podría aventurar que ese cambio de estrategia enfatiza la idea de que incluso dos fotos idénticas esconden personajes diferentes. No se conocerán mejor aunque se retraten de frente y de perfil. Nunca llegaremos a conocerlos, igual que los asesinos se escapan porque se ocultan, cambian, desaparecen.

Warhol volverá a la estrategia del ocultamiento y no solo en los camuflajes, sino en el autorretrato de 1981, *La sombra*, que por una parte se relaciona a nivel visual con las series de muerte y por la otra con las de la transformación de la imagen y los «hombres más buscados». El propio rostro se esconde tras una siniestra sombra, casi como un fotograma de cine negro, que acaba por proyectarse sinuosa sobre una pared, de perfil.

Y frente al asesino, la celebridad. Durante los últimos sesenta comienza a experimentar con su autorrepresentación como celebridad, pocos años después de haber vuelto la mirada hacia los retratos apropiados –Marilyn, Jackie, etc.–. En 1967 siente que ya es famoso y decide ensayar poses antes vistas en los personajes que le han transferido la popularidad. Las manos enmarcando la barbilla, la mirada dirigida hacia la cámara... La primera lectura apunta hacia Hollywood, presentarse como se presentan sus sueños, algo que por otra parte había ensayado años antes: en 1941 se retratará en la pose de Capote –uno de sus ídolos incuestionables– y en 1951 aparece con las dos manos encuadrando el rostro, en una transposición de la popularísima foto de Garbo. Años más tarde, en la conocida foto de Makos, imitará en su disfraz de Marilyn esa pose de falsa inocencia que debería haber correspondido a la actriz.

Dejando a un lado lo que podría ser el glamur asociado a la fama, en esas fotos está hablando ya de su propio glamur. En 1967 es un artista establecido y esa pose, elegante y pensativa, podría ser una representación del artista, un modo de dejar claro que es un artista. Las manos, elemento que con frecuencia incluye en sus retratos masculinos y raramente en los femeninos, podrían darnos una pista añadida: las manos pertenecen a los hombres, a los productores, y él aquí se quiere presentar como tal, un artista que retoma además una idea clásica: los artistas se representan pensando, no trabajando. Tal vez Andy no quiere, al final, ser una estrella sino un artista célebre que se muestra de la manera en la cual se representaron los grandes maestros en la tradición clásica.

Volverá a las manos a lo largo de los setenta y los ochenta, a veces en una clara fragmentación donde solo se muestra una mano cortada, la propia, o retomando esas manos como algo fuera de él, amenazador, manos que ahogan, en el autorretrato de 1978, relacionado con las obras de las calaveras, donde las asociaciones con la muerte y, sobre todo, con la tradición son claras.

Warhol quiere ser muchos y ese deseo le lleva a colocarse al lado de la calavera –casi un negativo y positivo del artista, vivo y muerto, como una especie de radiografía– y le lleva a sobreimponer imágenes en las cuales uno se diluye en todos, se traviste de aquellos que su deseo y el nuestro estén dispuestos a enfrentar. Y se traviste también en el sentido literal, porque travestido va siempre, incluso cuando no parece ir disfrazado. En la Factory puede, por fin, ser la reina de Inglaterra, y sus retratos travestidos son, tal vez, los más interesantes al mostrar esa pasión recurrente por el mundo de las *drag queens* –que con frecuencia explota en sus películas– y que representan el territorio intermedio donde público y privado dejan de tener sentido, donde es preciso reconstruir al otro por dentro y por fuera.

Típico en las estrategias de Warhol, esta serie se asocia del mismo modo a la historia del arte y, más concretamente, al disfrazado Duchamp. También Warhol, vestido de Sélavy, es libre porque puede decir aquello que Marcel debe callar. Puede borrar su pasado y hasta su presente e inventar una historia de vida nueva, un personaje que vaya más allá de la apariencia: una reescritura completa del yo.

Es el malentendido que explota la foto de Makos, solo que en esta, al aparecer el cuerpo de Andy vestido de Andy, la escenificación se rompe; guarda algo de travesura momentánea que no pretende ser verosímil. Por el contrario, la mayoría de sus autorretratos travestido se relacionan con los propios retratos femeninos: en ellos ha procedido como suele hacerlo en el caso de las mujeres, a las cuales trataba de convencer para que se quitaran la ropa y se colocaran un trapo azul con el fin de mostrar las clavículas. Utilizará el mismo acercamiento en el caso de algunos retratos masculinos –el más claro es el de Mike Jagger– y cabría preguntarse si no es una estrategia para enfatizar la ambigüedad sexual.

En los autorretratos travestido, Warhol desvela el juego por completo: no se trata de mostrarse diferente bajo un aspecto invariable, sino de hacer obvios los cambios. Es otro y se muestra otro, aunque podría tratarse solo de un primer paso hacia el ocultamiento. De hecho, si relacionamos estos retratos con las subsiguientes opciones de representación, siempre oculto, tenemos la sospecha de que Andy, al travestirse, ha empezado el camino definitivo hacia la autodesaparición. Si es muchos y se muestra muchos, ¿dónde buscarle al fin?

«Si queréis conocer a Andy Warhol mirad la superficie de mis cuadros», decía. Y está allí, probablemente, todos y ninguno.

Warhol se esconde en el único sitio donde nadie le buscaría: en la superficie. Se esconde detrás de los personajes y las situaciones que va creando, se esconde, sobre todo, detrás de esa careta imperturbable que llega a su momento de auge en el camuflaje. Camuflarse, esa es la palabra. ¿No era eso lo que había estado haciendo todo el tiempo? ¿No se había camuflado en muchos detrás de la imagen invariable? ¿No había jugado a hacernos creer que no había cambiado cuando había cambiado o a creer que había cambiado cuando seguía siendo el mismo, múltiple? ¿Cuál de todos los personajes es más real? ¿Importa acaso contestar a la pregunta?, se decía antes.

¿Trata Warhol de convertir estos autorretratos en una especie de testamento escrito de la historia de su vida, el territorio que va desvelando sus propios estados de ánimo? Primero decide ser muchos en el fotomatón, luego se presenta pensativo en un territorio indefinido entre productor y consumidor, en tanto que estrella y artista. Al fin confronta a la muerte y decide travestirse para que no se le reconozca y se camufla para que no le encuentren.

Si ha sido tantos, indefinidos respecto al papel –asesinado, criminal, mujer, hombre...–, ¿se puede aún preguntar cuál de todos es el real? En cada nueva identidad se ha perdido la anterior y al mirar la superficie de sus cuadros nos tropezamos con él, porque si detrás de la pared solo hay pared, detrás del personaje solo hay personaje.

Quizás fue capaz de encontrar el modo de esconderse que corresponde a su momento, al nuestro: estar allí donde nadie sospecharía, mantenerse como una diana móvil imposible de disparar. Si fuera cierto, Warhol pasaría a ser uno de los hombres más buscados y uno de los más deseados también. Se escondió igual que sus criminales, solo que no lo hizo entre la multitud, sino en esa nueva multiplicidad que conlleva la condición misma de sujeto moderno. Se ocultó allí, sobre la superficie, donde nadie le buscaría.

Y luego dijo que quería ser una máquina, un ente sin historia que contar, que recordar siquiera. En esta frase, tan comentada, podría no estar aludiendo a la falta de pasiones, ni siquiera a la indiferenciación entre productor y producción. Podría estar hablando de la propia indiferenciación entre productor y consumidor que, de alguna forma, ya habían desvelado las manos de los autorretratos.

Jasper y Bob le acusaron de consumidor, porque era publicista, porque era coleccionista, porque era, en suma, homosexual. Pero Warhol, incluso en el territorio más consumista de su vida, el coleccionismo, no está consumiendo –o no solo–. A través del ritual de compras se está construyendo, está produciendo una imagen configurada en la adquisición, borrando las fronteras entre productor y consumidor, igual que hace en sus obras que, pareciendo publicitarias, son artísticas, dentro de la más clara tradición de la historia del arte, además.

Y basta con recordar un ejemplo llevado por Hollywood al cine, otro consumidor sin límites y productor incansable, Kane, con el cual la comparación parece inevitable. Kane es un ser al cual también llega una herencia sin testamento alguno, un personaje que se ve apartado de su pasado y que, pese a ser dueño de incalculables riquezas, se presenta como un hombre hecho a sí mismo –es curioso cómo incluso la expresión usada alude a la producción–. Se construye, se produce, en parte a través del consumo –periódicos, radios, objetos–, y en el momento de su muerte, acumuladas las cajas sin abrir, acaba por recordar la palabra «Rosebud», el trineo infantil, el más preciado objeto de su colección por ser parte de ese pasado que la vida le obliga a desechar, a olvidar. En el momento de la verdad, el de la muerte, deben de recordarse cosas tan absurdas...

6. LA MELANCOLÍA: COLECCIONES

> Loin de moi, une étoile filante choit dans la bouteille nocturne du poète. Il met vivant le bouchon et dès lors il guette l'étoile enclose dans le verre...
>
> ROBERT DESNOS, *À la mystérieuse*

Así que Warhol y Kane, en el fondo dos personajes de ficción –de autoficción podríamos decir–, acaban por encontrarse en un fotograma imposible, un fotograma que el espectador de las historias reconstruye por analogía.

De hecho, las últimas imágenes de la película –cajas y cajas apiladas y sin desembalar, estatuas clásicas importadas que se pierden entre las sombras tétricas de la mansión cárcel, museo, mausoleo, celda de retiro de Kane– acaban por presentar un parecido aterrador y lúgubre con las descripciones que los biógrafos y amigos de Andy hacen de sus sucesivas casas: todo acumulado, en desorden. El control sobre el espacio y los volúmenes, que hace patente en su producción artística, parece inconcebible en los lugares que habitó. Son dos mundos de recuperación de objetos con algo de compartimentos estancos en la vida de Warhol; dos claves de lectura para escribir historias de vida diferentes.

La analogía entre ambas imágenes –entre ambas tragedias– es tan potente que los fotogramas de *Ciudadano Kane* regresan a la memoria incluso frente a las fotografías que reproducía el lujoso catálogo editado por Sotheby's con motivo de la controvertida subasta, abierta el 24 de abril de 1988, meses después de la muerte de Warhol, el día 22 de febrero de 1987. Y es extraño, porque lo que esas fotos muestran de la casa de Andy es muy distinto de lo que se cuenta que fue. La manía que tuvo por guardarlo todo, que exasperaría a sus colaboradores, convertía hasta un espacio de trabajo, la Factory, en una especie de almacén intransitable.

La casa que muestran las fotos de Sotheby's es un lugar listo para la instantánea, morada de objetos desembalados y colocados, una escenografía de la seducción, una estrategia publicitaria que anima a comprar o, al menos, incita al deseo de poseer lo que fuera de Andy. Allí, comenta David Bourdon, se vendió cada objeto, incluso los frascos abiertos de su perfume favorito: Shalimar de Guerlain.

Nos hallamos frente a un juego diabólico y una complacencia fetichista en la cual las cosas han dejado de ser lo que eran y pasan a convertirse en lo que representan. Lo secreto se ha expuesto y lo cerrado –las cajas– se ha abierto; lo abierto –los frascos de perfume– se ha cerrado, sellado, parte de una narración imposible ya, concluida abruptamente por la muerte. En las fotos que muestra el catálogo de la subasta los artefactos han regresado al lugar que, tal vez, jamás les hubiera correspondido, colocados allí para la instantánea.

Aun así, incluso en esas fotos que se adivinan teatrales, se trasluce un abrumador sentimiento de abundancia –o de exceso, que en el fondo es lo mismo–, un despliegue de heterogeneidad que reconduce a la esencia de la colección o, al menos, a esa parte que se presentó en las salas de subasta pues, como explicita Alexander, algunas fueron las cosas que los amigos echaron de menos en la exposición y posterior venta, las que no aparecieron en ninguno de los inventarios. Lo que allí se mostró, comentaron, no era sino quincalla: los objetos más valiosos no llegaron a aparecer. El citado autor llega a sugerir cómo las joyas y las gemas vendidas meses más tarde en la postsubasta *post mortem* –y que según la versión oficial se encontraron de repente en el doble fondo de un cajón– fueron un intento de acallar las habladurías.

Supongamos por un instante que no todas las joyas de Andy estaban allí, que faltaban, por ejemplo y como dijeran Paige Powell y Sam Bolton, dos anillos de brillantes muy queridos por el artista y que aún conservaba en el momento de la muerte. Supongamos que, notaron algunos, también estaban ausentes al menos tres de las mejores piezas adquiridas en las subastas de Parke-Bernet: espléndidos muebles que alguien buscó infructuosamente.

Si había ausencias notables, la siguiente pregunta parece imposible de evitar: ¿perteneció a Andy todo lo expuesto en aquellas salas? Y se trata de una pregunta lícita incluso más allá de la maniobra comercial: ¿cuántas de aquellas cosas fueron deseadas por Warhol? ¿Se puede desear tanto y tan variado?

Bien es cierto que los amigos hablan de él como un comprador obsesivo que adquiría sin límites, en una cantidad tal y tan convulsa que casi parecía carecer de pasión –al menos de una pasión sostenida–. Bourdon recuerda admirado cómo durante una cita con John Lennon y Yoko Ono los comerciantes de antigüedades dejaban sus tiendas gritando: «Tenemos algo para usted, señor Warhol». Por su parte, Jed Johnson comenta cómo Andy «dedicaba dos o tres horas diarias a comprar y lo fue haciendo durante años...», mientras Vito Gallo afirma que su día empezaba después de haber adquirido algún objeto. A todos los asombraba su capacidad para no delimitar las colecciones, para interesarse por cualquier cosa –bueno y malo, caro y barato, exquisito y de mal gusto–. Y algún amigo le animó a ser más selectivo en las compras, escriben los biógrafos.

Es, por tanto, muy complejo especificar cuáles de las cosas expuestas en la subasta fueron siquiera objeto de su deseo, aun por un instante, mientras duró la transacción. Ni siquiera es necesario acudir a las perturbadoras estrategias de mercado que apuntan los biógrafos, las que siguieron a la muerte, las que podrían haber añadido enseres a la colección con el fin de sobrevalorarlos –los desconsolados frascos de Shalimar que, conservados como una reliquia decadente, habrían perdido su esencia con el paso de los años–. Basta con visualizar las pertenencias de Andy aún sin desembalar, es suficiente con hacer memoria y repasar los lotes que a menudo compra todo coleccionista obsesivo y la costumbre de no abrirlos, la desidia con la cual desfallecen abandonados los objetos sin que logren despertar el interés del dueño más allá de la pura adquisición.

¿Cuántas quiso más allá de la propia posesión? ¿Cuántas llegaron a representar su deseo fuera del acto mismo de tenerlas? Le bastaba con sentir que seguían ahí. Le bastaba con saber que eran suyas, aunque las cajas de cartón escondieran los contenidos. Johnson comenta el extraño ritual que llevaba a cabo diariamente en su elegante casa de la calle 67 Este, cómo se cercioraba de la presencia última de los objetos. Al comenzar el día iba abriendo las puertas –que mantenía cerradas con llave–, una a una, para comprobar que todo seguía en su lugar y al regresar de noche, antes de irse a la cama, repetía la operación. Encendía la luz para cerrar luego las puertas, inaccesibles a otros ojos que no fueran los suyos.

El placer de Andy era eminentemente visual, si bien la mirada no llegara a ver los objetos de manera aislada era suficiente con comprobar que había acumulado tantas cajas. Igual le sucedía a Kane, quien vivía con la ilusión de construir un palacio por amor –historias orientales– y solo levanta un catafalco por ambición, donde el amor se moría de tristeza y de aburrimiento, tal vez porque tenerlo todo nunca es garantía de nada o porque el dinero puede comprar cualquier cosa menos las emociones, la supervivencia de las emociones.

Por eso, las fotografías del catálogo de Sotheby's, impresas en papel satinado y brillante, incitantes, seductoras, acaban por reproducir un extraño sentimiento de melancolía y de vacío, de precipitación en una caída libre hacia ninguna parte, pese a mostrar un control sobre las cosas y los acontecimientos. Ese control tiene algo de inverosímil y de ambiguo, en primer lugar, porque alude a la acumulación pero la ordena de un modo artificioso y, en segundo, porque esa misma incitación a poseer los restos de una tumba, los frascos sin esencia, las cosas sin alma –algo que jamás llegará a ser nuestro– revive casi la esencia del collage de Hamilton: la nostalgia de un chico que soñó con todo y tuvo muy poco, casi nada.

Más aún. En la propia heterogeneidad de sus colecciones, Warhol está construyendo, de alguna manera, una suerte de collage del deseo ajeno. Nada le pertenece porque nada era suyo de partida. Ha ido deseando de forma mimética, del mismo modo que ha adquirido su glamur por persona interpuesta. Lo sabe y le entristece, así que opta por la soledad.

Henry Geldzahler, tal vez el único crítico entre sus contemporáneos que llegó a comprender la dimensión real y los riquísimos matices de Warhol, lo explicita al recordar las palabras que Warhol dijo al anticuario de arte y muebles Alan Moss: «Quiero comprar todo lo que compre Henry o algo lo más parecido posible».

Estas impresiones, podrían ser habladurías, cosas que se quisieron contar y hasta creer después de muerto Andy, aunque intriga sobremanera lo heterogéneo de la colección, que parece hablar de los gustos y manías de más de una persona. Sería fascinante pensar que en dicha colección se encuentran cada uno de los personajes que Warhol fue, quiso ser o hubiera podido llegar a ser. En un recorrido incongruente que va desde los diseños exclusivos de Tiffany hasta los relojes de plástico de los Picapiedra –pura quincallería–, pasando por la silla neoegipcia en la que posó Diana Vreeland, los Cristos católicos o las pinturas decadentistas y exotizantes de finales del XIX, vamos tropezando con los actores de una comedia sin final, un caso abierto como el de Jack el Destripador, cuando asesino y detective eran una misma persona.

Valdría la pena preguntarse qué cuenta la colección sobre su propietario, qué cosas desvela sobre su vida y sobre sus miedos... Tiene poco que ver con la meticulosa y sistemática colección de piezas escogidas del doctor Freud, la manera perfecta de rastrear el desarrollo de los descubrimientos y estudios arqueológicos paralelos a la vida del psicoanalista. No se trata tampoco de la colección irónica de un artista que se hace tal porque no puede ser coleccionista, dice Broodthaers. Si tuviéramos que hablar del dueño a través de la colección de Warhol, ¿qué contaríamos de él? ¿Cómo describiría un hipotético estudioso al rey que habitó esa tumba mesopotámica, un rey triste que se dejó enterrar entre los objetos de su melancolía, que se sepultó en vida, un rey que, solo, en los últimos años, sustituyó en su corazón a las personas por los objetos, apunta

Bockris? ¿Qué clase de coleccionista fue Andy? ¿Por qué todas aquellas cosas reunidas sin un nexo de unión claro, al menos a primera vista?

La figura del coleccionista es siempre un territorio intrigante y hasta misterioso, por qué no. Con frecuencia se ha trazado un supuesto retrato más social que psicológico de los coleccionistas, quién sabe si porque tanto Freud como Lacan, aquellos que hubieran podido acercarse al problema desde una perspectiva psicoanalítica, fueron coleccionistas impenitentes y trataron de no admitirlo. Los coleccionistas son descritos como personajes obsesivos, rigurosos, tacaños con su tiempo.

El psicoanálisis suele asociar el coleccionismo a un estadio infantil, ya que en los niños se detecta desde muy pronto como proceso de conformación del territorio privado al cual el padre –lo social establecido– no tiene acceso. Se trataría de una forma de desplazamiento en la que los miedos y el rechazo a la norma, a través de la cual el niño es separado de la madre, se subliman en unos objetos que acaban por resignificarse y ser otros. Por este motivo, se han señalado las implicaciones que el coleccionismo tiene con el fetichismo –incluso en sus dos vertientes, psicoanalítica y marxista–, si bien en ambos casos la cuestión parece una respuesta a medias. En el caso concreto de Warhol la pregunta podría ser: ¿fetichismo de quién, del coleccionista o de aquellos que pagaron increíbles cifras por poseer esencias agotadas?

El propio doctor Freud vuelve sobre la patología fetichista en numerosas ocasiones a lo largo de su vida, desde la descripción en los *Tres ensayos sobre sexualidad* del año 1905 hasta *El ego dividido* de 1938, relacionándola con el miedo a la castración. El niño, al descubrir lo que cree castración de la madre, debe enfrentarse a un proceso doble: aceptar esa diferencia, y por tanto perder a la madre de forma definitiva, y superar el miedo de su propia castración, la que constantemente le recuerda la «madre castrada». En ese proceso de pérdida el niño se ve obligado a aprender a convivir con la pasión hacia el objeto amado que a su vez le recuerda la amenaza que se cierne sobre él: obtener el placer significa aceptar la amenaza.

El niño fetichista será aquel incapaz de resolver el conflicto edípico desplazando miedo y deseo hacia objetos inanimados, que a la vez resultan ser placer y amenaza; a los que se desea amar y cortar. En ese desplazamiento de lo fálico, en mayor o menor grado según las patologías, se halla la base del fetichismo, y es curioso notar cómo la ansiedad provocada por el proceso múltiple en virtud del cual el niño acepta la castración de la madre y la amenaza de la propia castración simbólica se relaciona, tanto en Freud como en Lacan, con la pérdida de la visión.

Este tipo de desplazamiento, y posterior sobrevaloración, parece estar en la base del coleccionismo y a partir de ahí se podrían rastrear las implicaciones fetichistas. El fetichismo da fe, sobre todo, de la trayectoria de una idea fija en busca de su gemelo material a través de correspondencias bien conocidas: dios-ídolo, trabajo alienado-objeto de lujo, falo-zapato, etc. Las cosas acaban por significar mucho más de lo que son y, de hecho, la colección de Freud parece simbolizar, según comenta su biógrafo Peter Gay, la esencia misma de su «ser judío», algo casi ilógico para un hombre que a lo largo de su vida nunca manifiesta en exceso su religiosidad. Cuando la amenaza nazi se cierne sobre él, se agarra a su colección por algo mucho más potente que el placer físico que le proporciona, lo sensual de los objetos tan típico de la contemporaneidad y que Freud pone de manifiesto a través de las caricias a su colección –solía tocar las cosas, abdicando, de algún modo, de la vista, reemplazándola por el tacto–. Se aferra a su colección, parte de su pasado histórico, el gemelo material de sus antepasados, sensación que comenta sin llegar a codificarla hasta las últimas consecuencias.

La colección de Freud ha dejado de ser un conjunto de objetos valiosos para convertirse en la esencia de su ser judío en ese juego de desplazamientos y sustituciones, en esa sobrevaloración y ese trasvase de significados. A través de la colección, el hombre ya mayor preserva su identidad histórica, se reconoce a la vez que se diluye en ella. Él, judío, es su colección, y el miedo a la pérdida de la misma –el esperar el permiso para salir de Viena junto a sus objetos cuando prácticamente toda la familia ha salido hacia Londres– desvela el terror a la pérdida de la identidad.

A primera vista, la relación que Freud y Warhol tienen con los objetos parece diferente. Lo primero y más importante, Freud apuesta por el tacto de los objetos, mientras que Warhol se limita a mirar cajas cerradas de las cuales desconoce los contenidos. Freud quiere, además, que sus cenizas se guarden en una de las vasijas griegas de su colección, es consciente del esfuerzo que supone construir la colección, sabe lo que falta, y espera en Viena a que sus objetos sean tasados, como expresa en una carta escrita el 14 de mayo de 1938 a su cuñada Mina Bernays: «En los primeros días de la próxima semana la comisión de la que depende la suerte de la colección vendrá a casa. Esperamos el permiso ansiosamente».

Freud se siente como un cuerpo integrado en la colección, tan atrapado en ella que, tal vez para no reconocer su fetichismo latente –el doctor vivía muy alarmado por descubrir en sí mismo la sintomatología de sus enfermos–, acaba por justificar su pasión por las cosas a través de una metáfora muy recordada por sus discípulos: «El psicoanalista, como el arqueólogo en las excavaciones, debe descubrir capa por capa la psique de sus pacientes, antes de llegar a los tesoros más valiosos». Se sacrifica por la colección, compra con cuidado, tratando de calcular los gastos de su manía oculta –nunca fue un hombre rico–, en el extremo opuesto de Warhol.

Claro que se podría recurrir a paralelos banales: su relación tan próxima con la madre y hasta el asfixiante deseo último de cariño, para concluir que Warhol también era fetichista (Edipo mal resuelto, búsqueda de un gemelo material deteriorado, etc.). Sin embargo, el problema podría ser mucho más complejo porque, contrariamente a la mayor parte de los coleccionistas, Andy no parece haber vivido tratando de tener lo que le falta, entre otras cosas porque al no ser consciente de lo que se tiene, mal se puede saber lo que no se tiene –o porque lo que falta es tanto que se parte con la consciencia misma de no poder llenarlo nunca–. Andy quiere tener sin más, saber que tiene, cerciorarse de que tiene.

En esa ausencia de pasiones propias, decide convertirse en coleccionista de arte después de visitar la casa de Nathan Gluck, casa que le parece un museo, cuentan los biógrafos. Decide, en suma, parecer sofisticado y apuesta en aquel momento por la opción de Gluck, solo que, quién sabe si al tratarse de una pasión mimetizada, pronto se cansa y termina por dejar los cuadros tirados o los cuelga sin marco. En medio del proceso el esfuerzo decae, se pasa a la siguiente búsqueda, al siguiente intento de llenar el vacío.

Desde esta perspectiva, el tipo de coleccionista que representa Warhol parece más cercano a los personajes de la novela de Flaubert, Bouvard y Pécuchet, tal vez ni siquiera auténticos coleccionistas, sino más bien dos pequeñoburgueses más fascinados por lo que el dinero puede comprar que por los objetos que compra el dinero, igual que los protagonistas de *Las cosas* de George Pérec. Bouvard y Pécuchet carecen de pasión y por eso quieren pasar a la historia. Su deseo de posesión, su custodia de los objetos preciosos, desvela el orgullo de clase adquirida que nada tiene que ver con el auténtico coleccionismo –desconocen la angustia del coleccionista pobre de *La espuma de los días* de Boris Vian–. También ellos poseen para demostrar que pueden poseer, y si en un momento determinado deciden dar un sentido a tanta heterogeneidad a través de la configuración de su rudimentario museo, es para alcanzar respetabilidad entre los vecinos. Igual que el Warhol coleccionista de arte, pronto pierden el interés y pasan a acumular otras cosas: conocimientos, experiencias, identidades...

No obstante, en el acto mismo de convertir la colección en pública ha sucedido algo importante: cada objeto se ha sometido a una valoración consensuada y las cosas han dejado de juzgarse a partir de los valores propios del coleccionista –recuerdos, falta, dificultad en conseguirlas...–. Comparados, los objetos más queridos recuperan su valor real, el de quincalla, como explica Flaubert: «Seis meses más tarde, se habían convertido en arqueólogos y su casa parecía un museo. [...] Cuando se traspasaba el umbral, se tropezaba con una pila de piedra (un sarcófago galorromano) y, luego, la vista se sorprendía por la quincallería».

De igual manera, en la subasta de Sotheby's los exclusivos diseños de Tiffany compartieron espacio con productos clásicos de la sociedad de consumo, objetos modernos y baratos, pura quincallería, si bien en ese caso el propietario los resignificó y se vendieron a buen precio. Hay, no obstante, una diferencia básica y esencial entre los protagonistas de la novela de Flaubert y Warhol: el segundo no quiso nunca convertir su colección en museo, trató más bien de ocultarla, de convertirla en un misterio incluso para sí mismo, quizás porque era un poco desconfiado y poseía la extraña sabiduría de las gentes campesinas. Pensaba que si los demás llegan a sospechar que tienes algo tratan de arrebatártelo, cuenta Jed Johnson. Así, en la famosa exposición Art Déco del Finch College Museum of Art de 1970, uno de los primeros intentos de revitalizar el estilo, la mayor parte de las piezas prestadas, procedentes de la extraordinaria colección de Andy, apareció en los créditos como propiedad de Fred Hughes a petición del propio artista para no llamar la atención sobre sus hábitos adquisitivos.

Y es que Warhol se mostraba secreto y hasta avaro con sus posesiones. Llevaba los collares de brillantes debajo de las camisas y si alguien se fijaba en algún objeto de su colección lo hacía desaparecer: no volverían a verlo. Momentos antes de salir hacia el hospital, camino de su segunda y definitiva muerte, sumido en el presentimiento de no regresar nunca a casa, se apresuró a esconder joyas y dinero, cuenta Alexander, como un personaje de las novelas de Dickens. Parece casi que el acto mismo de alcanzar la riqueza fuera un asunto privado, imposible de hacer público. Es la curiosa fórmula del éxito como secreto: le basta con mirar las cajas acumuladas, le basta con saberlo a él y sentir el modo en que el collar roza la piel debajo de la camisa. Es suficiente sentir que puede comprarlo todo, oír las voces de los anticuarios que le llaman seguros de que puede pagar el precio de las cosas. Pero se ha hablado tanto del mayor interés por comprar que por poseer de Warhol... Lo llegó a expresar en otra de sus muy explotadas frases: «Comprar es más americano que pensar».

Warhol coleccionaba el acto mismo de comprar, se concluye a menudo. No obstante, también esta frase está llena de matices: «Comprar es más americano que pensar». ¿Compra entonces para sentirse americano, para sentirse como aquello que cree que su propia biografía le ha negado? Si comprar es más americano, Warhol solo debe fingir no pensar y limitarse a comprar –esa es, en el fondo, la estrategia–. Cuando deambula por su Xanadú particular, noche tras noche, mirando los objetos apilados tal vez piensa: «He comprado todo esto, luego soy americano». El conflicto está resuelto: Warhol quiere ser americano y como comprar es más americano que pensar, compra. De un modo tan sencillo se ha convertido en aquello que siempre quiso ser: igual que el resto, un americano.

Pero ¿y los otros Warhol? ¿Y la reina de Inglaterra en la cual también aspiró a convertirse? Y, además, ¿comprar cómo, qué?

Supongamos por un momento que Warhol quería en primer lugar ser americano. Al comprar, cualquier cosa –comprar como acto puro– se convierte en tal. Pero ¿y si se tratara otra vez de la conversión de un cliché en el cliché mismo? ¿Y si todos después de él pensaron que comprar es más americano que pensar porque Warhol lo había dicho? ¿No es un absurdo cliché europeo el que dibuja a la sociedad americana como eminentemente consumista, compradora? ¿No era lo que imaginó Hamilton desde Inglaterra en 1956 al realizar un collage –todo a mano– que no hablaba de la sociedad americana, sino del sueño que un inglés construyó sobre la sociedad americana?

Pensemos, aunque sea como hipótesis, que Warhol traduce el cliché que desde fuera se tiene de América y que América lo adopta como propio desde que él lo convierte en arte. Warhol, como Hamilton, no es americano –porque no se siente americano– y también a su manera sueña con un cliché de América en el que comprar es más americano que pensar. Se trata, en el fondo, de un delirio semejante al de los ingleses: ambas Américas tienen algo de sueño, sobre todo porque no hay una sola América sino muchas. Prosigamos por este camino.

Warhol ha nacido en Estados Unidos pero se comporta, *a ratos*, como esos europeos poco sofisticados que visitan por vez primera América y a la vuelta creen saber cómo es América, sin entender que no hay un solo país, sino tantos como cada uno quiera inventar. Y se enfatiza el concepto *a ratos* porque en el fondo se sabe que dentro de la noción de América existe otro país donde los productos son diferentes de los que la señora Warhola compraba en el supermercado de Pittsburgh. Es consciente de cómo en la propia América hay una América donde se venden cosas tan inverosímiles para él, tan inalcanzables, como lo fuera el aspirador y la lata de jamón para Hamilton en el Londres de mediados de los cincuenta. Y está a un paso, basta con salir de casa. «Todo el mundo tiene su propia América y luego tiene los trozos de una América de fantasía que cree que está ahí fuera, en alguna parte, pero que no puede ver», dice al hablar del cine. El concepto de la propia América se confronta de esta manera con el de la América de fantasía.

Así que hay por lo menos dos Américas, dos entre muchas: la supuestamente escuálida de su niñez y la del glamur neoyorquino *uptown* de sus últimos años, la de sus obras desposeídas y la de su casa abarrotada. Y casi como si un milagro estuviera teniendo lugar frente a nuestros ojos, regresa a la memoria la foto del cuarto donde el artista dormía –uno de los pocos en apariencia transitables de la casa–, enfrentado al clásico icono de la sopa Campbell: cómo vive, cómo pinta, se debería concluir.

El cuarto, más acorde con la personalidad de una respetable dama a la antigua usanza que con el «rey del pop», hace pensar si, al menos allí, Warhol llegó a ser la reina de Inglaterra o, para ser más precisos, si llegó a ser su construcción de la reina de Inglaterra, el cliché que tenía de esa figura en el vaivén de estereotipos que se verifica entre Inglaterra y Estados Unidos. Cama con dosel, muebles de estilo, algunos iconos religiosos y una televisión, claro, porque hasta las reinas necesitan de vez en cuando algún esparcimiento modernizante. Esa era la América que sospechó que estaba en alguna parte, lejana e inalcanzable, y a la cual accedería en un momento de su vida, un lugar mágico donde el *uptown* neoyorquino, de tan elegante, acababa casi por parecerse a un personaje con historia, o, dicho de otro modo, aquello representaba lo que para Warhol era la quintaesencia del buen gusto y, más aún, de una clase no adquirida.

Y luego queda el icono de la sopa, claro, como una pregunta sin respuesta, supuestamente parte de la América de su niñez, extendido en el suelo de la Factory, ausente de la mansión elegante –nunca colgaba sus obras en las paredes de la calle 67–. El problema sería, así, desentrañar cuál de las dos Américas era la propia y cuál la de fantasía que «cree que está ahí fuera, en alguna parte, pero que no puede ver». Pero aún es pronto para dar una solución a este enigma, si es que tiene una única solución.

Se trataría, en todo caso, de una paradoja inscrita en una serie de paradojas. Warhol compra y es americano, pero luego niega lo adquirido, quizás porque, muy modernamente, sabe que ya no es posible esconderse. O lo niega porque si llegaran a saber cuánto compra, podrían darse cuenta de que solo trata de ser americano porque no lo era de partida: quien se empeña tanto en demostrar que es algo acaba por ser peligrosamente sospechoso de no ser nada. Como los avaros más pertinaces de la historia de la literatura, como Kane, cuanto más tiene, más se encierra, más se aparta. Y la Factory abierta a todos, a cualquiera, se va desvaneciendo en su casa del *uptown* y todos acaban por ser expulsados, por pasar raramente del hall.

Como Xanadú, la casa de las maravillas, su mansión elegante es solo el reino de una Alicia solitaria que, harta de jugar sola, acaba por acumular juguetes, siendo su única diversión el hecho mismo de acumularlos. Warhol, con algo de aburrida Alicia, excluye a todos y, como la exclusión es un camino sin retorno, acaba por excluirse también a sí mismo y se relega a pocos cuartos en la casa. Nunca come en el comedor, sino en la cocina; nunca da fiestas y la mesa ovalada Ruhlmann, tan a menudo utilizada en las comidas en la Factory y que se vendió en la subasta por 79.750 dólares, termina por ser, sencillamente, la superficie depositaria de las adquisiciones –que sería tanto como decir de los secretos.

Warhol tiene miedo, parecería, tiene miedos. Por eso se parapeta en su casa y se asoma al mundo casi solo desde el teléfono, se cuenta a menudo –cosa imprecisa porque todos los días salía a comprar y se pasaba un rato por la Factory–. Quizás teme que alguien vuelva a dispararle o teme que, como explica en la célebre frase, se vea obligado a abrir la boca en cualquier fiesta y pierda su halo, irremediablemente. Tal vez teme que alguien le quite lo que tiene o descubra que tiene menos de lo que debería tener. Teme estar solo, quién sabe, y cuanto más miedo le da, más se aleja de los otros. O tiene miedo de que, viendo su casa, alguien descubra la estridencia con su pintura. Le aterra que descubran su secreto último. Le horroriza, en primer lugar, que cualquiera pueda presentir todo el miedo que tiene, un miedo más atenazante que el miedo que siempre manifiesta, ese que por compartido acaba por no ser excesivamente peligroso, el miedo a la muerte. Warhol tiene miedo a no estar a la altura de las circunstancias, a que alguien sospeche que no es desde luego guapo, que no tiene el estilo al que aspira, ni el pasado ni la historia, que, pese a comprar como acto puro, no es siquiera realmente americano.

Él mismo da alguna pista en sus escritos: ¿cómo, de qué manera se pierde el halo? ¿A qué se refiere exactamente cuando alude a «abrir la boca»? ¿Qué pasaría si el miedo último de Warhol fuera en realidad, y como explica en su filosofía, no poder hablar y comer a la vez como hace la gente elegante? ¿Qué pasaría si esa precipitación hacia la melancolía desconsoladora que muestran sus autorretratos organizados cronológicamente fuera un miedo mucho más tangible y más brutal que el propio miedo a la muerte? ¿Y si se tratara del miedo a ser descubierto, a ser desenmascarado en su ridículo problema, no poder hablar y masticar al mismo tiempo, no tener, en suma, buenos modales en la mesa?

Si en la Factory crea un mundo propio, en el cual dicta las leyes y se siente seguro, un territorio al que todos acuden –incluido el *uptown*– y que se acaba por imponer como territorio compartido y gusto obligado, al salir de allí, al enfrentarse con el mundo real, ese gran mundo al cual aspira, las cosas no parecen tan sencillas. Warhol ha adquirido la celebridad por persona interpuesta y su operación ha sido tan precisa que termina por ser él, a través de sus retratos, quien confirma a los retratados en su glamur. Pero todo eso sucede en la Factory, al salir de allí las cosas cambian y se siente rechazado. Mejor dicho, su miedo a sentirse rechazado es tal que se autoexcluye antes de ser excluido.

Andy deambula por su elegante casa y se mira por un momento en un espejo que le devuelve su imagen –siempre diferente, siempre idéntica–. Tenerlo todo nunca es garantía de nada. Se pone triste. Se pone tan triste que el sentimiento salpica sus obras, pese al modo eficaz de construirlas, que parece dejarlo todo claro, a mano, en la superficie. Ya no posee nada: la cama con dosel no es suya y los escuálidos botes de sopa tampoco lo son. La fractura entre el pasado y el futuro es tan dramática que acabamos, nosotros también, sumidos en su pesar. La colección representa la nostalgia de un pasado que no le había adjudicado el destino y las pinturas la melancolía de lo que tuvo y desechó, aquello que él, un personaje que se permitió casi todo, no pudo permitirse conservar, salvar.

Triste, tristísimo Warhol que, habiendo alcanzado sus sueños de éxito, comprueba de repente cómo hubieran debido ser diferentes y, cuando trata de recordar algo de lo que fuera, se da de bruces con la más terrible de las nostalgias: esa nostalgia sin objeto, como acto puro, que se extinguirá sin conseguir siquiera que sobrevivan los elementos que la desencadenaron porque ya no están, porque fuera del entramado es imposible recordarlos o, mejor aún, se recuerdan flotando, sin espacio donde situarse.

Así que Warhol y Kane se encuentran irremisiblemente en la tristeza asfixiante de las cosas empaquetadas en la penumbra –como si estuvieran siempre a punto de irse–, de los objetos almacenados en una casa no vivida que pasa a ser solo contenedor de historias construidas, de historias que no le pertenecen a nadie, ni siquiera a sus dueños. Se encuentran juntos en un proceso de ocultamiento, de reclusión y de soledad. Kane ha sido abandonado por todos –también como decisión– y Andy, quien se muda a la calle 67 Este de Nueva York, el barrio más elegante de Manhattan, hacia 1974, cambia las funciones de la mesa oval, que se queda vacía, guardando solo el recuerdo de las voces de los comensales de la Factory, como si al conseguir aquello a lo que se aspira ya no le quedaran fuerzas para proseguir con otra farsa.

¿Por qué dejó Andy de dar fiestas en su casa del *uptown*?, podríamos preguntarnos. ¿Por qué estaba cansado? ¿Porque se iba haciendo viejo o porque la brecha entre el pasado y el futuro había quedado abierta definitivamente? ¿Porque sus antiguos amigos del *downtown*, con sus excesos de pecado y anfetamina, no encajaban en el nuevo set cinematográfico, y los nuevos, los vecinos, no acababan tampoco de aceptar a Warhol, cuya historia conocían o sospechaban? Él lo cuenta en un momento dado, cuando llega tarde a una reunión con el presidente Reagan: «Barbara Sullivan fue un encanto, me presentó a Ronald Reagan como "Andy Warhol, el artista". Pero los fotógrafos estaban detrás, así que no hicieron ninguna foto. Al lado de Ronald Reagan estaba Harry Platt, el presidente de Tiffany's, y le dije que el motivo de mi retraso era haber estado comprando en Tiffany. Le gustó muchísimo». Un artista, un excéntrico: la alta sociedad soporta a los artistas pero no los admite, quién sabe. En todo caso, Andy venía de comprar y de comprar en un sitio caro. Por lo menos era americano –y rico.

Entonces, ¿por qué no invitó a nadie a su casa del *uptown*? Quizás, ya en aquel momento, siendo célebre, quiso solo tener una vida privada, incluso después de haber perdido la identidad. Quizás tuvo razón Pessoa al decir que sentía hacia los hombres célebres toda la tristeza de la celebridad: «El hombre que se vuelve célebre se queda sin vida íntima; se vuelven de vidrio las paredes de su vida doméstica». Su tragedia última pudo ser la constatación misma del lugar al que había llegado: él, que pasó su vida entera huyendo de la vulgaridad, acabó sumergido en ella porque «la celebridad es un plebeyismo».

Ese podría ser un punto de partida para reflexionar sobre otro asunto tantas veces tratado: la divergencia entre su ideal de casa y la realidad que construye en sus propios espacios. ¿Por qué llenó la casa si soñaba con tenerla vacía?, se pregunta una buena parte de la crítica al recordar las ideas expresadas en su filosofía sobre los grandes espacios libres de objetos, esas cosas que deberían estar en armarios fuera de la ciudad: «Creo que todos deberían vivir en un gran espacio vacío. Puede ser pequeño siempre que esté limpio y vacío. Me gusta la costumbre japonesa de enrollarlo todo y guardarlo en armarios. Pero yo ni siquiera tendría los armarios porque es una hipocresía. Pero si no puedes evitarlo y sientes que realmente necesitas un armario, entonces tu armario debería ser un fragmento de espacio totalmente separado para que no lo uses demasiado como apoyo. Si vives en Nueva York tu armario debería estar como mínimo en Nueva Jersey. Aparte de la falsa dependencia, otra de las razones para tener tu armario a una distancia prudencial de donde vives es la de no sentir que vives al lado de tu cubo de basura. Un cubo de basura ajeno no te molestaría tanto porque no sabrías muy bien qué habría en él, pero pensar en tu propio armario y conocer todas las cositas que tienes ahí puede llegar a enloquecerte».

«Ser realmente rico es tener un espacio. Un inmenso espacio vacío», dice, y esa podría ser otra de sus grandes tragedias. Compra para ser americano y luego atesta la casa de objetos que demuestran que no ha llegado a ser lo suficientemente rico. ¿Para qué ordenar la casa si no se esperan visitas?, pudo pensar Warhol.

Bien podría tratarse de otra aparente paradoja. Influido por la visión de California, sigue una moderna estrategia: vacía lo que debería estar lleno, las tiendas, y llena lo que debería estar vacío, las casas. Sin embargo, se podría ir más lejos todavía. Si una casa vacía es una casa sin habitar, dado que no puede tener la casa vacía con la cual sueña porque en el fondo no es lo suficientemente rico, Warhol se convierte en el dueño de una casa, al fin, vacía y por tanto inhabitable. Es la casa como contenedor, la casa como armario, casa tumba, casa celda, casa, sobre todo, atestada, en esta historia que muy probablemente quedará para siempre sin descifrar.

Casa abarrotada y entre los centenares de cosas, un secreto seguramente triste, el Rosebud encerrado entre gemas, joyas déco, artefactos indios americanos y pintura de jóvenes artistas. Un objeto mágico que fue acaso subastado con el resto o, como en el caso de Kane, alguien quemó –un trasto viejo y sin importancia, sin precio–. O podría haber quedado para siempre entre nosotros, condenado a una suerte de enigma, en la propia superficie de las obras, en las latas de Campbell y Coca-Cola que pinta obsesivamente. Porque no cabe duda de que Truman Capote se equivocó al llamarle «esfinge sin secreto», si bien hubiera sido maravilloso hallarse frente a un ser misterioso que no guarda misterio alguno. Las esfinges sin secretos no sufren, no tienen nada terrible que custodiar, son la quintaesencia del más bello vacío y podrían ser el epítome de los tiempos modernos, la época de la frigidez que todos esperaron que Warhol representara, que él jugó a representar. Y a veces quiso ser una máquina, un artefacto sin nada que esconder, y otras prefirió conservar el enigma, desenfadadamente: «No me gusta hablar de mis raíces y, de todos modos, siempre invento algo nuevo cada vez que me preguntan. No es que forme parte de mi imagen no decirlo todo, es que se me olvida lo que conté el día anterior y tengo que volver a inventarlo todo desde el principio».

¿Misterio genuino o simple sorpresa? Ambas nociones vuelven a encontrarse en cualquier fotograma de la vida de Andy como reflejo de la tragedia de toda una época: el misterio había desaparecido pero lo asombroso no había hecho más que empezar, comenta al llegar a California. El problema es que el asombro, contrariamente al misterio, es siempre limitado en el tiempo, y cuando termina, cuando acecha insidioso el aburrimiento, regresa la nostalgia y con ella la melancolía y detrás ese fuerte sentimiento de muerte que nos invade a veces. Objetos acumulados en ataúdes de cartón, cajones con doble fondo donde alguien dice encontrar gemas, la imagen desoladora de una esencia sin perfume. Queda solo morirse, aunque al tiempo acabemos por esperar que no llegue pronto, que no nos lleve la muerte, así, sin poder evitarlo.

Quizás por eso es curioso el modo en que Paul Alexander describe los últimos días de Andy, cómo habla de ellos paso a paso, casi una continuación de sus diarios. Cómo se resistía a ir al médico esperando que el dolor se pasara, obligándose a dormir con pastillas para que la molestia se adormeciera también, queriendo despertarse diferente, otro, renovado, incluso menos infeliz pues, como el autor dice, se acercaba a los sesenta años y era un hombre solitario.

Resistirse a morir, engañar a la muerte y no querer llegar hasta el hospital para no tener esa muerte anónima, la muerte de las camas numeradas de la que habla Rilke. Tener una muerte por lo menos violenta, como la del suicida que sin rostro y sin historia ha quedado para siempre volando en el espacio como un sueño de libertad, tal y como Andy lo reproduce en 1962. O morir en la cama con dosel, como hubiera debido despedirse del mundo una reina en tiempos de Clodoveo. Luego las fuerzas le flaquean y decide internarse. Borra todas las opciones posibles para eludir la muerte anónima y seriada: fallecer en casa, chocar la ambulancia camino de la clínica, excederse con los somníferos... Pensamos, igual que en las segundas muertes de Pollock y Dean, si Warhol no quiso morir ese día, si murió sin ganas.

Su segunda muerte le decepciona, seguramente, mientras está sucediendo, al ser más absurda si cabe que las segundas muertes de sus héroes –tan famosos, tan americanos, tan ricos...–, quienes murieron por casualidad cuando hubieran debido morir por audacia. La enfermera que le cuida lee la Biblia y mira asombrada la peluca de Warhol, no sabe quién es el enfermo: tampoco entonces hubo un fotógrafo que tomara las fotos y avisara del acontecimiento. Morirse en una de las quinientas cincuenta y nueve camas del New York Hospital y dejarlo todo acumulado en féretros de cartón: el misterio había desaparecido pero lo asombroso no había hecho más que empezar. A juzgar por las biografías, su pronóstico se haría realidad en los meses posteriores a la muerte: todo lo que fue ocurriendo sería una acumulación de sorpresas, incluida su propia muerte repentina.

Frascos abiertos y secretos de esfinges: todo estuvo a la venta y en cada volumen del catálogo los amigos fueron comentando las pasiones aisladas, las pasiones por secciones, «museadas» de algún modo, taxonomizadas y marcadas con un precio. Y hubo visitas guiadas a la casa con algo de funerario, como siempre sucede con las casas-museo, aunque sean museos momentáneos e improvisados.

Qué extraño y triste recorrido el de esa visita *post mortem* con mucho de disección de cadáver aún caliente, de embalsamamiento preciso. Una casa abierta, ordenada primero y vaciada después para vender objetos y casa por separado. Qué melancólico recorrido el de la casa vacía, después de trasladar cada cosa atesorada en vida a la lujosa sala de subastas. Resonarían los pasos, tal vez, como en la casa del doctor Freud de la Berggasse vienesa en los días anteriores a su apertura como museo, antes de clausurar todo menos los exiguos espacios abiertos hoy al visitante devoto. Casas-museo, casas-mausoleo, como dijera Adorno en el conocido «El Museo Valéry-Proust»: «Museo y mausoleo están relacionados por mucho más que por una asociación fonética. Los museos son como los sepulcros familiares de las obras de arte».

Los cadáveres célebres nos siguen mirando, a veces, desde sus casas y sus tumbas asaltadas y nos piden clemencia, nos piden, sobre todo, un poco de olvido, como el cuerpo de Dean y el de Pollock, que regresan y regresan invocados por la magia de los medios, crueles siempre como el cine, en palabras de O'Hara.

Hoy la mansión de Warhol es una casa con otro propietario y cada uno de sus objetos forma parte de la historia de otros. ¿De cuántas de aquellas cosas se acordó en el momento de la muerte, cuando habiendo entrado en un hospital para una operación de rutina no volvió a salir, dejando todo esparcido, él, que como buen melancólico hubiera querido ordenarlo, como buen avaro llevárselo a la tumba? Pero el drama último es que las cosas nunca están suficientemente ordenadas y, al morirse, el melancólico Warhol, preciso y exigente en su orden peculiar como lo muestra la producción artística, lo dejó todo sin cerrar, o, peor aún, sin abrir.

Después de la muerte las vidas se reescriben para hacerlas más bellas, más sugerentes, dice Minkowski, y reescribir la historia de Warhol a través de sus colecciones es una tentación excesivamente fabulosa como para no caer en ella. Se regresa, de este modo, a los objetos inventariados en el catálogo de la subasta, se comparan con las descripciones de los amigos y se piensa, por un momento, cómo lo que se vendió en Sotheby's fue, seguramente, lo que le perteneció y a partir de ahí se comienza el relato de lo que Warhol fue, quiso o pudo ser.

Y es que habría que enumerar lo que se tiene y habría, sobre todo, que enumerar lo que no se tiene: cuántas cosas habría que poseer para completar la colección –la identidad–, cuántas faltan. Y la respuesta es tan sencilla como incierta: solo faltan todas aquellas que aún no se tienen. Pero ¿qué falta exactamente y, más aún, para qué tener?

La segunda pregunta ha sido ya contestada: si Freud recupera o preserva su identidad a través de la colección, Warhol construye una nueva identidad, desplazando miedos y afirmando cierta pulsión mortuoria, acumulación de objetos como testamento a favor de la historia. La colección habla, sobre todo, de las carencias del pobre niño checo que quiso, más que nada en el mundo, ser americano, y se convierte en testigo de los vaivenes en su gusto –de estrella de Hollywood a reina de Inglaterra, dos formas de glamur–, reflejando la ineludible serialidad a través de las colecciones dentro de la colección –sillas, tarros de galletas...–, que cierto sector crítico ha llegado a ver como un paralelo del método de construir sus obras: series de latas, series de rostros...

Así que Warhol quiere ser rico y es pobre, quiere ser guapo y es feo, quiere ser americano y es checo. Y sabe, porque lo sabe todo, que ahí fuera hay una América que pertenece a otros y que desea como nunca nadie ha deseado algo. Y un día, de este modo podría iniciarse el relato, llega a casa de Gluck y se queda ensimismado con la idea de una casa como un museo. La gente que él imagina sofisticada tiene casas como museos y decide hacerse coleccionista de arte: impresionistas, obras de Duchamp –entre otras la fuente y la *Boîte-en-valise*–, Man Ray y otros personajes cercanos al surrealismo. Piezas Pompier, de Alma-Tadema –uno de sus artistas favoritos–, Crane, Bouguereau y cuadros de harenes con cierto regusto decadentista donde rescata, aunque sea un momento y de soslayo, el sabor *camp* que más bien debería haber pertenecido a su construcción de lo chic en la infancia, la de las revistas del corazón.

A veces obras repetidas –al menos en la subasta, como la conocida fotografía *El enigma de Isidore Ducasse* que plantea algunas dudas–. ¿Le apasionó tanto esta foto porque hablaba de un enigma, de un objeto tapado, cubierto? ¿Llegaba su pasión por la fotografía a tal extremo que compró copias de diferentes tirajes? ¿No recordó que la había comprado y volvió a hacerlo? ¿Vino en un lote de fotos que nunca llegó a abrir? ¿Se trataba de objetos *añadidos* después de su muerte? La primera posibilidad, una pasión desatada por el enigma, es, sin duda, la más sugerente.

Poseyó, además, obras de sus contemporáneos, algo típico entre los artistas que intercambian la propia producción con la de los amigos. Johns, Rauschenberg, Lichtenstein, Beuys y hasta De Kooning fueron algunos de los artistas coleccionados. Hasta aquí nada extraño, solo que Warhol intercambió pocas obras con sus coetáneos en parte porque muchos artistas de su generación, los que él más admiraba, no le correspondían en la pasión.

Warhol compraba las obras y eso es precisamente lo que De Antonio le echa en cara: «No suele hacerse». No suele hacerse porque los artistas no necesitan adquirir obras de los contemporáneos, y Geldzahler habla de su drama –una admiración no compartida– al explicar lo cerca que se sentía de algunos de los artistas de su generación, «aunque no quiere decir que se sintiera cercano a ellos personal o socialmente». Para él, sigue diciendo, coleccionar era una especie de talismán, «una especie de hermandad que solo existía en el plano intelectual».

Muy diferente fue la relación con los más jóvenes –Chia, Clemente, Haring, Basquiat–, tal vez porque sintiéndose solo quiso entonces rodearse de artistas que pudieran ser sus amigos o porque la generación posterior, al contrario que sus coetáneos, comprendió su obra, sus aportaciones al arte.

Ese sería un posible Warhol, el que habiendo renunciado a los sueños de glamur de juventud quiere ser coleccionista de arte o de muebles de estilo –sobre todo del XIX norteamericano–, entre los cuales es posible soñar con ser la reina que habita su alcoba. Plata, servicios de mesa, candelabros..., una mesa lista sin comensales, fotografía para casa de subastas, lista para que nadie coma en ella, contrapuesta a una de las fotos del artista que muestra a un hombre de color, sentando a la mesa, en el momento mismo de meterse el tenedor a la boca. A Warhol le basta con saber que cualquiera podría ser invitado a su maravilloso festín, caso de poder comer y hablar a la vez.

Warhol es, además, checo, pero se construye un pasado genuinamente americano: joyas de los pueblos originarios del país, artefactos, fotos de Edward Curtis, alfombras que echa sobre los muebles déco y que, según cuenta Rita Reif, le intrigan al ser arte hecho por mujeres, demostración última de que son las mayores artistas del mundo, en palabras de Warhol. Son los síntomas de América, las raíces americanas que buscaba Pollock al tumbar a Picasso, las mismas que los «indios» certificaron ante notario años más tarde y que se plasman en esos objetos que atesora en lotes, para tenerlos sin el esfuerzo de buscar, recuerda Ted Carey, del cual adquiere una colección entera.

Warhol ya es americano y es sofisticado, con sus colecciones de arte, y rico, con sus muebles de estilo y sus joyas de diseños exclusivos. Luego, en el fondo de los cajones, debajo de la camisa, en una esquina del cerebro, en las cajas de cartón y la memoria, sobre todo allí, quedan ocultos los signos innegables de sus pasiones *camp*, las que soñó de niño y quiso conservar, al menos como forma inútil del recuerdo. Su increíble colección de muebles déco, de gusto dudoso cuando él los empieza a coleccionar, podría ser un buen ejemplo, completado con otros iconos que le retrotraían a los años en Pittsburgh, mirando ávido las revistas del corazón y aquellas que contaban las hazañas de los héroes cinematográficos. Entre los objetos *camp* merecería la pena destacar algunas fotos de culto, como las de Von Gloeden, un retrato de Jackie Kennedy pintado por Norman Rockwell en 1963, el mismo año de la muerte del presidente, fotos de estrellas de cine –su adorada Garbo y la fatídica Marilyn, desconsoladas mujeres fatales–, una increíble colección de relojes, joyas de los cuarenta –exageradas y tremendas, como eran en ese momento– o innumerables baquelitas de los veinte.

Tumbado en su sofá déco podía por un momento pensar que era una verdadera estrella, ataviado con sus joyas espectaculares de los cuarenta: una estrella incuestionable y deslumbrante, como las de su infancia. Y mientras tanto, siempre, el niño pobre en la penumbra, acechando: *memorabilia* de marcas registradas, tarros de galletas... En otra capa del recuerdo, los objetos de consumo propiamente dichos, los que su madre compraba en el supermercado, que eran también objetos preciosos de América y que colecciona sobre la superficie de sus obras.

Se podría concluir que Warhol colecciona para crearse una historia que no es la propia, aunque transcurran otras paralelas, esos trozos de América que todo el mundo tiene y que un día, de pronto, se reúnen formando un lugar privilegiado. Compra, además, como compran los americanos: importando objetos desde Europa. En París, por ejemplo, adquiere una calavera que a menudo usa en sus pinturas y que prueba que su riqueza y su fama le permiten viajar. La historia de este objeto es reveladora, al desvelar ciertos Warhol: el que se interesa por la baja cultura; el que se reafirma en la tradición clásica; el que aspira a que todos, incluso alguien tan anónimo como un cráneo, tengan a través de sus obras –ser elevado a categoría artística– sus quince minutos de fama, y el que reafirma su *status* de hombre rico que compra en los rastrillos europeos.

Colecciones de Warhol, por tanto, como colecciones de un viajero por la abundancia –o el exceso, que en el fondo es lo mismo–. Conjunto de objetos variados que hablan de la posibilidad que el dueño tiene de adquirirlos y que nos conduce hacia otro viajero mítico de la literatura, Gulliver, protagonista del libro que Jonathan Swift publicó en 1726.

En esta curiosa obra el protagonista se desplaza sin problema no solo por el espacio, sino por la que parece una particular noción de tiempo, y visita extrañas y lejanas tierras plagadas de vicisitudes –a veces buenas y otras no tanto–. A la vuelta del país de los gigantes, Brobdingnag, muestra orgulloso las agujas y alfileres de un pie a media yarda de alto y el anillo que la reina quita de su dedo meñique para colocárselo como collar. Del mismo modo, cuando regresa de Lilliput transporta un buen número de pequeños animales vivos, valiosísimas muestras de lo «exótico» –en el fondo, recurrencia miniaturizada de esos zoos tan de moda en la Inglaterra del XVIII–, a los cuales, muy a su pesar, no puede agregar el que sería, también en el contexto de aquellos años, el trofeo más preciado: alguno de los diminutos súbditos de un rey exigente que no los deja partir con el explorador y convertirse de este modo en objetos de una colección única.

Como es obvio, *Los viajes de Gulliver* no hace sino enmascarar una perspicaz sátira de la sociedad inglesa de principios del XVIII, obsesionada por los productos maravillosos –lo «exótico»–, que inundaban las casas de los aristócratas, profesionales y comerciantes. Habla, en suma, del cambio de la idea de la pátina por la de la lejanía geográfica –lo «exótico»–; prioriza el espacio frente al tiempo, dando lugar a una sociedad con más movilidad social: cualquiera puede tener una colección preciada. Y habla, sobre todo, de la abundancia y el lujo en la incipiente sociedad de consumo como la entendemos hoy.

De cualquier manera, se podría decir y con toda razón que la pasión por los objetos maravillosos no es ni mucho menos una novedad del XVIII. Se trata de una herencia innegable de la *Wunderkammer* que tan de moda puso el siglo XVII, coincidiendo con la embrionaria sociedad de consumo neerlandesa. La *Wunderkammer* se convertía en un territorio privilegiado donde cada una de las cosas expuestas a la mirada del espectador –del consumidor–, descontextualizadas, fetichizadas..., acababa por resignificarse en una combinación poderosa, aquella que propiciaba el espacio panóptico donde se encerraban las novedades, obligadas a reescribir y redefinir la que fuera su historia primera.

Se trataba de un conjunto de artefactos «bizarros» donde lo peculiar de la naturaleza –perlas, conchas de formas caprichosas, plantas, animales, frutas...– convivía con lo peculiar inventado por el hombre –instrumentos de astronomía, espejos, medallas, copas ricamente labradas, joyas, esculturas, pinturas, monedas...–. Era un conjunto asistemático e incongruente a primera vista en el que *naturalia* y *artificialia* se encerraban unidas solo por un destino compartido, el que transgredía la compulsión de poseer oculta tras una pasión con pretensiones cientificistas.

Dar prioridad al espacio frente al tiempo: el cambio sustancial que constituye una de las bases de la modernidad, aquella que desvela esa mayor facilidad de desplazamientos, incluidos los de los significados. De esos peculiares desplazamientos trata, entre otras, la maravillosa historia descrita por Goldsmith en *The Citizen of the World.* El relato narra la perplejidad de un mandarín confuciano al visitar la casa de una elegante dama inglesa, quien le muestra, entre sus tesoros más raros y preciosos encerrados en una vitrina a modo casi de testigo etnográfico o de obra de arte, un cuenco utilizado en su lugar de origen como un objeto corriente. Este desplazamiento de funciones y de significados se convierte –resulta fácil de adivinar– en el territorio de reflexiones sobre la que será argumentación recurrente en las historias moralizantes de esos años: las cosas cotidianas –«útiles»– pueden dejar de ser lo que parecen y convertirse en rarezas, en objetos coleccionables encerrados en una vitrina, «museados», expuestos.

¿Sucedía algo semejante con esa colección variopinta o, más aún, con aquella secreta, nunca expuesta ni vendida, esas cápsulas del tiempo donde cada cosa tenía un significado diferente del consensuado? ¿Era su actitud reservada con la colección un modo de convertir su propia casa en una cápsula del tiempo? ¿Volvía Warhol a sus juegos perversos al anteponer el espacio frente al tiempo o, mejor aún, resolvía el drama de la modernidad haciendo que ambas nociones convivieran en el enigma, tal vez el de esa lata que, como el objeto desvelado por el confuciano, no era ya lo que parecía?

Triste Warhol que deambula por los años en busca de respuestas y luego las sella, las excluye, elimina toda posibilidad de trama que enmarque el recuerdo. Warhol, que sale de compras y agudiza la melancolía de Gulliver, aquella que le hace partir hacia lo «exótico», esa melancolía que, paradójicamente, podría ser producto de lo «exótico» mismo, la que acarrean las civilizaciones del exceso y sus objetos de lujo, incapaces de dar prioridad, de distinguir lo raro de lo corriente, lo propio de lo ajeno, el yo del otro.

Warhol está melancólico porque lo tiene todo, porque se sabe no buscado y porque no tiene nada que recordar. Aun así, su melancolía no deriva del clásico patrón de la incapacidad de llorar la pérdida –o no solo–. Su patología del orden, tan presente en las pulquérrimas obras, en el modo de encapsular el tiempo, se hace imposible en la casa adquirida –igual que los gustos–, que de tan llena acaba por estar vacía y ser, por tanto, inhabitable. Está atrapado en su propia casa y entonces, ese día, quizás, es consciente de que a pesar de ordenar, sellar, lacrar, borrar..., las cosas nunca llegan a estar por completo ordenadas. Se asoma a los cuartos de la mansión y observa cómo las cajas construyen solo una especie de collage, igual que esas obras de los primeros sesenta en las cuales nos invita, a través de números, a colorear las superficies, a completar el dibujo.

Warhol, resplandeciente estrella fugaz atrapada en una botella y observado por Warhol mismo, el que solo aspiraba a vivir en un mundo vacío, en una casa tan grande que nunca estuviera llena, con un pasado tan lleno que fuera posible mantenerlo vacío. Si miráramos por un momento la superficie de sus pinturas lo veríamos. Si hubiéramos sabido mirar, lo habríamos visto. ¿Quién dice que un objeto es más real que su representación? ¿Quién dice que tocar es lo único importante, ocupar espacio, llenar la vida, el tiempo, las casas? ¿Quién dijo que hubiera que comerse el contenido de la lata? ¿Quién se preguntó si la lata estuvo llena alguna vez? ¿Quién es capaz de afirmar que el placer es mejor que el deseo, la realidad que las posibilidades? ¿Quién dijo que Warhol era un artista frígido, el que exigía el nuevo siglo?

Y sin embargo, pese a vivir en la terrible fractura entre su pasado y su futuro, había conseguido resolver el jeroglífico del consumidor y el productor, que se daban la mano en su proyecto, porque se atrevía a hacer muchas de esas cosas que no suelen hacerse. No solo había conseguido reunirlos, sino que lo había escrito en su filosofía: «De modo que por un lado creo realmente en los espacios vacíos, pero por otro, debido a que estoy haciendo un poco de arte, sigo fabricando basura para que la gente la coloque en sus espacios que creo que deberían estar vacíos; es decir, ayudo a que la gente desperdicie su espacio cuando lo que en realidad quiero hacer es ayudarla a vaciar sus espacios». En ese momento, ambos, el productor y el consumidor –el artista y el coleccionista–, están abocados a rellenar un mundo que debería mantenerse desposeído.

La pregunta, no obstante, podría seguir abierta, ya que, tal vez, sus obras no llenan, solo vacían: «Cuando miro las cosas –sigue diciendo– siempre veo el espacio que ocupan. Siempre deseo que reaparezca el espacio. [...] Mi escultura favorita es una sólida pared con un agujero para enmarcar el espacio del otro lado».

Y, por una vez, los deseos de Warhol se hacen realidad. ¿Qué son los objetos representados en sus obras sino agujeros para enmarcar el espacio del otro lado, ese espacio metafísico que buscó Fontana inútilmente, el espacio más allá de las tumbas en la obra de Masaccio, con el cual soñó el espectador, el espacio de valores ópticos de Greenberg...?

Atrapado en una botella, contemplado por la historia, solo queda morirse y tratar de arrancarle algo a la muerte: «Solo hay un acto sobre el que no prevalece la negligencia de las constelaciones ni el murmullo eterno de los ríos: es el acto mediante el cual el hombre arranca algo a la muerte», dice Malraux en un escrito melancólico con el que intenta salvar los monumentos del alto Egipto. Se trata, sigue diciendo Malraux, de una frase que el más humilde de los obreros dispuestos a salvar las efigies de Isis y Ramsés nos dice al oído y que cuenta algo que sabemos desde siempre, aunque lo oigamos por primera vez. Pues en el fondo se trata de muy poco: arrancar algo a la muerte, aunque nos lleve luego.

Malraux ha querido robarle algo a la muerte y nos ha dejado mirando al suelo, mirando un montón de fotos acumuladas, un museo sin paredes, proyecciones de las obras atesoradas con tanto amor que casi parecen reales. Y entonces, igual que sucedió el primer día que vimos la efigie de la sopa Campbell, nos preguntamos quién dictaminó por fin qué era real y qué no lo era. Parecía fácil: bastaba con mirar la superficie de sus obras y allí estaba Warhol que, de un modo tan simple, había arrancado también algo a la muerte y en ese acto sencillo se había hecho inmortal.

7. Y LA MUERTE

> There is no Life or Death
> Only activity
> ...
> There is no Space or Time
> Only intensity.
>
> MINA LOY

«Andy murió ayer. Nunca dejará de sorprendernos.» Con estas palabras describía Glenn O'Brien la segunda muerte de Warhol, que debería haber sorprendido a todo el mundo en una fiesta.

No fue así: tampoco esa vez la historia tuvo un final feliz o, lo que es lo mismo, fílmico. Había muerto de una forma tonta Warhol, testigo superviviente de su primera y espectacular muerte después del ataque de Valerie Solanas en 1968 –del que solo guardó las cicatrices que muestra en la foto de Avedon–, incapaz de decidirse a morir ese día porque no hubiera soportado una muerte de segunda plana. Y nunca se arrepintió lo bastante de no haber muerto en esa muerte, solía comentar a lo largo de los años: «Si hubiera muerto ese día, hoy sería una figura de culto».

Muchos sabían que había sido ingresado, después de infinitas dudas, en el New York Hospital para someterse a una operación rutinaria de vesícula, pese a haber llegado hasta allí con la infección muy avanzada. Se moría repentina, incongruentemente, a finales de febrero de 1987, tras intentar evitarlo, exorcizar la muerte sorteando aquel hospital del que presentía que no llegaría a salir nunca.

Ese día cundió la extraña sensación de que había muerto demasiado pronto, pero tenía casi sesenta años: una vida cumplida que quizás no había sido sino un trabajoso peregrinaje hacia la muerte –como todas, suponemos–. Así, el recorrido imaginario que se proponía a través de sus autorretratos, ese juego impasible como caída hacia ninguna parte, se completaría con la premonición de Helmut Newton en 1974. En esa fotografía Warhol parece dormir envuelto en su eterno abrigo de cuero, pero las manos cruzadas sobre el pecho le confieren un equívoco aspecto de cadáver, ese cadáver que, sucede con los cadáveres célebres, regresa una y otra vez invocado por la historia.

Andy aparece muerto, fallecido en vida, colocado en un ataúd, en su caso imaginario, igual que James Dean en la funeraria de un pueblo, anuncio publicitario de muerte también. Warhol *post mortem* con su peluca enlazada, expuesto para ser venerado por los adoradores y capaz, quién sabe, de contestar la pregunta que daba título a una de sus dos producciones: «Is There Sex After Death?», comenta Morgan. Nunca hay sexo después de la muerte, dicen, salvo en las películas necrófilas o en el teatro japonés, fruto de una cultura que, libre de la estricta etiqueta occidental –reiteradas parejas de opuestos–, es capaz de vivir en la paradoja.

A su manera, también Warhol se instala en la paradoja. Su vida entera parece un constante y terrible transcurrir de paradojas. Y si hay sexo después de la muerte –y lo hay, no cabe duda–, habrá glamur después de la muerte. De este modo, la escenificación de muerte que propone Newton, igual que el atentado de Solanas, le devuelve el brillo que pierde a veces en el recuerdo construido, cuando sus admiradores piensan en el Warhol borrado en un hospital anónimo, desprovisto de su peluca platino, bajo la vigilancia descuidada de una enfermera que lo mira con curiosidad, sin comprender a quién tiene delante: el dueño de esa absurda peluca es una estrella refulgente, atrapado en la botella del poeta, sí, como Pollock atrapado en el suelo, pero estrella al fin y al cabo, la más resplandeciente estrella del pop norteamericano, como Pollock lo fuera de la Escuela de Nueva York.

Si «perder *esa cosa*» en la era Greenberg significaba repetirse, para Andy el problema de Pollock había dejado de ser tal. En su momento la unicidad y la originalidad se hallan tal vez en algún lugar fuera de la propia superficie de los cuadros, de la tela extendida sobre el suelo para hacer algo que no había hecho Picasso. Warhol no se ve obligado a romper los ejes, basta con propiciar paradojas, el cuadro encima del caballete, la serigrafía sobre la mesa. Y se habla de paradojas porque la producción de Andy comparte un escurridizo territorio en el cual cada cosa se ha resignificado y es otra, en el cual todo parece idéntico pero no hay dos iguales: las serigrafías acaban por ser cuadros.

Esa podría ser, en última instancia, su aportación a la originalidad: el abandono de la originalidad misma como se la conocía, igual que el abandono del inconsciente de Freud fue la contribución a su tiempo. La imagen y la obra lo cuentan para aquellos que se atreven a mirar frente a frente la superficie de los cuadros: parecen iguales pero siempre son diferentes. No hay dos Marilyn idénticas porque no hay dos Warhol idénticos –o quizás se trata de todo lo contrario, parecen diferentes y son iguales.

En esos «primeros años» del siglo XX, hacia 1969, la estrategia de construcción de la figura del artista ha cambiado junto con el resto. A partir de Warhol ya no se exigirá a los pintores accionar violentos sobre el suelo –como Pollock–; esconder los sentimientos –como a Johns al no dejar que sus obras hablaran de sí mismo–, y ser siempre diferente, siempre otro. De este modo Andy se repite y repite, pinta como los antiguos pintores con brocha y cubo, trabaja como ellos cuando piensan.

Pero que el nuevo siglo no exija los viejos valores no quiere decir en absoluto que no tenga sus propias exigencias: el siglo XX, aquel que comienza entre los restos de un siniestro, el de Pollock estrellado, espera que todos sean bellamente frígidos, esfinges sin secretos, como la mujer que acompaña a Jackson Pollock en su último viaje por América y que se salva al ser la representante de la nueva época.

Warhol quiere ser frígido, sin pasiones. Lo intenta, se disfraza, lo ansía, se reconstruye nuevo, sin referentes. Que lo consiga, al fin, incluso en sus propias obras, es algo que merecería la pena preguntarse. No obstante, para la mirada menos atenta su estrategia ha triunfado. Se repite y se salva, podría pensarse, habla de los iconos modernos y se salva.

Respecto al primer punto no cabría el menor atisbo de duda. Sobre el segundo, las cosas son mucho más complejas. Para los artistas pop los temas son solo un modo de ser pintores figurativos. Les interesan el espacio y los objetos en el espacio. ¿Qué pasaría si se pensara en ese bote de sopa como en una manzana, una concha, un jarrón? ¿Qué pasaría si esa lata de Coca-Cola, tal y como se ha venido anunciando, fuera solo el accidente de los tiempos?

Warhol se repite tanto que se repite incluso a sí mismo y en las últimas obras vuelve los ojos hacia los grandes maestros de la tradición clásica –Leonardo, Rafael, Andy Warhol...–. Entonces ya sabe que se ha convertido en un maestro de la tradición y, al verse obligado a hacer tangible la nueva estrategia que exige el siglo –la repetición, la relectura–, vuelve la mirada hacia sí mismo. Muerto el fantasma de Pollock, quedaba solo la voz martilleante de Greenberg que, en un delirio de autopurificación del arte, exigía a los pintores ser cada vez más limpios, superar al maestro. Así que Warhol reconoce en su trabajo al maestro de la tradición. Intenta superarse. Es algo que desde el principio había perseguido: superarse –más rico, más guapo, más célebre– formaba parte de ese sueño americano que, a su modo, compartía con el crítico Clement Greenberg y su purificación del arte.

Warhol se lee y se relee y revisa y rehace alguna de sus obras. Trata de superar a un gran maestro. Andy Warhol. Y luego, un día, llega la muerte y le pilla sin la peluca puesta y, ante esa imagen, se siente la tentación de pensar si después de haberse construido como tantos, como ninguno, la muerte le devolvió aquel que había sido antes de su construcción. Quizás la muerte paliaría su fractura entre el pasado y el futuro. Tenía casi sesenta, y es complejo entender por qué se dijo que había muerto muy pronto. Seguía pareciendo joven con esa carita de profesor de latín, dijo Robert Hughes; su cara perpleja de pobre inmigrante checo católico, con otra lengua, otra religión, otra cultura, aunque al tiempo se creyese que encarnaba como nadie el sueño americano. Quizás por eso imaginamos que sería inmortal o, al menos, que moriría en una muerte más mediática, más moderna.

Y es que debería haber muerto en su primera muerte, igual que Pollock y Dean, dos de sus obsesiones recurrentes, en parte por su fama y su riqueza y en parte por su enfermiza pasión hacia las catástrofes. Warhol hubiera debido tener la muerte moderna a la cual aspiraba, que incluso merecía. O quizás no. Las muertes de Pollock y Dean, pese a ser violentas y por tanto modernas, guardaban cierto halo de heroísmo, incluso en la frigidez propia de las segundas muertes. Intuitivo, Andy tomó ese día de 1968 la decisión de seguir vivo para aguardar pacientemente la primera plana y para diseñar una muerte acorde con los tiempos: frígida. Hubiera podido serlo solo con haberse equivocado al tomar la dosis de somníferos en los días anteriores al ingreso en el New York Hospital, tratando de paliar el dolor. En todo caso, el destino, «cruel como un milagro» en palabras de O'Hara, le llevó hasta un hospital para ser testigo sin peluca de la muerte más odiosa: una cama entre tantas.

Al recomponer su mortuoria pasión por las colecciones, al seguir el *in crescendo* de sus tristísimos autorretratos y la melancolía de sus obras donde todo está ordenado a la manera de estantes de supermercados, siguiendo las pautas de la patología descrita por Tellenbach, pensamos si no habrá una solución más compleja para la adivinanza que planteaba la esfinge; si el día en que fue disparado no se dio ya por muerto –le pudo pasar a Pollock–; si una vez que se ha hecho uno a la idea de estar muerto, el resto de la vida transcurre de un modo absurdo y anodino, un esfuerzo inútil hacia ninguna parte. A partir de su primera muerte dejó de asistir a fiestas, ¿iba en su lugar el supuesto doble?

¿Habrá sexo después de la muerte? ¿Y después de qué muerte? ¿Cuándo muere uno en realidad? ¿Y si Andy –fuera quien fuera– decidió morirse en el momento mismo de abdicar de su pasado real –si es que alguna vez tuvo un pasado real– y aceptar el inconsciente fracturado que correspondía al nuevo siglo?

Frente a su obra, frente a algunas de sus obsesiones más recurrentes, la vida de Andy parece un glamuroso viaje hacia una muerte sesgada, esa obsesión constante guiada por algo que se podría llamar «síntomas» de muerte. Y no nos referimos a su pasión coleccionista o a las numerosas series donde se enfrenta a una tipología que podríamos denominar catástrofes y pone sobre el tapete las fronteras cada vez más escurridizas que la época contemporánea establece entre lo público y lo privado. ¿Cómo describir el accidente de la ambulancia? ¿Quién es la víctima en este juego perverso en el cual alguien a punto de ser internado en un hospital para convertirse en víctima de una muerte anodina logra, en el último instante, ser el resplandeciente protagonista de una muerte violenta, moderna?

Las series sobre desastres, motines, suicidios, ambulancias, incluso su serie del Vesubio humeante como premonición de catástrofe –algo que puede desencadenarse sin que nadie consiga preverlo– serían los ejemplos más obvios. Quizás, igual que Cuvier, Warhol pensaba que la especie es invariable y los cambios se originan solo en los acontecimientos catastróficos, igual que el siglo empezaría en 1956 entre el sonido de hierros retorcidos del impacto de un coche.

La obsesión de Warhol por la muerte es muy temprana. En 1962 empiezan a fascinarle los que fallecen violentamente –en accidentes aéreos o automovilísticos–, los que mueren por la ingesta de atún enlatado o los que –presencia ausente– murieron o morirán en esa silla eléctrica que se muestra vacía. Todas estas muertes parecen circunscribirse en la categoría que interesa al periodista, al publicista –algo que Andy nunca niega de sí mismo–. El morir bien de Rilke se convierte en Warhol en una clase de muerte de la que habla la prensa: muerte como síntoma de la noticia. Las muertes violentas –choques y ejecuciones– suelen arrancar de noticias publicadas en los periódicos y son no solo síntomas de la noticia, sino de la modernidad. Son, en suma, fetiches capitalistas: vuelos transoceánicos, autopistas, comida enlatada...

Muerte moderna la de envenenamiento por atún, donde el objeto mismo –inofensivo– se convierte en significante de un fallecimiento que, contrariamente a lo que sucede en los accidentes automovilísticos, no se muestra: se esconde dentro de la lata. En esta obra específica, e incluso en las otras mencionadas, se detecta una extraña constante: más que la muerte física sobrevuela en la obra de Warhol una muerte diferente que podría asociarse con significaciones antiguas. Es la muerte como recordatorio de muerte en el momento de máxima prosperidad económica –cuando los aviones vuelan, los coches corren y se dispone de comida enlatada–. Se podría tratar de una suerte de *vanitas.*

Su método de trabajo es un proceso sutil en virtud del cual los objetos de lo cotidiano moderno pueden descontextualizarse y volver a contextualizarse *ad infinitum* en el territorio de la muerte. Igual que en las naturalezas muertas del XVII holandés es inútil hablar de significados literales, ni siquiera prefijados, para cada uno de los símbolos: se resignificaban dependiendo del espacio y las asociaciones.

En la silla eléctrica el artefacto letal tiene aspecto de un objeto cualquiera, a primera vista tan inofensivo como la lata de atún. Aparece aislado de sus cualidades mortíferas y únicamente el cartel de «silencio» pone en evidencia su función última –la idea de lo público y hasta una afirmación moralizante, lo lícito o no de la pena de muerte–. En la intoxicación alimentaria, la lata se constituye en arma de fuego, continente de muerte que desborda su tamaño inicial y se amplifica, irrumpiendo en la realidad de la página, modificándola, afirmándose como lata llena que devora a los personajes de las pequeñas fotografías, sus víctimas.

Es la idea de los que han sido, y son ahora solo una foto, a veces presentes y a veces sujeto ausente que pasó por el espacio, como en los «bodegones del desorden». Pero ¿son realmente solo una foto? La respuesta a esta pregunta nos conduce a una irremediable aporía: son solo una foto y a la vez mucho más que una foto. En estos procesos, la muerte violenta proporciona a los cadáveres sus quince minutos de popularidad, porque esas personas cualesquiera consolidan su fama a través de la filmación de su muerte violenta. De no haber muerto en esas circunstancias nunca habrían tenido su pequeña parcela de celebridad, pensamos al mirarlas.

Visto desde esta perspectiva, morir es, paradójicamente, trascender. Y también en este sentido se puede asociar a la idea de la *vanitas:* el poseer, el alcanzar la fama del mundo, está relacionado con el morir, con el dejar de ser. Los que mueren trascienden –al menos los que mueren en un fallecimiento moderno, público, anotado por los periódicos–. «Si hubiera muerto ese día, hoy sería una figura de culto», dice Warhol consciente de lo que podría llegar a ser su segunda muerte.

Pero «lo malo de la muerte es que no estás allí para saber qué ha pasado», comenta también el artista, y por eso, quién sabe, retrata a las víctimas en medio del proceso, tal vez con la esperanza de que puedan verse y estar allí, en medio de los accidentes cuya difusión da a los protagonistas esa nueva y póstuma dimensión de su propia historia.

Este planteamiento queda claro en el caso de Jackie Kennedy, la viuda más triste de América, donde en un mismo espacio se alternan imágenes contrapuestas –Jackie sonriente y Jackie desconsolada– que muestran el proceso, lugar último de la muerte invisible. Warhol recoge los fragmentos de una historia pasada mil veces a cámara lenta, que recuerda cómo ella estuvo allí, con su traje palo de rosa, recogiendo al presidente cuando se derrumbaba, y con él una época. Marilyn y Jackie aparecen sonrientes en las versiones de Warhol, con sus bocas entreabiertas, un beso sin propietario, y las dos están unidas por un lazo malévolo, el de J. F. K., aunque aparezcan solas, sin la eterna sonrisa del presidente, la sonrisa más franca de América que quiebra una bala. Si Warhol es un artista de estrategias, y parece serlo si tenemos en cuenta la serie de Mao, entonces en este caso confluyen mejor que en ningún otro las tres cosas que le fascinaron a lo largo de su vida: fama, dinero y muerte, puntos de partida de la *vanitas.*

En la tradición, la *vanitas* está además asociada a la calavera, y llama la atención el hecho de que en 1978, año de su cincuenta aniversario, Andy protagonice el *Autorretrato con calavera.* Trevor Fairbrother asocia esta curiosa visión de sí mismo con la aceptación privada de la muerte –estar listo–, la superación del miedo que expresa en las páginas de *Mi filosofía de A a B* cuando al hablar de la muerte dice que «no puede decir nada sobre ella porque no está preparado». Y, sin duda, hay mucho de verdad en su propuesta, aunque las asociaciones podrían ser también otras.

En esta obra el artista coloca la calavera sobre el hombro izquierdo, una especie de añadido, sin que la expresión del rostro denote inquietud o perplejidad, sin siquiera un gesto o una sombra de temor. Utiliza la calavera con humor y adquiere el aire de un desconcertante y neoyorquino Hamlet. No es la calavera atenazante de la tradición romántica, sino una suerte de *objeto encontrado*, un símbolo desposeído de significaciones consensuadas. Algo casual.

La cara de Andy está casi sonriente, lejos de la pose de revista de glamur que presentara en la serie de 1967, un año antes del atentado de Solanas, y sin los gestos disparatados de las sucesivas fotos de fotomatón de los primeros sesenta, en las que se presenta como uno de los hombres más buscados, enfatizando la nariz imperfecta. Y, sin embargo, a pesar de la expresión casi divertida del rostro, este retrato con calavera es la pareja natural de otro realizado ese mismo año en el que Warhol es estrangulado por unas manos sin cuerpo, las manos del cine que aparecen terroríficas por los lados de la pantalla, esgrimiendo un puñal.

Recuerda Fairbrother que Victor Hugo –la personificación del comunismo en la exposición *Still-Lives* celebrada en la galería Leo Castelli de Nueva York un año antes de realizar estos inquietantes autorretratos– es el propietario incorpóreo de esas manos que aparecen lejos del cuerpo, segadas tal vez por la hoja afilada de la hoz que esgrime en la fotografía tomada el mismo día de la inauguración. La expresión de la cara en este autorretrato en el que aparece ahogado es dramática, de asombro, de terror, de muerte –incluso siendo una muerte muy cinematográfica, a manos de un ladrón de cuerpos–, distinta de otra serie en la que se ha colocado la calavera sobre la cabeza.

Pero volvamos al autorretrato con calavera de 1978. La asociación inmediata reconduciría a la muerte y, por tanto, a la caducidad de lo terrenal –y a partir de ahí recuperaría, una vez más, la larga tradición inserta en la *vanitas*–. No obstante, la calavera también puede asociarse a numerosos usos enraizados en la contracultura y la baja cultura. En cualquier caso, no son los usos asociados a la imaginería bajo o contracultural lo que interesa más de esta calavera –relacionada con la serie del año 1976–, a pesar de encontrar cierto parentesco con lo *punkizante* que se especifica en las descripciones del libro *Andy Warhol's Exposures* al hablar de algunos clubs en el *downtown* neoyorquino.

La calavera representa esa multiplicidad innegable de significaciones en la obra del artista que, buscadamente pura superficie, engaña al ojo al borrar las asociaciones que se pierden en lo superficial mismo. La calavera revelaría, así, los distintos niveles de lectura que exige la obra de Andy Warhol –incluidas sus asociaciones con la tradición–, si bien engañados por su expresada frivolidad tendamos a olvidarlos.

Y para buscar esas raíces inscritas en la tradición clásica podríamos recordar el veredicto de Hughes, quien da su aprobación a la calavera porque reconduce a Zurbarán y a Picasso. En suma, dos consumados bodegonistas. Calavera como caducidad, territorio simbólico, representación de muerte y dinero, los dos intereses prioritarios en Warhol y que rememora la tradición clásica. Calavera como metáfora de esos quince minutos de popularidad, pues equipararía a los famosos «de verdad» con los que Warhol denominaba «los famosos de los que nadie ha oído hablar nunca». Más aún. La calavera es el lugar privilegiado de intersección entre los dos géneros a los cuales se puede reducir toda la obra del artista: el retrato y la naturaleza muerta.

Fijemos la mirada en el retrato de Warhol desayunando que Red Saunders hace para *The Sunday Time Magazine* y en el cual, encima de la chimenea, aparece, una vez más, la famosa calavera comprada en París. Warhol ha decidido colocarla al fondo, pues nada en él es aleatorio: es improbable que estuviera allí sin más. Se deja retratar con sus pertenencias, igual que en otras ocasiones –testigos del tránsito y marchamo del éxito–, y acaba teniendo el aire de bodegón o subvirtiendo el género, rompiendo sus reglas: la figura humana suele estar vetada en las naturalezas detenidas.

Esta foto es, pues, casi un «bodegón en desorden», mesas listas para la comida, en las cuales, excepcionalmente, se permite la presencia humana, tal y como ocurre en la obra de Maarten van Heemskerck de 1530, donde, como en la foto de Warhol, los comensales se presentan en el momento mismo del proceso, comiendo. Este curioso género, que se halla a mitad de camino entre la *vanitas* y la naturaleza muerta que son solo placer mundano sin recuerdo de la caducidad, marca el paso de una mano bárbara que ha ensuciado la mesa y volcado las copas y dejado la comida a medio comer, a bocados. La barbarie de los modales del comensal que ha arrasado la mesa contrasta con la sofisticación de los objetos representados, comenta Bryson, otra suerte de paradoja. Pero ¿y si el buscado desorden no estuviera asociado a la falta de educación? ¿Y si se refiriera al irreversible paso del tiempo que reduce a caos las vanidades humanas?

Las cosas atestan los cuartos de la casa de Warhol –un poco como bodegones en desorden– y se acumulan en ambientes asfixiantes donde se rompe con la noción de estilo, casi una especie de peculiar *Wunderkammer.* En el conjunto de cosas que componen la colección de Warhol –igual que en las cámaras de las maravillas– se trata de producir significados superponiendo objetos en un espacio taxonómico o diagramático designado para potenciar la variación frente a la estructura o el tipo: es una forma de conocimiento a partir de la contraposición. Las cosas cuentan una historia –la que quiere contar sobre sí mismo– y son, además, la forma de recordar el olvido, lo que queda de nosotros después del tránsito. Igual que en las cápsulas del tiempo, y en un intento de recordar lo que se había olvidado, las cosas se resignifican y adquieren un valor que no corresponde al real en el mundo: lo relevante de la propia existencia se atrapa en un espacio, pero, paradójicamente, al encerrarlo se oculta y corre el riesgo de perderse en la memoria.

Aunque ¿no es lo que se busca, en última instancia? ¿No denota la propia patología del orden inscrita en el melancólico que quiere siempre dejar las facturas pagadas? El acto de encerrar lo relevante de la propia existencia en una caja podría estar unido a la idea de dejar todo en orden para el momento de abandonar la existencia, algo que por otra parte parece obsesionar al artista cuando comenta en *Mi filosofía de A a B* qué pasará cuando muera y su madre, al ordenar sus armarios, encuentre los artefactos de placer sexual, cómo esconderlos, dónde. También aquí, contrapuesta la vida pública a la privada, Warhol se muestra paradójico: desorden en los objetos atesorados –los de la vida del otro construido–, orden en los de la vida privada. Pero ¿hay, al fin, una vida privada? ¿No son estas estrategias de un nuevo orden, un orden peculiar y paradójico, la esencia misma de la *vanitas*?

Pensemos, como hipótesis, que Warhol, además de retratista –retratista de corte, escribía Rosenblum–, es, sobre todas las cosas, un bodegonista. Si se aceptara esta hipótesis como válida, habría que concluir que hay en él un deseo, una intención, de retomar la gran línea de la pintura. De hecho, la mayor parte de sus obras podrían ser incorporadas a estos dos géneros, con excepción de aquellas que reviven los paisajes –flores, puzles para colorear, etc.–, otro género clásico, por cierto. Incluso aquellas que en apariencia no se incluirían en ninguno de estos géneros, se pueden reconducir a estas categorías si se tiene en cuenta la filosofía del artista. Por ejemplo, sus *remakes* de las sublevaciones son retratos de los famosos de los que nadie ha oído hablar nunca, y las escandalosas *Piss Paintings*, autorretratos, parte de la propia anatomía del artista.

Se podría, no obstante, argumentar, teniendo en cuenta sus inicios en la publicidad, que tampoco debe extrañar el Warhol prendido de las naturalezas muertas. Publicidad y bodegones comparten muchas cosas, se podría concluir. Ambos se consideran «géneros menores», mero catálogo de objetos inanimados, construidos en un espacio sin excesivo orden ni concierto y, por tanto, privados en general de la máxima jerarquía pictórica.

Que la publicidad pueda tener sus raíces en las naturalezas muertas parece obvio; que ambas reconduzcan a un mundo objetual, también. No obstante, que la naturaleza muerta sea un «género menor» sería algo que valdría la pena discutir y revisar. Hace algunos años, Norman Bryson recontextualizó ese tipo de género. Los bodegones se asociarían con la primera sociedad de la sobreabundancia, del exceso, una idea básica a la hora de analizar cualquier cuestión asociada al lujo y al bienestar en las sociedades en mayor o menor medida industrializadas. Los conceptos de lujo y bienestar, que comparten un territorio escurridizo en este tipo de sociedades –cuyos inicios se hallan en los Países Bajos desde 1608 hasta los años sesenta de ese siglo XVII–, dan lugar a una serie de reflexiones animadas por los objetos que se representan en las naturalezas muertas, catálogo de objetos modernos, aquellas cosas que hay que tener para vivir acorde con el momento, para formar parte del lujo y el bienestar.

Bodegones, catálogo de la modernidad correspondiente a cada época, con todas las dudas sobre el límite entre bienestar y lujo, que se niega de una forma ostensible. Falsa austeridad. Objetos que están a disposición de quien pueda poseerlos y a través de los cuales se habla de los hábitos, las clases y los gustos.

Warhol, hijo espurio de la sociedad del bienestar norteamericana, testimonia su adhesión a la abundancia de su momento a través de una suerte de nuevos bodegones publicitarios. Si en el escaparate de 1960, con objetos de Tiffany, se limita a construir un bodegón al uso –los vasos chinos sustituidos por lujosos objetos modernos–, en el famoso diseño para Bonwitt Teller, realizado un año después, recoge algunos de los objetos cotidianos –Coca-Colas, cirugías, los cuadros de la cámara de las maravillas que han sido sustituidos por cómics– y los coloca en un espacio –falsa ventana– al lado de maniquíes, otra maravilla de nuestro tiempo, los nuevos autómatas. Los muestra siguiendo las reglas antinarrativas de la mayoría de los bodegones que, se advertía, suelen excluir la forma humana –en Bonwitt Teller negada a partir de su automatización.

Como reflexiona Bryson, las naturalezas muertas asaltan la centralidad, el valor y el prestigio de la figura humana, si bien esta es solo la primera de una serie de negaciones. La presencia humana no solo se excluye físicamente –podría estar a un lado, podría acabar de salir...–. Junto con la figura humana se expulsan los valores que impone al mundo. La pintura de historia, por ejemplo, se construye alrededor de la narrativa. Narrar es contar lo que es único, las cosas singulares de cada individuo, y las naturalezas muertas son todo menos lo singular del individuo. Al reducir lo singular a la pura rutina –comer; todos los hombres, incluso los grandes, comen– se elimina lo narrativo.

Quizás a través de esta luz sea más fácil entender los valores de bodegón implícitos en obras como la serie de la silla eléctrica, al tiempo un retrato sin retratado. En esta obra se ha prescindido de lo narrativo a través de la eliminación de la figura humana: la singularidad del evento se ha reducido a la rutina. Incluso después de comprender que se trata de una silla eléctrica, la ausencia de víctima priva al acontecimiento de su condición de tal y lo convierte en una muerte cualquiera –todos mueren, incluso los grandes–. No es la historia sino el relato, o, más aún, es una historia sin relato al carecer de protagonista.

Al final, en su rutina y sus contradicciones, las naturalezas muertas hablan de una clase conservadora que comparte unos valores, los del bienestar –y se ha hablado del modo en que Andy se adapta a las prácticas del poder–. La forma perversa en la que los pintores de naturalezas muertas despliegan y combinan lo más preciado y perdurable de su época al lado de lo cotidiano y efímero –la naranja junto al jarrón Ming en las obras de Kalf– se parece al método de trabajo de Warhol a la hora de elaborar los bodegones de su momento. Coca-Colas, paquetes de detergente y latas de sopa Campbell, a veces combinadas con billetes, constituyen una especie de nueva naturaleza muerta del siglo XX, la que interesa al publicista y al artista que opta por recuperar la tradición clásica traducida a los tiempos que corren.

Se trata de una maniobra muy compleja. En primer lugar, se recoge una idea clásica en pintores de bodegones como Sánchez Cotán, quien a través de un estudio de geometría limpia que preludia los espacios vacíos de los bodegones de Morandi, devuelve su dignidad a los objetos más humildes por el mero hecho de convertirlos en pintura, algo con lo que estaría de acuerdo Rosenberg: las cosas adquieren valor al situarse sobre la superficie del lienzo. No se trata de las copas primorosas o de los exquisitos dulces y frutas «exóticas» de otros pintores, sino de verduras recuperadas en la cocina que Sánchez Cotán convierte en objetos del bienestar situándolos en ese espacio limpio, estético, sobre el cuadro.

Al recoger los objetos más humildes del día a día y convertirlos en «arte», Warhol devuelve a esos artefactos de lo moderno su propia esencia de unicidad. El proceso es parecido al de los famosos que nadie conoce y que forman parte de la historia no solo porque han muerto en una muerte violenta, recogida por un periódico, sino porque el artista los ha convertido en objeto perdurable: una obra de arte.

Esas latas terminan convirtiéndose en el fenómeno contrario a los bodegones neerlandeses que Bryson asocia a la duplicación y la redundancia de la *Wunderkammer*. Cuando Kalf pinta piezas valiosas muestra no solo la redundancia –los objetos de colección que se convierten en otra suerte de objetos para coleccionar a través del cuadro–, sino el virtuosismo mediante el cual el pintor reta a la naturaleza. Y se dice que podrían ser lo contrario porque los objetos de los bodegones para Warhol no son de partida objetos preciosos, sino que se convierten en tales después de representarse en la superficie de la obra.

Aunque bien podría tratarse de un fenómeno análogo. Tal vez Warhol también duplica lo que para él, pobre inmigrante, simboliza la abundancia de América, los objetos más preciados de la nueva sociedad industrial, la suya. Estos objetos, en principio típicos de la *vanitas*, perecederos, pasan a formar parte de la cápsula del tiempo y se emparejan con otras curiosidades del pasado –cuadros como su *Gioconda*–, que, igual que sucede con las *vanitas*, plantean dudas sobre la posesión, si bien la animan a través del cuadro: a la vez niegan y afirman.

O quizás Warhol entiende cómo esa calavera se inserta en el espíritu de una falsa *vanitas* que se constituye en pretexto para hablar de la riqueza más que de sus implicaciones morales. Por eso sonríe en el autorretrato mientras la calavera se apoya en su hombro, porque en ese momento sabe que el objeto se limita a ser algo difícil de obtener, que ha adquirido en un viaje a París porque ya es rico y puede viajar a Europa. Y sonríe porque, igual que sucedía en la *vanitas*, la muerte es el pretexto conveniente para hablar del éxito social.

Así que Warhol es un fiel seguidor de la tradición clásica, nada más y nada menos que un bodegonista, y Greenberg, quien lo vio todo, lo detectó muy tempranamente, en 1962. En el citado artículo «After Abstract Expressionism», habla de lo que él llama «safe taste» (gusto seguro) que aplica, sobre todo, a los que denomina neodadaístas –exceptuando a Johns, aún a salvo con Pollock agazapado en el bolsillo, un talismán–. Luego se sigue refiriendo a ellos como «pintores de gallinas desplumadas en lugar de faisanes; tarros de café o trozos de pastel en lugar de jarrones con flores». O, dicho de otro modo, pintores de bodegones. Llega incluso a alabar el «directo manejo académico» de sus pinturas refrescantes después de las rugosidades del expresionismo abstracto. Es un instante: «La novedad debe distinguirse de la originalidad».

Greenberg reconoce, así, que son bodegonistas, que se inscriben en la tradición, lo probaría el uso del término «académico», si bien son solo una novedad y representan ese «gusto seguro», no aventurándose más allá de un espacio experimentado por los cubistas o los propios expresionistas abstractos.

Es milagroso el modo magistral en que Greenberg da las claves tan pronto al reconocer las filiaciones de los pop con la tradición clásica y al explicar cómo la cuestión esencial va más allá de los temas mismos –aunque sustituir gallinas desplumadas por faisanes tenga su importancia, al menos en el caso de Warhol, en la historia de su vida.

El crítico, pese a hacerlo en tono peyorativo, mete el dedo en la llaga de la parte del jeroglífico que queda por resolver y que ha estado sobrevolando estas páginas: el espacio. Si al hablar de Wesselmann se advertía la imposibilidad de una vuelta al espacio pre-Pollock –y Greenberg lo comprende al decir que no hay novedades respecto a los expresionistas abstractos–, con Warhol las cosas se complican aún más, ya que en su caso la utilización del espacio reconduce directamente a la tradición bodegonista del XX. En el tratamiento de los objetos cotidianos de su época, Warhol enraíza con la revisión que este siglo hace de las naturalezas muertas y que preludia de algún modo Sánchez Cotán: en sus naturalezas muertas Cézanne no trata de ofrecer una referencia clara a ninguna escena reconocible en la realidad, más bien quiere sustraerse a su función. Crea un espacio sin funciones, puramente estético, como los de Warhol.

El espacio de Warhol, además, nos ha excluido doblemente en nuestra función de espectadores: en cuanto bodegones –la figura humana vetada, borrada– y en cuanto espacio transitable, un poco como los collages cubistas que mostraban los objetos, en apariencia, sobre una mesa –o sobre el suelo, por qué no–. Ese cambio de ejes que cree descubrir Pollock ya lo ha experimentado Picasso.

En el caso de Warhol no hay cambio de ejes –se observaba en las fotos que le mostraban pintando–. Solo hay exclusiones y vacío porque faltan sombras –por pequeñas que sean–, igual que en las piscinas de Hockney. Las sombras de Warhol son solo agujeros en las paredes por ser solo agujeros en las paredes, agujeros hacia ninguna parte, esculturas del vacío. Incluso en la serie de las *Sombras*, estas son solo huellas.

En cualquier caso, comparado con Hockney y en esa carrera por las desposesiones, Warhol no pinta los paisajes sin sombras del inglés, que ve desde la ventana –pensando que le queda Bradford, los paisajes ingleses con curvas–. Warhol ha abdicado de las diferencias entre la ciudad y el campo, entre la luz y la sombra. Todo es irrelevante: la ciudad será solo sus objetos y opta por vaciar lo lleno –las repisas del supermercado– y llenar lo vacío –unos espacios donde cuerpos y objetos no pueden respirar, y nosotros con ellos–. Nos ahogamos en medio de tanto orden, nos asfixiamos de tristeza en medio de tanto lleno/vacío al comprobar cómo las cosas, hagamos lo que hagamos, no estarán nunca suficientemente taxonomizadas ni ordenadas.

Aunque, quizás, en su juego de paradojas, se trata de todo lo contrario: vacía las obras frente a la publicidad que las llena. La acumulación de los anuncios de Campbell se ha reducido a una lata y así, sola, dudamos sobre su contenido. Está sola, pero ocupa todo el espacio del lienzo. Desposeída y enorme: tristísima.

Las latas, las botellas, el propio espacio, son en las obras de Warhol solo vestigios. Luego se encuentra con Basquiat, quien rompe las paredes y las hace esculturas de agujeros dejando huellas que fracturan el plano, un plano sin concepto de espacio. Trabajan juntos: nada en Andy es casual. Huellas sobre los lienzos como pared, lo que ansiara Fontana, y bodegones modernos, con objetos que se convierten en síntomas de la modernidad. ¿Y el retratista? ¿Qué sucede con el espacio del retratista?

Elvis nos mira desde su espacio sin espacio, mesa para colocar estampas, el único espacio posible después de Pollock que, al matar a Picasso, desveló las claves de otras tantas cosas que serían ya imposibles después de él. En la representación de Elvis la figura está suspendida, sin contexto como nosotros ahora, imposible de resituar en un espacio dado donde eventualmente podríamos entrar. El espectador ha sido expulsado del espacio del cuadro: ni estuvo, ni está, ni podría estar. Se trata, también en los retratos, de un espacio estético sin funciones, sin sujeto; un espacio «óptico» por el cual deambula el ojo, nunca el cuerpo. Y así, sin referente donde apoyarse, Elvis pierde el cuerpo, junto con el espectador. Se pierde, acaba por ser solo apariencia figurativa.

Greenberg debería haber visto en Warhol su sueño hecho realidad. ¿Por qué no pudo nunca perdonarle? ¿No le perdonó que terminara su sueño en pesadilla? ¿Que diera la razón al Pollock estrellado: no se podía ir más allá? ¿O que, como dice en «After Absctract Expressionism», fuera solo un bodegonista, que al volver la vista a la tradición decidiera optar no solo por el género más denostado de la propia historia del arte, sino que llevara su uso del espacio estético, sin funciones, incluso hasta los retratos?

No obstante, Warhol habría ganado por lo menos el primer *round.* Habría ganado porque en su obra hace realidad muchos de sus propios sueños y hacer realidad los sueños privados es lo que cuenta, pase lo que pase con los ajenos, con los públicos. Había conseguido conjugar la noción de consumidor y la de productor, guardar parte de su pasado y rescribirlo como historia del arte, crear un espacio vacío –aunque pareciera lleno–, donde se desplegaba lo que su casa contradecía: ser lo suficientemente rico para vivir en una superficie sin cosas.

De tal manera que el futuro podría haber sido prometedor y, más aún, todos parecían haber obtenido entonces lo que siempre habían deseado: Europa, un cliché de América, América ser un sueño inglés y reconstruir luego su propio sueño a partir de este, California el orden, Saint Yves los paisajes, Dean la eternidad, Pollock la muerte, Johns las imágenes de su infancia cuando aún se podía no ser consumidor, Hockney una piscina, Hamilton la abundancia ajena, Greenberg unos espacios planos donde el efecto escultórico era más que dudoso, Warhol la apariencia de futuro frígido como lo había soñado, aunque en el fondo se sintiera tan triste. Solo que entonces nadie supo verlo.

Luego vino la muerte con los ojos de alguien sin nombre, la muerte que acompaña de la mañana a la noche insomne como un viejo remordimiento o un vicio absurdo, dice Pavese en uno de sus poemas. Vino la muerte y se lo llevó, y él, que había sido tantos hombres, pasaba a ser solo un nombre en la historia del arte.

Y luego quedan, claro, también esos trozos de América que están en alguna parte, pero que no se pueden ver y que, tal vez, caso de poder filmarse los sueños descubriríamos en las fantasías de Warhol.

Pero todos habían conseguido lo que querían, quien sabe si incluso Andy: un pasado tan vacío como sus obras, como la casa que nunca pudo tener porque, tratando de ser rico, no dejó nunca de seguir intentándolo. Y compró y compró y se dio cuenta de que lo peor de los deseos es que siempre, siempre, se hacen realidad y luego nunca, nunca, sabemos qué hacer exactamente con ellos cuando son nuestros.

Quedaría solo por desentrañar por qué Warhol no quiso nunca aprender a conducir si, en el fondo, solo quería buscar América. Y América, igual que la celebridad, no se encuentra de pronto, al bajar de un avión, sino que exige y espera una suerte de viaje iniciático, el que Andy hizo en su peregrinaje hacia California, en el cual las cosas se hacían más pop cuanto más al oeste se iba aniquilando lo maravilloso, abriendo el camino de una sorpresa de la cual, casi seguro, aún no nos hemos recuperado, de la que no tenemos consciencia. Era tan fácil. Solo había que mirar la superficie de las cosas y allí estaba Warhol. Ahí seguimos nosotros.

NOTA BIBLIOGRÁFICA

1. CADILLACS: LA MUERTE DE POLLOCK

En los últimos años ha ido apareciendo un considerable número de biografías de artistas, actores y escritores en las cuales se revelan sus preferencias sexuales o las partes más oscuras de su personalidad. Cabría, en primer lugar, expresar ciertas reticencias hacia el género como tal pues, quién sabe si por exigencias del guion, ofrece con frecuencia una imagen un tanto sublimada del personaje en sí mismo, incluso cuando tiende a desmitificarle. Por este tic del género, y a la hora de enfrentarse, además, con dos personajes tan fabulados como Dean y Pollock, resulta muy complejo descifrar qué partes de la historia son construcciones posteriores o realidades transmitidas por los biógrafos.

Sea como fuere, tampoco resulta esencial para el propósito concreto de este libro detectar las partes fabuladas: lo que interesa, sus muertes, es algo que siempre quedará en suspense, imposible de definir en su *verdad*, dado que ninguno de ellos podrá jamás relatarlo, y porque después de todas las muertes, especialmente si son violentas y de celebridades, se tiende a literaturizar los detalles. De cualquier modo, las construcciones posteriores son, casi con seguridad, mucho más reveladoras que los hechos reales.

También en este texto se han vuelto a fabular las muertes siguiendo la propuesta de Minkowski, añadiendo detalles, dramatizándolas. La «verdad» y la «mentira» suelen ser asuntos absolutamente relativos.

Las biografías sobre las cuales se ha trabajado para hablar de las muertes de Dean y Pollock han sido las más recientemente publicadas –y traducidas al castellano–: Paul Alexander, *James Dean. El bulevar de los sueños rotos*, Barcelona, 1995; y Steven Naifeh y Gregory White Smith, *Jackson Pollock*, Barcelona, 1991. La cita específica de las palabras de James Dean que aparece en el texto pertenece al primero de los libros (pág. 277), y el punto de partida para el suicidio de Pollock, la supuesta frase desvelada a Tony Smith –«Voy a suicidarme»–, es el modo un tanto teatral con el cual se abre la introducción de la biografía de Naifeh y Smith.

Sobre la pérdida del valor artístico en Pollock según la opinión de Greenberg, resulta muy esclarecedor el capítulo sexto del libro de Rosalind Krauss, *The Optical Unconscious*, Cambridge (Mass.), 1993 (traducido al castellano, *El inconsciente óptico*, en la editorial Tecnos), en el cual no solo habla de las relaciones Pollock/Warhol, sino que plantea el problema de los ejes con una extensa discusión bibliográfica.

La bibliografía de la obra de Pollock es, como cabría esperar, muy abundante. Algunos libros consultados han sido: Ellen Landau, *Jackson Pollock*, Nueva York, 1989; y B. H. Friedman, *Jackson Pollock: Energy Made Visible*, Nueva York, 1972. El artículo de Anne W. Wagner «Fictions: Krasner Presence, Pollock Absence», en *Significant*

Other's Creativity and Partnership (eds. Whitney Chadwick e Isabelle de Courtivron), Londres, 1993, presenta una visión aquilatada de las relaciones del matrimonio. La lectura sobre la muerte del artista por Peter Fuller en «Jackson Pollock» (*Beyond the Crisis of Art*, Londres, 1980) plantea, asimismo, una aproximación interesante.

Además de los artículos de Greenberg citados en el texto –«American Type-Painting» de 1955 y «Where is the Avant-Garde» de 1967, ambos recogidos en sus escritos editados por John O'Brian y publicados por University of Chicago Press–, Pollock es también materia de discusión en los escritos de Rosenberg, especialmente en «American Action Painters», *ARTnews* (diciembre de 1952). Sobre las relaciones de Pollock con la crítica pueden resultar de utilidad los siguientes libros y artículos: Michel Leja, *Reframing Abstract Expressionism. Subjectivity and Painting in the 1940s*, New Haven y Londres, 1993 (para el estudio de una aproximación junguiana a la obra de Pollock, especialmente el capítulo «Jackson Pollock and the Unconscious»); Claude Cernuschi, *Jackson Pollock: Meaning and Significance*, Nueva York, 1992 (especialmente su capítulo sobre el automatismo en las pinturas chorreadas, que, de algún modo, parece aceptar como posibilidad); William Rubin, «Jackson Pollock and the Modern Tradition», *Artforum* (febrero, marzo, abril y mayo de 1967) (donde analiza la obra de Pollock partiendo del cubismo para llegar al automatismo); y T. J. Clark, «Jackson Pollock's Abstraction», *Reconstructing Modernism* (ed. Serge Guilbaut), Cambridge (Mass.), 1990 (que se centra en consideraciones politizantes).

Un libro que resulta de suma utilidad para situar el momento específico en Nueva York es el de John Gruen, *The Party's Over. Reminiscences of the Fifties – New York's*

Artists, Writers, Musicians, and their Friends, Nueva York, 1989, donde habla de la mayor parte de los miembros del llamado expresionismo abstracto y sus interrelaciones. Para el propio expresionismo abstracto como invención es imprescindible el ya clásico libro de Serge Guilbaut, *How New York Stole the Idea of Modern Art. Abstract Expressionism, Freedom, and the Cold War*, Chicago y Londres, 1983 (traducido al castellano).

Sobre una discusión de las relaciones entre Warhol y Beuys como estrella y héroe: «Thierry de Duve, «Andy Warhol, or The Machine Perfected», en *October* (primavera de 1989).

Los poemas de Frank O'Hara, cuyos títulos aparecen dentro del texto, salvo la primera cita que pertenece al poema «An Image of Leda», se recogen en la reciente edición de Donald Allen, *The Collected Poems of Frank O'Hara*, Berkeley, Los Ángeles y Londres, 1995.

La cita de Rainer Maria Rilke aparece en *Los apuntes de Malte Laurids Brigge*, Madrid, 1981 (pág. 10) y la de Eugéne Minkowski en *El tiempo vivido*, México, 1973 (pág. 125). La cita de Nina Berberova aparece en *Nina Berberova. El subrayado es mío*, Barcelona, 1989 (pág. 37).

2. LATAS DE CERVEZA: JASPER JOHNS DESDE LA NOSTALGIA

La bibliografía sobre la obra de Jasper Johns es tan abundante como la de Pollock. Hay dos libros que pueden ser de utilidad para contextualizarle: el clásico de Max Kozloff, *Jasper Johns*, Nueva York, 1969; y el más reciente de Roberta Bernstein, *Jasper Johns' Paintings and Sculptures 1954-1974: «The Changing Focus of the Eye»*, Ann Arbour, Michigan, 1985, donde se plantea por vez primera el interés de Johns por O'Hara.

En todo caso, cabría resaltar algunos de los últimos trabajos –autorizados o no por el artista– que discuten el tema de su supuesta homosexualidad, y entre ellos los de Fred Orton, *Figuring Jasper Johns*, Cambridge (Mass.), 1994; y Jill Johnston, *Jasper Johns. Privileged Information*, Nueva York y Londres, 1996. Otros artículos que tratan del problema son: Charles Harrison y Fred Orton, «Jasper Johns: "Meaning What You See"», *Art History* 7 (marzo de 1984); y Jonathan Katz, «The Art of Code. Jasper Johns and Robert Rauschenberg», en *Significant Other's Creativity and Partnership*. El artículo de Rosalind Krauss «Jasper Johns», donde habla de su rebelión e ironía contra la violencia de la Escuela de Nueva York, apareció en *Lugano Review* 1, núm. 2 (1965), y fue uno de los primeros en aproximarse a una relectura del concepto de masculinidad en la Escuela de Nueva York.

Sobre la supuesta homosexualidad y sus relaciones con Andy Warhol: Kenneth Silver, «Modes of Disclosure: the Construction of Gay Identity and Rise of Pop Art», *Hand Painted Pop. American Art in Transition 1955-1962* (Catálogo de exposición), Museum of Contemporary Art de Los Ángeles, 1993; y los comentarios del propio Andy Warhol sobre las relaciones de Johns y Rauschenberg, recogidos en Andy Warhol y Pat Hackett, *POPism: The Warhol's 60s*, Nueva York, 1983 (págs. 11-12).

El *Scum Manifesto* de Valerie Solanas fue escrito en 1967 y publicado en 1968, el mismo año en que disparó a Warhol. Hay una reedición publicada en Inglaterra por AIM y Phoenix Press (sin fecha ni lugar de publicación) a partir de la edición de 1983, publicada por el Matriarchy Study Group.

Sobre los cambios en materia sexual en los cincuenta: John D'Emilio y Estelle Freedman, *Intimate Matters. A History of Sexuality in America*, Nueva York, 1988.

Los artículos de la época citados con respecto a problemas formales son los siguientes: Jackson Pollock, «My Painting», *Possibilities* (invierno de 1947-1948), discutido en Cernuschi, 1982 (pág. 105); Clement Greenberg, «The Crisis of the Easel Picture», *Partisan Review* (1948); y «After Abstract Expressionism», *Art International* (1962) (ambos recogidos en sus escritos editados por John O'Brian y publicados por Chicago University Press); Robert Rosenblum, «Jasper Johns», *Art International*, 25 de septiembre de 1960 (págs. 75 y 77); Harold Rosenberg, «The Art World: Marilyn Mondrian», *The New Yorker*, 8 de noviembre de 1969 (reeditado bajo el título «Marilyn Mondrian: Roy Lichtenstein y Claes Oldenburg»); *The De-Definition of Art*, Chicago y Londres, 1983 (págs. 117 y 118); y «Jasper Johns. Things the Mind Already Knows», *The Anxious Object*, Chicago y Londres, 1962, que reproduce la cita de Johns de la cual toma el título. La cita de Oldenburg está recogida en el libro de Claes Oldenburg, *Store Days*, Nueva York, 1967.

Para una revisión del Johns contruido por la crítica formalista: John Yau, «Famous Paintings Seen and Not Looked at, Not Examined», *Hand Painted Pop. American Art in Transition 1955-1962* (Catálogo de exposición), Museum of Contemporary Art de Los Ángeles, 1993.

Sobre el papel de Frank O'Hara en la escena del momento y su muerte: Gruen, *The Party's Over* (págs. 141 y ss.).

Sobre la iconografía publicitaria en la época de Johns y en las décadas inmediatamente anteriores: Richard Horn, *Fifties Style. Then and Now*, Nueva York, 1985 (para imágenes y *revival* de iconos); y Roland Marchand, *Advertising the American Dream. Making Way for Modernity 1920-1940*, Berkeley, Los Ángeles y Nueva York, 1985 (que ofrece un estudio de naturaleza más teórica).

Sobre los problemas de la alta y baja cultura y las relaciones con el pop: John A. Walker, *Art in the Age of Mass Media*, Londres, 1983 (donde discute algunas de las fuentes de Hamilton); *High and Low. Modern Art, Popular Culture*, Museo de Arte Moderno, Nueva York, 1991 (en especial los ensayos de Kirk Varnedoe y Adam Gopnik «Comics» y «Advertising»).

La cita concreta sobre los artistas asociados al pop como «recatados» aparece en Darby Bannard, «Present-Day Art and Ready-Made Styles in which the Formal Contributions of Pop Art is Found to be Negligible», *Artforum* (diciembre de 1966), pág. 35, n. 3.

La cita de Lichtenstein sobre los cambios de gustos americanos respecto a los europeos apareció en la entrevista con Alan Solomon en *Fantazaria* (julio-agosto 1966) y se reproduce en *Roy Lichtenstein* (ed. John Coplans), Nueva York, 1972 (pág. 68).

No se suelen tratar los iconos de Johns como iconos de la infancia, pese a ser frecuentes las alusiones a los sueños por parte de los expertos y el mismo artista. Kirk Varnedoe y Adam Gopnik hablan de las latas de cerveza como parte de la iconografía de la niñez, latas de las cuales Johns cuenta la historia en la entrevista con G. R. Swenson, «What is Pop Art?», *ARTnews* (10 de febrero 1964) y que se reproduce en el catálogo de la exposición *Pop Art*, Royal Academy of Art, Londres, 1991 (pág. 47). Por su parte, Judith Goldman cita los planos de la casa del abuelo en «35 Years», *Jasper Johns, Leo Castelli. 35 Years*, Galería Leo Castelli, Nueva York, 1983 (sin pág.).

La vida de Charlotte von Mahlsdorf, *Yo soy mi propia mujer*, ha sido publicada en Barcelona en 1994. Sobre el coleccionismo de Freud, además de las noticias que aparecen en la biografía de Peter Gay, *Freud. Una vida de nuestro tiempo*, Barcelona, 1990, son esenciales los ensayos de *Sigmund Freud and Art. His Personal Collection of Antiquities*, Nueva York, 1989.

3. PISCINAS: LA MELANCOLÍA DE HOCKNEY

La bibliografía sobre David Hockney es también muy abundante. Además de los propios textos del autor, un libro que puede situar al pintor es el de Marco Livingstone, *David Hockney*, Nueva York, 1981.

Las opiniones generales del artista aparecen, entre otras, en las siguientes fuentes: entrevista que Peter Fuller le hizo en 1977 y recogida en *Beyond the Crisis of Art*; y *David Hockney by David Hockney*, Londres, 1976; y la conversación con Lawrence Weschler, «A Visit with David and Stanley: Hollywood Hills, 1987», reproducida en *David Hockney. A Retrospective*, Museo de Arte Moderno, Nueva York, 1988. Las citas puntuales pertenecen al primer texto (págs. 175, 180, 181, 183-185). En el mismo catálogo Christopher Knight trata el tema del aislamiento en «Composite Views: Themes and Motifs in Hockney's Art».

La cita de Harold Rosenberg corresponde al artículo «Marilyn Mondrian» (pág. 111), y las de Andy Warhol aparecen en *POPism* (págs. 36 y 40).

La definición sobre el término «camp» se basa en la propuesta de Mark Booth, *Camp*, Nueva York, 1983 (pág. 30), y aparece recogida en el libro de Andrew Ross, *No*

Respect. Intellectuals & Popular Culture, Nueva York, 1989 (pág. 146), libro que aporta una interesante discusión sobre el problema, prestando especial interés al fenómeno pop. También Ross, en su discusión sobre el término «camp» asociado al pop inglés, remite al libro clásico de Ray Gosling, *Personal Copy a Memoir of the Sixties*, Londres, 1980 (pág. 24).

Sobre la escena inglesa durante los años de explosión del pop: Robert Hewison, *Too Much. Art and Society in the Sixties. 1960-1975*, Nueva York, 1987, quien ofrece una discusión sobre el autorretrato de Peter Blake disfrazado de «artista pop» (pág. 44).

Las lecturas que Walter Benjamin hiciera sobre Charles Baudelaire aparecen en *Iluminaciones II* bajo el título «Poesía y capitalismo», Madrid, 1993, y las citas específicas pertenecen a las páginas 59, 87, 60, 61, 123 y 146. La cita concreta del poeta sobre la muchedumbre forma parte de «Melancolía de París, 1869».

Sobre las relaciones de los dandis con el exceso: Roger Kempf, *Dandies. Baudelaire & Cie*, París, 1977, especialmente el capítulo «Le trop et le rien».

Sobre la patología melancólica, además de los ensayos seminales de Freud, es de interés el libro clásico de Hubertus Tellenbach, *La melancolía. Visión histórica del problema: endogenidad, tipología, patogenia y clínica*, Madrid, 1976, al cual pertenece la cita recogida en el texto (pág. 124).

Sobre la visita de Rodchenko a París y sus sorpresas frente a la sociedad de consumo se puede consultar el artículo de Christina Kiaer «Rodchenko in Paris», *October* (invierno de 1996). La cita concreta de la carta del 27 de marzo de 1925 está recogida en la página 14.

La bibliografía del pop es, obviamente, abundantísima, por lo que nos referiremos solo a artículos o libros concretos a partir de los cuales será posible rastrear otras obras. Para la ascensión del pop norteamericano pueden resultar de interés los artículos de Constance Glenn, «American Pop Art: A Prologue» y «American Pop Art: Inventing the Myth», *Pop Art*, Royal Academy of Art, Londres 1991. Sobre el problema concreto de la crítica y el pop: Carol Ann Mahsun, *Pop Art and the Critics*, Londres, 1987, que incluye no solo un debate sobre el tema sino una bibliografía muy completa.

Algunos de los artículos contemporáneos que podrían citarse más detenidamente son los siguientes: sobre las relaciones entre pop y baja cultura, Lawrence Alloway, «The Arts and Mass Media», *Architectural Design* 28 (febrero de 1958); y «Popular Culture and Pop Art», *Studio International* (julio-agosto de 1969).

Sobre la discusión del término como tal y sus asociaciones con la tradición: Alan Solomon, «The New Art», *Art International* (septiembre de 1963); «The New American Art», *Art International* (marzo de 1964); y Barbara Rose, «Pop Art at the Guggenheim», *Art International* (mayo de 1963).

Sobre el pop como el lugar de lo banal: Seckler, D. G., «Folklore of the Banal», *Art in America* (invierno de 1962).

Sobre las relaciones con el espacio abstracto o minimalista: Peter Plagens, «Present-Day Styles and Ready-Made Criticism. In which the Formal Contribution of Pop Art is Found to be Minimal», *Artforum* (diciembre de 1966); y el mencionado artículo de Rosenberg, «Marilyn Mondrian», el cual comenta algunas de las revisiones críticas del momento y los propios problemas espaciales del pop.

Sobre las relaciones del pop y la política: Andreas Huyssen, «The Cultural Politics of Pop», *After the Great Divide*, Indiana University Press, 1986; y Max Kozloff, «American Painting During the Cold War», *Artforum* (mayo de 1973), recogido en *Pollock and After* (editado por Francis Frascina), Nueva York, 1985.

Para una discusión sobre el cambio en las posiciones de la crítica: Steward Buettner, *American Art Theory, 1945-1970*, Ann Arbour y Londres, 1981.

Las citas de Clement Greenberg pertenecen a los artículos «The "Crisis" of Abstract Art», *Arts Yearbook* (1964); «Modernist Painting», *Forum Lectures* (1960); «America Takes the Lead, 1945-1965», *Art in America* (agosto-septiembre de 1965); *Post-Painterly Abstraction*, Los Angeles County Museum, 1964. Todos ellos están recogidos en los escritos editados por John O'Brian y publicados por Chicago University Press, y las citas concretas pertenecen al tomo IV (págs. 88, 90, 180, 196-197, 215).

Las citas de Tom Wesselmann aparecen recogidas en «What and Who Was Pop?», *Modern Painters* (otoño de 1991), págs. 56-57. La cita concreta de los *environments* apareció en la entrevista con G. R. Swenson, «What is Pop Art?», *ARTnews* (10 de febrero de 1964), pág. 64 y está recogida en *Pop Art*, Royal Academy, Londres, 1991, (pág. 61).

Sobre el artista: *Tom Wesselmann*, Fundación Juan March, Madrid, 1996.

Sobre los cuerpos de los sesenta: Sally Banes, *Greenwich Village 1963. Avant-Garde, Performance and the Effervescent Body*, Durham y Londres, 1993.

Sobre las fuentes primarias de Hamilton y la discusión del pop y los medios de masas: John A. Walker, *Art in the Age of Mass Media*, Londres 1963, especialmente el capítulo «The Politics of Pop», al cual pertenece la cita (pág. 31).

Las citas referentes a Matisse están discutidas en el artículo de John Elderfield «An Experiment in Luxury», *Henri Matisse: a Retrospective*, Museo de Arte Moderno, Nueva York, 1992 (pág. 37).

La cita de Walter Benjamin aparece en *Iluminaciones II*, pág. 116.

La entrevista de Bruce Glaser, Roy Lichtenstein, Warhol y Oldenburg fue publicada por vez primera en *Artforum* (febrero de 1966) y aparece recogida en *Roy Lichtenstein*. La pregunta a Oldenburg está en la página 56.

5. LA NOSTALGIA DE WARHOL: AUTORRETRATOS

La bibliografía de Andy Warhol es casi tan amplia como la de Picasso, por lo cual nos limitaremos a citar solo alguno de los libros utilizados, esencialmente los más recientes, por lo que puedan tener de revisión o reenvío a otras fuentes anteriores, o aquellos que, por sus planteamientos, sean pertinentes para alguno de los temas específicos tratados en el libro.

El mismo artista ha publicado, de hecho, libros en colaboración que, sin lugar a dudas, son la base primera para tratar de reconstruir su historia. Entre ellos cabría destacar los siguientes, básicos todos para entender al propio artista: los citados *From A to B and Back Again* (del cual se recogen en este capítulo las siguientes citas: págs. 20, 27 y 134); y *POPism* (del cual se recoge en este capítulo la siguiente cita: pág. 60); *America*, Nueva York, 1985 (del cual se recoge en este capítulo la siguiente cita referida al cine como forma alternativa de vida: pág. 188); *The Andy Warhol's Diaries* (editado por Pat Hackett), Nueva York, 1989; y *Andy Warhol's Party Book* (Andy Warhol y Pat Hackett), Nueva York, 1988, igual que en el caso de *America*, con una interesante selección de fotografías que desvelan el mundo público de Andy.

De igual modo, es muy útil el libro de entrevistas con personas cercanas a Warhol: Patrick Smith, *Warhol. Conversations about the Artist*, Ann Arbour y Londres, 1988 (del cual se recoge en este capítulo la siguiente cita de la conversación con Ondine: págs. 258 y ss.); y *Unseen Warhol*, Nueva York, 1996, libro en el cual se reproducen testimonios de los amigos recordando al artista, entre ellos Cutrone y Colacello, dos de sus colaboradores más cercanos.

Entre las biografías más recientes se han consultado como base: David Bourdon, *Warhol*, Nueva York, 1989, en la cual se trata la obra implicada con la propia biografía; Victor Bockris, *The Biography of Andy Warhol*, Londres, 1989, centrada más bien en el propio personaje; y Paul Alexander, *Death and Disaster. The Rise of the Warhol Empire and the Race of Andy's Millions*, Nueva York, 1994, en la cual se comenta la fortuna de las posesiones de Andy después de su muerte.

Como testimonios fotográficos, entre otros, los siguientes catálogos: Christopher Makos, *Warhol*, Nueva York, 1989; *Social Disease. Photographs 1976-1979*, Tubinga, 1992, con un texto de presentación de Thomas Buchsteiner, que recoge fotografías públicas del artista; y *Andy Warhol Polaroids. 1971-1986*, Pace/McGill Gallery, Nueva York, 1992, donde se reproducen algunos de sus fabulosos autorretratos travestido. También es esencial como testimonio fotográfico y como referencia para los años de la Factory: Nat Finkelstein, *Andy Warhol. The Factory Years. 1964-1967*, Nueva York, 1989.

Las exposiciones sobre el artista son tan numerosas que nos limitaremos a remitir a su última gran restrospectiva en Nueva York: *Andy Warhol. Retrospective*, Museo de Arte Moderno, Nueva York, 1989. Allí aparece el texto de Marco Livingstone sobre los problemas técnicos del artista: «Do it Yourself: Notes on Warhol's Technique»; la tan repetida historia de la nariz se discute en el artículo de Kynaston McShine, «Introduction», y una aportación esclarecedora sobre la «superficie» de las obras de Warhol en el escrito de Benjamin Buchloh, «Andy Warhol's One-Dimensional Art: 1956-1966».

Sobre el problema concreto de su homosexualidad: el recientemente publicado *Pop Out: Queer Warhol* (editado por Jennifer Doyle), Durham, 1996, en el cual se tratan temas tan diversos como la construcción del Warhol gay a partir de lecturas de la infancia –si bien en nuestro libro se han tratado de esquivar las posibles lecturas psicologistas– o el uso de la publicidad y los medios respecto a sus hábitos sexuales, la lectura de ciertos personajes de cómic como la figura paterna –es muy interesante también para el caso Johns la aportación de Michel Monn en «Screen Memories»; y J.A. Suárez, *Bike boys, Drag Queens and Superstars*, Bloomington (Indiana), 1996, que trata del problema del cine de Warhol y el estrellato como valor de cambio en «The Artist as Advertiser».

Sobre el cine de Warhol, entre los numerosísimos libros y artículos: *Andy Warhol Film Factory* (editado por Michael O'Pray), Londres, 1989; y Stephen Koch, *Stargazer. Andy Warhol's World and His Films*, Nueva York y

Londres, 1985, con una muy ajustada discusión sobre *Blow-Job.*

Las opiniones sobre la Factory como set católico aparecen en Robert Hughes, «The Rise of Andy Warhol», *Art After Modernism. Rethinking Representation* (editor, Brian Wallis), Nueva York, 1988, quien a pesar de ser tachado por los recientes estudios de género como crítico conservador hace en este artículo una lectura, si no otra cosa, atractiva e incluso tierna.

Sobre las personas que colaboraron con Warhol, además de las biografías, conversaciones, etc., citadas, en las cuales se hace con frecuencia referencia a los colaboradores de Warhol: Trevor Fairbrother, «Skulls», *The Work of Andy Warhol* (editor, Gary Garrels), Seattle, 1989, donde habla de la influencia de Fred Hughes y Ronnie Cutrone y cuenta el modo en que Warhol adquirió la calavera; Stuart Morgan, «Andy and Andy. The Warhol Twins: a Theme with Variations», *Parkett* 12 (1987), que habla de las relaciones con Morrissey y plantea, irónicamente, cómo el verdadero Warhol murió en el atentado de Solanas y el doble le suplantó hasta su muerte oficial en 1987; sobre ciertos puntos de su relación con Malanga y los poetas de su momento, Reva Wolf, «Portraiture as Gossip: Andy Warhol's 1963 Cover Design For C.», *A Journal of Poetry, Harvard Library Bulletin* vol. 5, núm. 2, 1994 (doy las gracias al profesor Jonathan Brown por haber llamado mi atención sobre este artículo).

Sobre la reacción crítica del público del momento frente a la obra de los pop, tan parecida a sus cenas: Steven Naifeh, *Culture Making: Money, Sucess and the New York Art World*, Princeton, 1976, quien comenta el asombro del público que desaprobó el pop por resultarle comprensible, del mismo modo que desaprobó a la generación por resultarle excesivamente oscura.

La cita de Hannah Arendt pertenece a «La brecha entre el pasado y el futuro», *De la historia de la acción*, Barcelona, 1995, pág. 76.

La cita de Kitaj sobre Hockney aparece reproducida en el catálogo de Hockney ya citado del Museo de Arte Moderno de Nueva York, pág. 3.

La cita de Roland Barthes pertenece a *Incidentes*, Barcelona, 1987, pág. 52.

6. LA MELANCOLÍA: COLECCIONES

Para tratar de entender al Andy coleccionista y sus propios hábitos y filiaciones con la tradición, parece importante delinear el retrato del coleccionista y ciertos apuntes sobre el coleccionismo, sus puntos de contacto con el fetichismo tanto como patología como valor de cambio.

Sobre la figura del coleccionista, además del texto seminal del doctor Freud sobre el fetichismo: *Fetishism as Cultural Discourse* (editores, Emily Alpers y William Pietz), Ithaca y Londres, 1993, especialmente la propuesta de Pietz en «Fetishism and Materialism»; y Maurice Rheims, *Les Collectionneurs*, París, 1966, al cual pertenece la cita (pág. 44).

Sobre el coleccionismo en los siglos XVII y XVIII, las cámaras de las maravillas y el coleccionismo en el XIX: Steven Mullaney, «Strange Things, Gross Terms and Curious Customs: The Rehearsal of Cultures in the Late Renaissance», *Representations* (verano de 1983), donde se ofrecen lecturas de Gulliver y Goldsmith; Susan Steward, *On Longing: Narratives of the Miniature, the Gigantic, the Souvenir, and the Collection*, Baltimore, 1984, con una admirable aportación a la nostalgia en los coleccionistas; Russell Belk, *Collecting in a Consumer Society*, Londres y Nueva York, 1995, enfatizando el coleccionismo como síntoma de la sociedad de consumo; Susan Pearce, *On Collecting. An Investigation into Collecting in the European Tradition*, Londres y Nueva York, 1995, con capítulos dedicados a la propia evolución sobre el concepto de posesión; y R. Saisselin, *The Bourgeois and the Bibelot*, New Brunswick, 1984, con una aportación inteligente a la posesión burguesa también a través de los textos literarios.

Sobre el problema de la representación pictórica de la cámara de las maravillas como duplicación y el modo en que el género bodegón representa los valores de ciertas clases dominantes: Norman Bryson, *Looking at the Overlooked*, Londres, 1990.

Muchos de los testimonios sobre el Warhol coleccionista que se citan en el texto están recogidos en el catálogo de la subasta de Sotheby's, Nueva York, 1988; en el mencionado libro de Victor Bockris (págs. 123, 348, 393); y Bourdon (págs. 326 y 416). La frase sobre sus compras en Tiffany aparece en *The Andy Warhol's Diaries*, 30 julio 1979. Sobre su concepto de la variedad y las compras en América: *America* (págs. 62 y ss.).

Sobre los problemas posteriores a la venta de la colección, además del citado libro de Paul Alexander (del cual aparecen las siguientes citas: págs. 16, 17, 72, 131 y 394), pueden ser de utilidad los siguientes artículos: del mismo autor, «The Question of Warhol's Photographs», *ARTnews* (febrero de 1995), en el cual pone, a nuestro parecer erróneamente, en tela de juicio la artisticidad de las fotos de Warhol; y «Let us Now Appraise Andy Warhol», *ARTnews* (marzo de 1994), donde habla de la subasta y los precios que se «dio» a los objetos. También sobre la subasta: Allan

Schwartzman, «The Warhol Watch», *Arts Magazine* (marzo de 1989). La cita «hizo un arte del arte de comprar» aparece en Simon Watney, «The Warhol Effect», *The Work of Andy Warhol* (editor, Gary Garrels), Seattle, 1989, donde se comentan asuntos unidos también a la venta.

Sobre una aproximación a la homosexualidad de Warhol a través de su colección: Michael Lobel, «Warhol's Closet», *Art Journal* (invierno de 1996).

Las citas sobre su concepto de una casa ideal aparecen en *From A to B and Back Again* (págs. 127 y ss.).

La cita de Gustave Flaubert aparece en *Bouvard y Pécuchet*, Barcelona, 1993, pág. 90. La cita de André Malraux pertenece a «Para salvar los monumentos del Alto Egipto», *Oraciones fúnebres*, Madrid, 1996, pág. 29.

7. Y LA MUERTE

La muerte de Warhol es, paradójicamente, uno de los eventos más comentados de su vida. Sus biógrafos, en muchas ocasiones, se entretienen en ella, como construcción también. Pese a los numerosos problemas que plantea el citado libro de Alexander, su descripción es, tal vez, una de las más detalladas –o, al menos, de las más atractivas–, si bien a veces excesivamente llena de conjeturas. Seguramente, por el propio halo de misterio que se crea en torno a la muerte y los hechos que la siguieron, esta se convierte en el punto álgido de la leyenda Warhol. A la hora de reconstruir esa muerte fabulada en lo que podría llamarse su paso a paso se ha seguido en buena parte la narración de Alexander.

La frase citada sobre la muerte de Andy aparece en Glenn O'Brien, «Andy», *Parkett* 12 (1987), pág. 66.

Sobre el relato de su primera muerte y los disparos sobre la efigie de Marilyn, él mismo da cuenta en *POPism* (págs. 271 y ss.), y a la muerte le dedica frases lacónicas en *From A to B and Back Again.*

Sobre muerte y calavera y los usos en la baja cultura, incluidas las asociaciones punkizantes: el artículo citado de Fairbrother con una discusión del repertorio de símbolos compartidos, también de la hoz y el martillo, que el artista recoge en la serie *Still-Lives*, contemporánea a las calaveras y que se puede relacionar con un grupo punk, The New York Dolls. Construido a partir de implicaciones pseudopolíticas, el grupo se viste de cuero rojo, utiliza la hoz y el martillo y hace constantes alusiones a Mao –otro símbolo explotado por Andy–. Mao es, de hecho, el icono que en ese momento puede molestar más a la sociedad norteamericana y propone hacer una *communist party*, que para ellos se limita a ser una fiesta comunista –con globos rojos incluidos (sobre este particular resulta interesante el catálogo de la exposición *Impresario: Malcolm McLaren and the British New Wave*, The New Museum, Nueva York, Cambridge (Mass.) y Londres, 1988).

Sobre las series de los desastres y la muerte: *Andy Warhol. Death and Disasters*, The Menil Collection, Houston, 1988, con texto del propio artista; Hal Foster, «Death in America», *October* (invierno de 1996), artículo en el cual debate, entre otros asuntos, la propia construcción Warhol; y John Yau, *In the Realm of Appearances*, Hopewell (N.J.), 1993, para los retratos de las mujeres con halo de tragedia.

Sobre lo aparentemente inocuo de la silla eléctrica reenviamos al artículo citado de Kynaston McShine.

La bibliografía sobre el tema de la repetición en Andy Warhol es también abundantísima, así como la de sus filiaciones con la publicidad. Críticos, a favor y en contra del artista, han visto en él desde un artista «protoconceptual» (Stuart Morgan en el artículo citado) hasta un personaje que representa únicamente eso que en este libro se ha dado en llamar la «frigidez» contemporánea con ciertas filiaciones con los dandis (Jean Baudrillard, «El esnobismo maquinal», *El crimen perfecto*, Barcelona 1996). Sea como fuere, dado que parte de estas discusiones toman, de forma más o menos clara, las ambiguas relaciones que el artista mantiene con la publicidad y lo reproducible mecánicamente, resulta indispensable matizar estas relaciones contradictorias. En ese sentido es útil la lectura de los siguientes textos: Benjamin Buchloh, «The Andy Warhol Line», *The Work of Andy Warhol*; Remo Guidieri, «The Magic of the Why Not», *Parkett* 12, 1987 (sobre lo símil y lo disímil en la obra del artista y la serialidad); y Brice Matthieussent, «Warhol de la mort a l'oeuvre», *Expositions pour Walter Benjamin*, París, 1994, sobre el problema específico del arte considerado como mercancía y sus implicaciones con la publicidad.

Sobre Andy realista: Glenn O'Brien, «A Portrait of the Portrait Artist», *Unseen Warhol* (pág. 11).

Sobre Andy, retratista de corte: Robert Rosenblum, «Court Painter of the 70s», *Andy Warhol Portraits*, Londres, 1993.

Sobre las relaciones pictóricas con los grandes maestros de la tradición clásica: *Andy Warhol. Art from Art* (editado por Jörg Schellmann), Colonia y Nueva York, 1994; y Paul Taylor, «Andy Warhol the Last Interview», *Flash Art* (abril de 1987).

Pese a no estar de acuerdo con la tesis que define a Warhol como un pintor de historia –de algún modo contraria al Warhol bodegonista– es muy interesante la visión que Anne Wagner propone del artista en «Warhol Paints History or Race in America», *Representations* (verano de 1996).

La cita de Greenberg pertenece al ya mencionado «After Abstract Expressionism», pág. 134.

ÍNDICE